| 光明社科文库 |

阮刻《周易注疏》圈字汇校考正

孔祥军◎著

光明日报出版社

图书在版编目（CIP）数据

阮刻《周易注疏》圈字汇校考正 / 孔祥军著 . -- 北京：光明日报出版社，2019.3

ISBN 978 - 7 - 5194 - 5117 - 2

Ⅰ . ①阮… Ⅱ . ①孔… Ⅲ . ①《周易》—注释　Ⅳ . ①B221. 2

中国版本图书馆 CIP 数据核字（2019）第 040604 号

阮刻《周易注疏》圈字汇校考正

RUANKE《ZHOUYI ZHUSHU》QUANZI HUIXIAO KAOZHENG

著　　者：孔祥军

责任编辑：许　怡　　　　　　　　　　责任校对：赵鸣鸣
封面设计：中联学林　　　　　　　　　责任印制：曹　净

出版发行：光明日报出版社

地　　址：北京市西城区永安路 106 号，100050

电　　话：010 - 67014267（咨询），63131930（邮购）

传　　真：010 - 67078227，67078255

网　　址：http：//book. gmw. cn

E - mail：xuyi@ gmw. cn

法律顾问：北京德恒律师事务所龚柳方律师

印　　刷：三河市华东印刷有限公司

装　　订：三河市华东印刷有限公司

本书如有破损、缺页、装订错误，请与本社联系调换，电话：010 - 67019571

开　　本：170mm×240mm

字　　数：269 千字　　　　　　　　　印　　张：16.5

版　　次：2019 年 5 月第 1 版　　　　　印　　次：2019 年 5 月第 1 次印刷

书　　号：ISBN 978 - 7 - 5194 - 5117 - 2

定　　价：85. 00 元

前　言

　　嘉庆二十年阮元于江西主持重刊"宋本十三经注疏"，翌年书成①，其在《重刊宋本十三经注疏》弁首《重刻宋板注疏总目录》（下称《目录》）中谈及此事始末，云："元家所藏十行宋本，有十一经，虽无《仪礼》《尔雅》，但有苏州北宋所刻之单疏板本，为贾公彦、邢昺之原书，此二经更在十行本之前，元旧作《十三经注疏校勘记》，虽不专主十行本、单疏本，而大端实在此二本。嘉庆二十年，元至江西，武宁卢氏宣旬读余《校勘记》而有慕于宋本，南昌给事中黄氏中杰亦苦毛板之朽，因以元所藏十一经至南昌学堂重刻之，且借校苏州黄氏丕烈所藏单疏二经重刻之……刻书者，最患以臆见改古书，今重刻宋板，凡有明知宋板之误字，亦不使轻改，但加圈于误字之旁，而别据《校勘记》，择其说附载于每卷之末，俾后之学者不疑于古籍之不可据，慎之至也。"②

　　此处所谓《十三经注疏校勘记》，乃指单行本《宋本十三经注疏校勘记》二百十七卷，《经典释文校勘记》廿六卷。《校勘记》原名《考证》，撰成于嘉庆十一年丙寅，刊于十三年戊辰③，即文选楼本也。卷首载段玉

---

①　胡稷《重刊宋本十三经注疏后记》云："嘉庆二十有一年秋八月，南昌学堂《重刊宋本十三经注疏》成，卷四百十六并附录校勘记，为书一千八百一十叶，距始事于二十年仲春，历时十有九月。"又《雷塘庵主弟子记》卷五："（嘉庆二十一年）秋，刻《宋本十三经注疏》成。"（《续修四库全书》第五五七册影印上海古籍出版社藏清道光琅嬛仙馆刻本，页二七一）

②　阮元《揅经室三集》卷二《江西校刻宋本十三经注疏书后》，亦有此段文字，中华书局整理本《揅经室集》误"慕"为"摹"，"挍"为"校"，一九九三年版，页六二〇。

③　汪绍楹说，《阮氏重刻宋本十三经注疏考》，《文史》第三辑，下文所引汪说，皆指此文。

裁所撰《十三经注疏并释文校勘记序》，云："臣玉裁窃见臣阮元自诸生时至今校误有年……近年，巡抚浙中，复取在馆时奉敕校石经《仪礼》之例，衡之群经。又广搜江东故家所储各善本，集诸名士，授简诂经精舍，令详其异同，抄撮荟萃之。而以官事之眼，篝灯燃烛，定其是非……条分缕析，挈然悉当，成此巨编。"① 则《校勘记》之作，为阮元首倡也。然萧穆《记方植之先生临卢抱经手校十三经注疏》云："抱经先生手校《十三经注疏》本，后入山东衍圣公府，又转入扬州阮氏文选楼。阮太傅作《校勘记》，实以此为蓝本。"② 汪绍楹综合卢文弨所做校经工作及此条记载，推断阮元辑《校勘记》乃受卢氏启发，或然。

　　《校勘记》之作可谓清人经学文献研究之集大成者，后阮元重刻诸经注疏，实奠基于此。③ 据阮元《目录》，《校勘记》的学术成果并未直接反映在重刻板片的文字上，而是通过一种圈字标注的方式，既保持了原本的文字形态，又将校改意见呈现出来，以供读者判断，此即所谓"今重刻宋板，凡有明知宋板之误字，亦不使轻改，但加圈于误字之旁，而别据《校勘记》，择其说附载于每卷之末"。依照阮说，第一，重刊诸种注疏的文字应该与底本完全一致；第二，根据单行本《校勘记》，可以完全确定原本有错的地方，会施加小圈于字旁，并由卢宣旬摘录《校勘记》相关条目，附于各卷之末，以便读者前后对照检核。这是一种极为先进的文献整理思路，《书目答问·经部》"十三经注疏"条小注列有"阮文达公元刻附校勘记本"，云："阮本最于学者有益，凡有关校勘处，旁有一圈，依圈检之，精妙全在于此。"④ 可见时人对此评价很高。精妙与否，见仁见智，但据阮元《目录》所云"明知宋板之误字""但加圈于误字之旁"，则当

---

① 段氏《经韵楼集》卷一首条即为此《序》，然文字稍异，如"挈然悉当"下云："其学瞻，其识精，成《十三经注疏校勘记》二百十七卷，附《释文校勘记》二十六卷。"（《续修四库全书》第一四三四册影印上海古籍出版社藏嘉庆十一年本）为原《序》所无。

② 《敬孚类稿》卷八，《近代中国史料丛刊》第四十三辑影印光绪丙午刊本，文海出版社，页三七三。

③ 汪绍楹云"于是因校勘而择板本，因板本而议重刊"，此为的论。

④ 《续修四库全书》第九二一册影印复旦大学图书馆藏清光绪刻本，页五四三。

取《挍勘记》反复斟酌，方于可以认定必误无疑之处，画圈于字旁，正是《挍勘记》"定其是非"之旨归所在，挍勘精华荟萃于此，似无可疑。

然而具体到《周易》一经，则情况有所不同。阮本所附《挍勘记》，乃由卢宣旬摘录单行本《挍勘记》，并有所校补而成。《周易注疏挍勘记》虽署名"臣阮元恭撰"，然实成于李锐，除了刊刻本，尚有稿本、誊清本传世。① 综合来说，阮记以罗列版本异文为主，较少判定是非，这一特点传递到卢记，自然使得阮本所云误字画圈、校记明辨的目标无法实现，所以在很大程度上削弱了阮本圈字出校的实际意义。不仅如此，因众多善本李氏无由得见，致其在汇挍方面的学术价值也大打折扣。据《周易注疏挍勘记》前附《引据各本目录》，其中"单注本"，仅列有"岳本"，小注"宋岳珂刻，凡十卷，今据武英殿重刊《五经》本。"此本之底本实非宋岳珂所刻，今有元相台岳氏荆谿家塾刻本传世，此外，有若干宋刻单注本传世，如天禄琳琅旧藏宋本、抚州本、宋建阳刊本等，皆有影印本；其中"单疏本"，列有"宋本"一种，小注云乃据钱遵王挍本，则未见宋刊本也，且于《挍勘记》中极少提及，今此本藏国家图书馆，有影印本；其中"注疏本"，列有"影宋钞本""宋本"，所据皆非元本，乃卢文弨传挍本及山井鼎《考文》所引也，今宋刊八行本《周易注疏》有两种传世，分藏中日，皆有影印本；据此，宋元重要刊本，李锐皆无一寓目，皆据校录引文也。"注疏本"又列有"十行本"，此十行本当即李锐《挍勘记》所据底本，按照一般理解，此十行本与阮元重刊《周易兼义》所据底本，应

---

① 今《挍勘记》各卷前皆署"阮元撰"，然阮元实为总成，其分经校者，各有其人，各经《挍勘记》前阮元撰序已多作交待。阮元既"集诸名士"，遂设经局，据阮元《周易注疏挍勘记序》："臣元于《周易注疏》旧有挍正各本，今更取唐宋元明经本、经注本、单疏本、经注疏合本，雠校各刻同异，属元和生员李锐笔之，为书九卷，别挍《略例》一卷，陆氏《释文》一卷，而不取他书妄改经文，以还王弼、孔颖达、陆德明之旧。"（《续修四库全书》第一四三四—一八〇册影印南京图书馆藏嘉庆阮氏文选楼刻本，页二八九）又本经《挍勘记》卷末皆署"臣李锐挍字"，故李氏为《周易注疏挍勘记》主要撰者此本无可疑。刘玉才先生通过研究国家图书馆所藏《周易注疏挍勘记》稿本、誊清本，指出李锐完成对校初稿并作自我修订，此外严杰、阮元、孙同元等人又分别做了校补、批校、复核等工作，最终刊刻成书。（整理本《十三经注疏挍勘记·前言》，北京大学出版社二〇一四年版，页七。又参氏著《阮元十三经注疏挍勘记成书蠡测》，收入《国学研究》第三十五卷，北京大学出版社二〇一五年版）

该是同一本子，按照阮元《目录》的说法"凡有明知宋版之误字，亦不使轻改"，重刻本是完全依照原本，那么《挍勘记》引文与阮本文字应该是完全一致的，但事实并非如此。如阮本卷一，页三十一左"象曰泣血涟如何可长也"，"何可长也"，阮元《挍勘记》无说，阮本所附卢宣旬摘录本《挍勘记》，引作"何长也"，补云："各本作'何可长也'，此十行本原脱'可'字，案：《正义》曰：何可长者，又曰何可久长也，是'何'下当有'可'字，今补。"据卢记，可知其底本作"何长也"，阮本补作"何可长也"，则阮元重刊底本，绝非全录底本，一字不改也。又，阮本卷一，页二十二，"夫用雄必争"，"用"，刘盼遂旧藏元刊明修本《十三经注疏·周易兼义》、闽本《十三经注疏·周易兼义》同；足利学校藏宋刊八行本《周易注疏》作"两"，国图藏八行本《周易注疏》、美国加利福尼亚大学伯克利分校藏元刊十行本《周易兼义》、《原国立北平图书馆甲库善本丛书·永乐二年刻本周易兼义》、明监本《十三经注疏·周易兼义》、毛本《十三经注疏·周易兼义》、抚本《周易》、建本《周易》、岳本《周易》同。阮记引文"夫两雄必争"，云："十行本'夫两雄'三字，'夫'字、'雄'字笔画舛误，'两'误'用'，闽本亦作'用'，缺'夫'字，岳本、监、毛本如此"，阮本附录卢宣旬摘录本《挍勘记》引文"夫用雄必争"，补云："岳本、监本、毛本'用'作'两'，是也，闽本作'用'，缺'夫'字，十行本'夫''雄'字，笔画舛误，今正。"揆诸文义，下云"二主必危"，"两雄"与"二主"相应成文，则作"两"是也。阮记引文与卢记引文不同者，意彼引据底本，文字或从底本，或从底本之校文，故有十行本"两误用"之说，卢记则直据底本，故作"用"，阮本此处亦似直据底本也，当是元刊明修本，而非所谓"家藏十行宋本"，故此例之"用"，与刘盼遂旧藏元刊明修十行本合，而与伯克利分校所藏元刊十行本之"两"异，细绎刘本此页为元代补刊印面，非初刻印面也。又，页二十六左，"下云义以方外"，"下"，单疏本、足利本、八行本、永乐本同；十行本作"二"；毛本作"既"；刘本作"囗"，明监本同，闽本墨钉。阮记《挍勘记》引文"既云义以方外"，云："十行本、闽、监本缺'既'字，毛本如此，钱本、宋本作'下'，是也。"卢记引文、所云同。

考经文"直其正也，方其义也，君子敬以直内，义以方外"，又单疏本《疏》文云"前云'直其正也，方其义也'，下云'义以方外'"，"直其正也，方其义也"其下正是"义以方外"，则作"下"是也。十行本讹作"二"，刘本、明监本作"囗"乃承之而缺也，闽本墨钉为待定，毛本改作"既"，乃猜测文义为之，实非。阮记、卢记引文皆作"既云义以方外"，则其所据之底本或经前人校订，而校订所用之本即毛本，故引作"既"，而阮本重刊时，或据阮记又改"既"作"下"，而与单疏本等合也。更令人难以理解的是，阮记最末附录《周易释文挍勘记》所录引文，与阮本书末所附《周易音义》、卢记引文往往大相径庭，却与通志堂本《释文》文字高度一致，其间原委，尚待探讨。阮记所见十行本，既非宋本、亦非元本，而今日可见之永乐本，更不在其汇校视野内也，更无论宋刊《周易要义》等其他重要参校文献。据此，其汇校众本之极不完备，自不待言。《挍勘记》参校版本方面的不足，亦传递到了卢记，不仅影响了通过梳理异文探讨版本流传问题的工作，而且也无助于对经疏具体文字的最终判定。若此缺陷，又经阮本定形，传递到今日各种以阮本为底本之影印本与整理本。①

今人引用《十三经注疏》，多据阮本，无论是影印本或整理本，都在文本上存在着颇多问题，尤其是圈字之处，亟需重加校正，今援据宋元刊本及明代以来诸本，分卷汇校阮本圈字之处，参考前人校勘成果，考正挍

---

① 民国二十四年，世界书局曾据同治十二年江西书局重修阮本，剪贴为九拼一影印出版（据张剑《世界书局缩印本阮刻＜十三经注疏＞底本初探》，《扬州文化研究论丛》第二十一辑），并将阮本标注所用"○"，统一改为"▲"，一九八〇年中华书局又取世界书局本，校改影印出版，此后屡有重印，这是大陆最为常见、使用最多的阮刻《十三经注疏》影印本。台湾地区，艺文印书馆早年曾据高邮王氏旧藏嘉庆初刻阮本，剪贴为四拼一影印出版，后不断重印，蓝灯文化事业公司、新文丰出版公司亦翻印此版。二〇〇九年中华书局影印出版所谓"清嘉庆刊本《十三经注疏》"，经笔者仔细比对，实际上是翻印自艺文本。真正影印嘉庆阮本者，为传古楼"四部要籍选刊"，自二〇一三年西泠印社出版单面影印嘉庆初刻《阮刻毛诗注疏》，后改由浙江大学出版社，陆续单面影印出版了嘉庆初刻《周易》《尚书》《礼记》《左传》诸经注疏。整理本方面，以一九九九年、二〇〇〇年北京大学出版社新整理本《周易正义》为代表，此外尚有传世藏书本、新文丰分段标点本等，皆以阮刻《周易兼义》为底本。儒藏本《周易正义》仅据单疏本整理，不录经注，可谓匪夷所思。

语，重定是非，冀有助于《周易注疏》之深入整理，并有益于读《周易》者也。

本书主要引据文献，为省篇幅，率用简称，详情如下：

《阮刻周易兼义》，浙江大学出版社二〇一四年影印上海图书馆藏嘉庆年间江西南昌府学刊本《重刊宋本周易注疏附校勘记》，简称阮本，所附校勘记简称卢记。各条所标卷数页码即此影印本之卷数和版心页码，每页再分左右，阮本类多缺笔避讳之字，为便行文，所引者一律改作通行文字。参考艺文印书馆二〇〇七年影印嘉庆本《十三经注疏·周易兼义》。

阮元《宋本十三经注疏并经典释文校勘记·周易注疏校勘记》，《续修四库全书》第一八〇册，上海古籍出版社二〇〇二年影印南京图书馆藏清嘉庆阮氏文选楼刻本，简称阮记。参考《皇清经解·十三经注疏校勘记·周易校勘记》，上海书店一九八八年影印道光九年学海堂原刊本、凤凰出版社二〇〇五年影印上海书局光绪十三年直行本。

《中华再造善本丛书·周易正义》，北京图书馆出版社二〇〇三年影印国家图书馆藏宋刻递修本，简称单疏本。

《周易注疏》，汲古书院昭和四十八年影印足利学校藏宋刊八行本，简称足利本。

《中华再造善本丛书·周易注疏》，北京图书馆出版社二〇〇三年影印国家图书馆藏宋两浙东路茶盐司刻宋元递修本，简称八行本。

《周易兼义》，美国加利福尼亚大学伯克利分校藏元刊本，简称十行本。

《中华再造善本丛书·十三经注疏·周易兼义》，北京图书馆出版社二〇〇六年影印北京市文物局藏刘盼遂旧藏元刊明修本，简称刘本，并据版式、字体等特征于括号内注明其印面所见板片时代。

《原国立北平图书馆甲库善本丛书·永乐二年刻本周易兼义》，国家图书馆出版社二〇一三年本，简称永乐本。

《十三经注疏·周易兼义》，日本内阁文库藏明嘉靖李元阳刊本，简称闽本。

《十三经注疏·周易兼义》，德国巴伐利亚国家图书馆藏本，简称监本；日本内阁文库藏万历年间刊重修本，简称重修监本。

《十三经注疏·周易兼义》，日本东京大学东洋文化研究所藏汲古阁刊本，简称毛本。《释文》部分据《津逮秘府》本，简称毛本。

《殿本十三经注疏·周易注疏》，线装书局二〇一三年影印天津图书馆藏武英殿刊本，简称殿本。

《开成石经·周易》，《西安碑林全集》第一〇七册至第一一〇册，广东经济出版社、海天出版社一九九九年影拓本，简称唐石经。

《宋刊巾箱本八种·周易》，华东师范大学出版社二〇一四年影印民国陶氏涉园影印本，简称白文本。

《四部丛刊初编·周易》，民国线装影印本，简称抚本。

《中华再造善本丛书·周易》，北京图书馆出版社二〇〇三年影印国家图书馆藏宋建阳坊刻本，简称建本。

《中华再造善本丛书·周易》，北京图书馆出版社二〇〇三年影印国家图书馆藏元相台岳氏荆谿家塾刻本，简称岳本。

《中华再造善本丛书·周易要义》，北京图书馆出版社二〇〇三年影印国家图书馆藏宋淳祐十二年魏克愚刻本，简称《要义》。其所阙诸卷则据《景印文渊阁四库全书·周易要义》，商务印书馆一九八三年影印本。

山井鼎、物观《七经孟子考文补遗·周易》，《百部丛书集成》，艺文印书馆影印日本原刊本，简称《考文》《考文·补遗》。

浦镗《十三经注疏正字·周易》，《四库全书珍本初集》经部二十六集，沈阳出版社一九九八年影印本，简称《正字》。

汪文台《十三经注疏校勘记识语》，《续修四库全书》第一八三册，上海古籍出版社二〇〇二年影印上海辞书出版社图书馆藏清光绪三年江西书局刻本，简称《识语》。

孙诒让《十三经注疏校记》，齐鲁书社，一九八三年版，简称孙记。

缪荃孙《周易单疏校勘记》，《嘉业堂丛书》本，简称缪记。

海保渔村《周易校勘记举正》，收入《经典与校勘论丛》，北京大学出版社二〇一五年版，简称《举正》。

瞿镛《铁琴铜剑楼藏书目录》卷一"周易兼义"条附校记，《清人书目题跋丛刊》三，中华书局一九九〇年版，简称瞿记。

孟森《宋本周易注附释文校记》，《无求备斋易经集成》第二册，成文出版社有限公司一九七六年版，简称孟记。

胡一桂《周易本义启蒙翼传》，北京图书馆出版社二〇〇四年影印上海图书馆藏元刻本，简称《翼传》。

《中华再造善本丛书·经典释文》，北京图书馆出版社二〇〇三年影印国家图书馆藏宋刻宋元递修本，简称《释文》。哈佛大学藏《通志堂丛书》本《经典释文》，简称通志堂本，《丛书集成初编》影印《抱经堂丛书》本《经典释文》，简称卢本，黄焯《经典释文汇校》，中华书局一九八〇年版，简称黄校。

周易正义序

1 页一左 业资凡圣
·

按："凡"，十行本、刘本（嘉靖）、永乐本、闽本、明监本同；单疏本作"九"，毛本同。阮记云："闽、监本同，毛本、足利本、写本'凡'作'九'。"卢记同。下《疏》云"时历三古"，揆诸文义，"九圣"与"三古"相对成文，作"九"是也，当从单疏本，《考文》云"（足利写本）后人旁注-'九圣'：伏羲、神农、黄帝、尧、舜、禹、汤、文王、孔子"，九圣或指此。阮记、卢记皆未断定是非，而阮本于此画圈，显与体例有违，此下阮本画圈之处，对应阮记、卢记往往罗列异文，不作判断，皆与其体例本旨不符也。又阮记《引据各本目录》列有古本、足利本两种，古本下小注"据《七经孟子考文补遗》'。"检《考文》文"有曰古本者，亦足利学校所藏书写本也，《周易》三通各三本"，"有曰足利本者，亦本学所印行活字板也"，则《考文》所谓古本为足利学校藏写本，足利本为活字本，阮记既据《考文》，则所指当同，此处阮记云"足利本、写本'凡'作'九'"，则活字本与写本作"九"也，然《考文》云"业资九圣，注疏诸本'九'作'凡'，但崇祯本与足利写本同"，则《考文》谓"足利写本"，即所谓古本者也，非谓"足利本写本"也，阮记误矣。

2 页二右 辅嗣之注若此
·

按："注"，单疏本、刘本（嘉靖）、永乐本、闽本、明监本同，《要义》所引亦同；毛本作"註"。阮记云："钱本、闽、监本同，毛本'注'作'註'。○按：汉唐宋人经注字，无作'註'者。"卢记同。"注""註"乃别体之异，今存世南宋刊十行本《附释音毛诗註疏》《附释音春秋左传註疏》《监本附音春秋穀梁註疏》，皆作"註"，则按语之说，可谓大谬不然也。

3 页二左 今既奉

　　　　勅删定考察其事

　　按："勅"，单疏本、十行本、刘本（嘉靖）、永乐本、闽本、明监本同；毛本作"敕"。阮记云："十行本'勅'字提行，下同，钱本同，闽、监、毛本不提行，毛本'勅'改'敕'。"卢记同。当从单疏本作"勅"，单疏本提行，十行本、刘本（嘉靖）、永乐本同，闽本等不提行，于此可见，永乐本乃承十行本而来也。

　　"察"，十行本、刘本（嘉靖）、永乐本、闽本、明监本、毛本同；单疏本作"案"。阮记云："闽、监、毛本同，钱本、写本'察'作'案'。"卢记同。揆诸文义，作"案"似胜，当从单疏本，"察"字或因形近而讹。

目 录
CONTENTS

卷 一

1 页三左 天以烂明

按："烂"，单疏本、十行本、刘本（正德六年）、永乐本、闽本、明监本、毛本同。阮记云："闽、监、毛本同，写本'烂'作'焖'。"卢记同。传世诸本皆作"烂"，作"焖"文献无征，存疑可也。

2 页四右 故系辞云乾坤其易之蕴邪

按："蕴"，刘本（正德六年）、闽本、明监本、毛本同；单疏本作"缊"，永乐本同。阮记云："闽、监、毛本同，钱本'蕴'作'缊'。"卢记同。检《周易·系辞》，正作"缊"，当从单疏本，作"缊"是也。

3 页四左 崔觐刘贞简等

按："简"，十行本、刘本（正德六年）、永乐本、闽本、明监本、毛本同，《要义》所引亦同；单疏本作"𬤝简"。阮记云："闽、监、毛本同，写本'简'上有'周'字。"卢记同。单疏本"简"字前有空格，不知所阙何字，存疑可也。《识语》引《孝经疏》，以为其时有刘贞简者，并谓唐以前说《易》诸儒无刘贞周简名。

4 页六右 故易者所以断天地理人伦

按："断"，单疏本、刘本（嘉靖）、永乐本、闽本、明监本、毛本同。阮记云："卢文弨云：案：《乾凿度》本作'继天地'，此'断'字疑误。"卢记同。此《疏》引纬书《周易乾凿度》，卢氏所见之本不知为何本，不可信从。又张尔耆过录卢文弨批校云："卢文弨云：案：《乾凿度》本作'继天地'，此'断'字疑误。"据此，则阮记所引卢文弨之说，正本卢文弨批语所引也。

5 页六左 王辅嗣等以为伏羲画卦

按："画"，刘本（嘉靖）、闽本、明监本、毛本同；单疏本作"重"，十行本、永乐本同，《要义》所引亦同。阮记云："闽、监、毛本同，卢文弨云：当作'重卦'，'画'字误。"卢记同。《正字》云："'重'，误'画'。"考上《疏》云"然重卦之人，诸儒不同，凡有四说"，明谓重卦之人，则作"重"是也，浦说是也。瞿记云"重不误画"，则其家藏十行本不误，与刘本、阮本之底本不同，而与元刊十行本同。又张尔耆过录卢文弨批校云："召音弟云：'画'当是'重'，沈同"，卢文韶，字召音，据此，则阮记所引卢文韶之说，乃本卢文弨批语所引也。

6 页七左　何者三画之时未有象繇不得有尚其辞

按："繇"，单疏本、十行本、刘本（嘉靖）、永乐本、闽本、毛本同，《要义》所引亦同；明监本作"繇"。阮记云："闽、毛本同，监本'繇'作'繇'。"卢记同。《正字》云："'繇'，毛本误'繇'，案：'繇'，古徭由字，占卜之'繇'从卜，直又切，后同者，不出。"阮记或本之。

7 页一右　天乃积诸阳气而成天

按："天"，单疏本、足利本、十行本、刘本（元）、永乐本、闽本、明监本、毛本皆同，《要义》所引亦同。阮记云："浦镗云'下天字疑衍'。"卢记同。诸本皆有"天"字，非衍文，浦说误也。

8 页一右　欲使人法天之用

按："使人"，单疏本、足利本、十行本、刘本（元）、永乐本、闽本、明监本、毛本同；八行本作"以"。阮记云："钱本'使人'二字作'以'。"卢记同。阮记所谓钱本，此处即指八行本也，八行本卷一为陈氏士乡堂抄本补配，故不与诸本同，实不足为据也。《举正》云"钱本非是"，是也。

9 页二左　七既为阳爻其画已长今有九之老阳不可复画为阳所以重钱避少阳七数故称九也

按："长"，单疏本、足利本、十行本、刘本（元）、永乐本、闽本、明监本、毛本皆同，《要义》所引亦同。阮记云："浦镗云'长当阳字误'。"卢记同。作"长"不误，其画已长者，谓阳爻相对于阴爻其画为长，据上《疏》阳爻有二："少阳称七""老阳数九"，则若阳爻为七，则虽有老阳之九，其画不可再长于少阳七，故阳爻仅能以九为之，浦说误也。

"钱"，单疏本、足利本、十行本、刘本（元）、永乐本同，《要义》所引亦同；闽本作"躰"，明监本作"体"，毛本同。阮记云："宋本同，闽、监、毛本'钱'改'体'，下'故交其钱'同，按：火珠林始以钱代蓍，故谓之'重钱'、'交钱'，改'体'非是。"卢记同。殿本《考证》云："以钱代蓍，自汉火珠林始"，或为阮记所本。所谓"火珠林"者，元人胡一桂《翼传·外篇》"筮法变卦说"条云："平菴项氏曰：以京易考之，世所传火珠林者，即其法也，以三钱掷之，两背一面为拆，即两少一多，少阴爻也；两面一背为单，即两多一少，少阳爻也；俱面为交，交者拆之聚，即三多，老阴爻也；俱背为重，重者单之积，即三少，老阳爻也；盖以钱代蓍，一钱当一揲，此后人务径截以趋卜肆之便，而本意尚可考"。若《疏》文确以火珠林为说，则此处及下文之"钱"字不误也。孙记云："'重钱'、'交钱'，唐时筮法，见《周礼·太卜》及《仪礼·士冠礼》《疏》"，其说非也，此汉法非唐法。

10 页二左 处于地上故曰在田

按："田"，足利本、十行本、刘本（元）、永乐本、闽本、明监本、毛本、抚本、建本、岳本皆同，《要义》所引亦同。阮记云："岳本、闽、监、毛本同，古本下有'也'字，下'故免龙战之灾'……并同。"卢记同。此王注，上云"出潜离隐，故曰见龙"，若下句"处于地上，故曰在田"末有"也"字，则"龙"后亦当有"也"字，则《考文》所谓古本之有"也"字者，非也。

11 页二左 四则或跃

按："或"，足利本、十行本、刘本（元）、永乐本、闽本、明监本、毛本、抚本、建本、岳本皆同，《要义》所引亦同。阮记云："岳本、闽、监、毛本同，古本、足利本'或'作'惑'，非。"卢记同。《疏》云"'四则或跃'者"，则孔冲远所见本亦作"或"也，又经云"九四或跃在渊"，诸本皆作"或"，则作"惑"显误，阮记谓非，是也，然阮本圈字通例，凡知阮本必误者方圈字，此处阮本作"或"不误，而于此加圈，显自违其例。

12 页二左 且一之于二俱为地道二在一上所以称田

按：两"一"，单疏本、足利本、十行本、刘本（元）、永乐本同；闽本皆作"初"，明监本、毛本同。阮记云："钱本、宋本同，闽、监、毛本'一'改'初'，下'二在一上'同。"卢记同。宋元以来刊本皆作"一"，单疏本亦作"一"，下《疏》云"二在一上"，闽本等仍作"一"，未改作"初"，显然前后相悖，则作"一"不误，闽本等误改也。

13 页三右　且大人之云不专在九五与九二

按："云"，刘本（正德十二年）、闽本、明监本、毛本同；单疏本作"文"，足利本、十行本、永乐本同，《要义》所引亦同。阮记云："闽、监、毛本同，宋本'云'作'文'。"卢记同。大人之云，不辞，考经云"九二见龙在田利见大人"，"九五飞龙在天利见大人"，则九二、九五皆有"大人"之文，又《疏》云"不专在九五与九二，故《讼》卦云'利见大人'，又《蹇》卦'利见大人'，此'大人'之文，施处广矣"，此处之"大人之文"，正与上文"大人之文"，前后呼应，故当从单疏本，作"云"皆误。

14 页三右　三与上相应矣上下两体

按："矣"，刘本（正德十二年）、闽本、明监本、毛本同；单疏本作"是"，足利本、十行本、永乐本同，《要义》所引亦同。阮记云："闽、监、毛本同，钱本无'矣'字，宋本作'是'。"卢记补云："案：'是'字是也。"此处之"是"字，乃总述上文，并启下文之连词，考单疏本《疏》文云"先儒以为重卦之时，重于上下两体，故初与四相应，二与五相应，三与上相应，是上下两体论天地人各别"，所谓"上下两体论天地人各别"者，意指上体有三爻分谓天地人，所谓三才也，下体有三爻亦分谓天地人，下体之初与上体之四相应，下体之二与上体之五相应，下体之三与上体之上相应，皆分谓天地人也，故初四、二五、三上论天地人各别也，"是"字不可阙，当从单疏本，卢记是也。

15 页三右　是九二处其地上所田食之处

按：刘本（正德十二年）、闽本同；明监本作"是九二处其地上所由食之处"，毛本同；单疏本作"是九二处于地上所田食之处"，足利本、十行本、永乐本同，《要义》所引亦同。阮记云："闽本同，宋本'其'作'于'、监、毛本'田'误'由'。"卢记同。此《疏》释注，注"处于地上，故曰在田"，《疏》文之"于"字正本注文之"于"字，作"于"是也，当从单疏本等。又，"由"字之讹，不辨可知，阮记是也。

16 页三右　观辅嗣之注焉唯取地上称田

按："焉"，刘本（正德十二年）、闽本、明监本、毛本同；单疏本作"意"，足利本、十行本、永乐本同。阮记云："闽、监、毛本同，钱本、宋本'焉'作'意'。"卢记补云："案：'意'字是也。"揆诸文义，作"意"是也，当从单疏本等，卢记是也。

17 页三右　周而普独

按："独"，刘本（正德十二年）、闽本、明监本、毛本同；单疏本作"徧"，足利本、十行本、永乐本同。阮记云："闽、监、毛本同，钱本、宋本'独'作'徧'。"卢记补云："案：'徧'字是也。"普独，不辞，考单疏本《疏》文云""德施周普'者，下《小象》文，谓周而普徧"，"周而普徧"正释"周普"之义，作"徧"是也，当从单疏本等，卢记是也。

18 页三左　言范模乾之一卦

按："范模"，刘本（正德十二年）、闽本、明监本、毛本同；单疏本作"此据"，足利本、永乐本同；十行本作"此摸"。阮记云："闽、监、毛本同，钱本、宋本'范模'作'此据'。"卢记同。范模，不辞，考单疏本《疏》文云：""利见大人，唯二五焉'者，言此据乾之一卦，故云'唯二五焉'，于别卦言之，非唯二、五而已。"文从字顺，则作"此据"是也，当从单疏本等也。十行本讹"此据"为"此摸"，刘本又改作"范模"，一误再误，遂致义不可解。

19 页三左　地之萌牙

按："牙"，单疏本、足利本、十行本、刘本（正德十二年）、永乐本、闽本、明监本、毛本同；《要义》所引作"芽"。阮记云："闽、监、毛本同，李鼎祚《集解》亦作'牙'，钱本作'芽'。○按：古多以牙为芽。"卢记同。诸本皆作"牙"，惟《要义》所引作"芽"，作"牙"似胜也。

20 页四右　故免龙战之灾

按："灾"，足利本、十行本、刘本（正德十二年）、永乐本、闽本、明监本、毛本、抚本、建本、岳本皆同。阮记、卢记皆无说，不知为何于此加圈。

21 页四左　其相终竟空旷

按："相"，刘本（正德十二年）、闽本、明监本、毛本同；单疏本作"禮"，足利本同；十行本作"礼"，永乐本同。阮记云："闽、监、毛本同，钱本、宋本'相'作'禮'。"卢记补云："案：'禮'字是也，注'则处下之禮旷'，可证"。考单疏本《疏》文云"则处上卦之下，其禮终竟空旷"，正释王注"处下卦之禮旷"，作"禮"是也，当从单疏本等，卢记是也。

22 页四左　当若厉也

按："当"，刘本（正德十二年）、闽本、明监本、毛本同；单疏本作

"常"，足利本、十行本、永乐本同，《要义》所引亦同。阮记云："闽、监、毛本同，宋本'当'作'常'。"卢记补云："案：'常'字是也。"单疏本、八行本、十行本及《要义》所引皆作"常"，刘本此叶为正德十二年补板，作"当"者，显为"常"字之讹，而为闽本等所承，阮本亦作"当"，则其底本亦当为元刊明修本也。卢记是也。

23 页四左 王以九三与上九相并

按："王"，单疏本、足利本、十行本、刘本（正德十二年）、永乐本同，《要义》所引亦同；闽本作"正"，明监本、毛本同。阮记云："宋本同，闽、监、毛本'王'作'正'。"卢记同。揆诸文义，作"正"是也，若作"王"，则孔《疏》无称"王以"指代王注之例，且与上下文理不合，单疏本等似误。

24 页四左 九四或跃在渊无咎

按："或"，足利本、十行本、刘本（正德十二年）、永乐本、闽本、明监本、毛本、抚本、建本、岳本、唐石经皆同。阮记云："岳本、闽、监、毛本同……《释文》出'或跃'，古本'或'作'惑'，注及《象》《文言》同。"卢记同。单疏本标起止，引经文作"九四或跃在渊无咎"，传世诸本皆作"或"，作"惑"者，或为别本也。

25 页四左 而无定位所处

按："所处"，足利本、十行本、刘本（正德十二年）、永乐本、闽本、明监本、毛本、抚本、建本、岳本皆同。阮记云："岳本、闽、监、毛本同，足利本'所'作'可'，《释文》：'所处'一本作'可处'。"卢记同。诸本皆同，检单疏本引注文"而无定位所处"，亦可为证，则作"所处"是也。

26 页四左 跃于在渊

按："于在"，十行本、刘本（正德十二年）、永乐本、闽本、明监本、毛本同；单疏本作"在于"，足利本同。阮记云："闽、监、毛本同，钱本、宋本作'跃在于渊'。"卢记同。考下《疏》云"在于故位"，正与此处"跃在于渊"句义相仿也，则作"在于"是也，当从单疏本等。

27 页四左 犹豫迟疑

按："迟"，单疏本、足利本、十行本、刘本（正德十二年）、永乐本、闽本、明监本、毛本皆同。阮记云："闽、监、毛本同，下同，宋本'迟'作'持'，与注合。"卢记同。迟疑成辞，作"迟"是也。诸本皆作"迟"，阮记所谓宋本作"持",误甚。据《周易注疏校勘记序·引据各本目录》"宋本"条,小注"据《七经孟子考文·补遗》",则此处阮记所云"宋本"乃本山井鼎《考文》,而山井鼎《考文》所据"宋本"正是足利学校所藏八行本也,然足利本今作"迟",不作"持",为何于此有异?检《考文》,未见相关文字,惟有"迟疑犹豫"条,小注"七叶右三行",云"迟作持",而上条"跃于在渊",小注"左四行",云"于在作在于",此处"犹豫迟疑"与"跃于在渊",隔行紧邻,显非《考文》出校之"迟疑犹豫"也,毛本孔《疏》下文云"非所安迟疑犹豫",而足利本作"非所安持疑犹豫",则《考文》出校之"迟疑犹豫"正为此而发,而与前文"犹豫迟疑"无涉,李锐误读《考文》,张冠李戴,遂生造所谓宋本,其说误也。

28 页五右 百姓既未离祸患

按:"未",单疏本、足利本、十行本、刘本(嘉靖)、永乐本、闽本、明监本、毛本皆同。阮记云:"卢文弨云'未'字衍文。"卢记同。《疏》文云"百姓既未离祸患,须当拯救",若如卢说无"未"字,百姓既已离祸患,何须拯救?故"未"字绝非衍文,诸本皆同,亦可为证,卢说显误。然揆诸情理,卢氏不至荒唐至此,李尔耆过录本卢校云:"'未'疑衍;'离','罹'也",既改"离"为"罹",则"未"为衍文,正符文义,惟不知卢氏何据也,然李锐截取前文而舍弃后语,以致文义乖舛,谬甚矣。

29 页五右 非飞而何

按:"而",刘本(嘉靖)、闽本、明监本、毛本同;足利本作"如",十行本、永乐本、抚本、建本、岳本同。阮记云:"闽、监、毛本同,岳本、宋本、古本、足利本'而'作'如'。"卢记同。宋元经注本、注疏本皆作"如何",且"非……如何",乃王注成语,《晋》上九,王注:"已在乎角,而犹进之,非亢如何?"《革·彖辞》,王注:"革而大亨以正,非当如何?"皆可为证,则作"如"是也,当从足利本等。

30 页五左 纯阳虽极未至大凶

按:"虽",单疏本、十行本、刘本(嘉靖)、永乐本、闽本、明监本、毛本同;足利本作"进",《要义》所引同。阮记云:"闽、监、毛本同,宋本'虽'作'进'。"卢记同。"虽极"者,虽至极也,纯阳虽至极,而未即至大凶,作"虽"似胜,当从单疏本也。

31 页六右 以柔顺而为不正则佞邪之道也

按："正"，足利本、十行本、刘本（嘉靖）、永乐本、闽本、明监本、毛本、抚本、建本、岳本皆同。阮记云："岳本、闽、监、毛本同，古本、足利本下有'之主'二字。"卢记同。揆诸文义，"之主"二字不当有也。

32 页六右 坤利在永贞

按："贞"，足利本、十行本、刘本（嘉靖）、永乐本、闽本、明监本、毛本、抚本、建本、岳本皆同。阮记、卢记皆无说，不知阮本为何于此加圈。《正字》云："（永贞）下《集解》有'矣'字。"不知是否与之有关。

33 页六右 故六位不失其时而成升降无常

按："成"，足利本、十行本、刘本（嘉靖）、永乐本、闽本、明监本、毛本、抚本、建本、岳本皆同。阮记、卢记皆无说，不知阮本为何于此加圈。

34 页六右 统论一卦之体明其所由之主

按："由"，单疏本、足利本、十行本、刘本（嘉靖）、永乐本、闽本、明监本同，《要义》所引亦同；毛本作"繇"。阮记云："闽、监本同，毛本'由'作'繇'，按：毛作'繇'者避所讳……"卢记同。当从单疏本作"由"。

35 页六左 此名乘驾六龙

按："名"，十行本、刘本（嘉靖）、闽本、明监本、毛本同；单疏本作"明"，足利本、永乐本同。阮记云："闽、监、毛本同，宋本'名'作'明'。"卢记同。单疏本《疏》云"此明乘驾六龙，各分其事，故云'以御天'也"，而《象》辞云"时乘六龙，以御天"，则作"名"显误，当作"明"，以释《象》义也，当从单疏本等。

36 页七右 正直不倾邪也

按："正"，十行本、刘本（嘉靖）、永乐本、闽本、明监本、毛本同；单疏本作"则正"，足利本同。阮记云："闽、监、毛本同，钱本上有'则'字。"卢记同。考单疏本《疏》文云"其静住之时，则专一不转移也；其运动之时，则正直不倾邪也"，前后两"则"，呼应对照，不可或缺，则当从单疏本等也。

37 页七右 何情之有

按："情"，单疏本、足利本、十行本、刘本（嘉靖）、永乐本、闽本、明监本、毛本皆同。阮记云："闽、监、毛本同，浦镗云'情当正误'。"卢记同。诸本皆同，原文不误，浦说纯属猜测，岂可信从。

38 页七左 则豫卦叹云豫之时义大矣哉之类是也

按："叹"，十行本、刘本（嘉靖）、闽本、明监本、毛本同；单疏本作"象"，足利本、永乐本同。阮记云："闽、监、毛本同，钱本'叹'作'象'，是也。"卢记同。"豫之时义大矣哉"，为《豫》卦《彖辞》，则作"象"是也，当从单疏本等也。

39 页七左 或难其解或易署解

按："其"，十行本、刘本（嘉靖）、闽本、明监本、毛本同；单疏本作"具"，足利本、永乐本同。阮记云："闽、监、毛本同，宋本'其'作'具'，是也。"卢记同。揆诸文义，当谓难者则详具以解之，易者则简略以释之，则作"具"是也，当从单疏本等，阮记是也。作"其"显误，或因与"具"形近而讹。

40 页七左 不和而刚暴

按："刚暴"，足利本、十行本、刘本（嘉靖）、永乐本、闽本、明监本、毛本、抚本、建本、岳本皆同。阮记云："岳本、闽、监、毛本同，古本、足利本'暴'上有'则'字，下有'也'字。"卢记同。传世刊本皆同，原文不误，阮记所引或别本也。

41 页七左 以能保安和会大利之道乃能利贞于万物

按："利"，十行本、刘本（嘉靖）、闽本、明监本、毛本同；单疏本作"和"，足利本、永乐本同，《要义》所引亦同。阮记云："闽、监、毛本同，钱本、宋本'利'作'和'，是也。"卢记同。考此段《疏》文乃释经，经文云"保合大和乃利贞"，"大和之道"正释经文"大和"也，则作"和"是也，当从单疏本等，阮记是也。

42 页七左 以头首出于众物之上

按："以"，单疏本、足利本、十行本、刘本（嘉靖）、永乐本、闽本同，《要义》所引亦同；明监本作"似"，毛本同。阮记云："宋本、闽本同，监、毛本'以'作'似'。"卢记同。考此段《疏》文乃本经文为说，经云"首出庶物"，无比拟之义，则作"以"是也，当从单疏本等。

43 页八右 君子以自强不息

按："强"，足利本、十行本、刘本（嘉靖）、永乐本、抚本、建本、岳本、唐石经、白文本同；闽本作"彊"，明监本、毛本同。阮记云："岳本同，石经初刻'彊'，后改'强'，《释文》出'自强'，闽、监、毛本作'彊'。"卢记同。闽本等改作"彊"，不知何据，检《唐石经》影拓本，作"强"，未见有磨改之迹，不知阮记之说，从何而来，不可信从。

44 页八右 然则天是体名乾则用名

按："则"，刘本（嘉靖）、闽本、明监本、毛本同；单疏本作"是"，足利本、十行本、永乐本同，《要义》所引亦同。阮记云："闽、监、毛本同，钱本'则'作'是'。"卢记同。"天是体名""乾是用名"，前后皆以"是"字连缀，则作"是"是也，当从单疏本等。瞿记云"是不误则"，则其家藏十行本不误，与刘本、阮本之底本不同，而与元刊十行本同。

45 页九左 终日乾乾反复道也

按："反复道也"，足利本、十行本、刘本（嘉靖）、闽本、明监本、毛本、抚本、建本、岳本、唐石经、白文本同；永乐本作"反覆道也"。阮记云："石经、岳本、闽、监、毛本同，古本、足利本'道'上有'之'字，一本无'也'字，《释文》'复本亦作覆'。"卢记同。惟永乐本作"反覆"，《疏》云"'终日乾乾反复道'者"，则孔颖达所见本亦作"反复"，作"反覆"者别本也。瞿记云"覆不作复"，则其家藏十行本与十行本、刘本、阮本之底本不同，而与永乐本同。

46 页九左 反覆皆道也

按：足利本、十行本、刘本（嘉靖）、永乐本、闽本、明监本、毛本同；抚本作"反复皆道也"，建本、岳本同。阮记引文"反复皆道也"，云："岳本、闽、监、毛本同，古本、足利本'皆'下有'合'字。"卢记引文"反复皆道也"，所云同。诸本皆同，阮记所引或为别本也。阮本作"反覆皆道也"，而阮记、卢记所引皆作"反复皆道也"，则阮记所引与阮本既异，而卢记未能照顾前文，全袭阮记，以至于前后失照、自相矛盾也。

47 页九左 大人造也

按："造"，足利本、十行本、刘本（嘉靖）、永乐本、闽本、明监本、毛本、抚本、建本、岳本、唐石经、白文本皆同。阮记云："石经、岳本、闽、监、毛本同，《释文》亦作'造'，云'刘歆父子作聚'，按：'造'、'聚'声相近。"卢记同。考《疏》云"'造'，为也"，则孔颖达所见本亦作"造"，作"聚"者别本也。

48 页九左　退在潜处在渊

按：“在”，刘本（嘉靖）、闽本、明监本、毛本同；单疏本作“则”，足利本、十行本、永乐本同。阮记云：“闽、监、毛本同，宋本上‘在’作‘则’。”卢记同。考单疏本《疏》云“进则跳跃在上，退则潜处在渊”，两“则”前后对应，作“则”是也，当从单疏本等。瞿记云“则不误在”，则其家藏十行本不误，与刘本、阮本之底本不同，而与元刊十行本同。

49 页十右　君子体仁

按：“仁”，足利本、十行本、刘本（元）、永乐本、闽本、明监本、毛本、抚本、建本、岳本、唐石经、白文本皆同。阮记云：“石经、岳本、闽、监、毛本同，《释文》：‘体仁，京房、荀爽、董遇本作体信’。”卢记同。诸本皆同，考单疏本《疏》文云“言‘君子体仁足以长人’者”，则孔颖达所见本亦同，故“体仁”“体信”乃别本之异也。

50 页十右　利物足以和义

按：“物”，足利本、十行本、刘本（元）、永乐本、闽本、明监本、毛本、抚本、建本、岳本、唐石经、白文本皆同。阮记云：“石经、岳本、闽、监、毛本同，《释文》：‘利物，孟喜、京、荀、陆绩作利之’。”卢记同。诸本皆同，考单疏本《疏》文云“‘利物足以和义’者”，则孔颖达所见本亦同，故“利物”“利之”乃别本之异也。

51 页十一右　若限尚圣人

按：“尚”，十行本、刘本（元）、永乐本、闽本、明监本、毛本同；单疏本作“局”，足利本同。阮记云：“闽、监、毛本同，钱本、宋本‘尚’作‘局’，是也。”卢记同。考单疏本《疏》文云“但易之为道，广为垂法，若限局圣人，恐不逮余下。”“限”“局”意同，作“局”是也，当从单疏本等，阮记是也。“尚”字或因与“局”形近而讹。

52 页十一左　或在事后言

按：“言”，十行本、刘本（元）、永乐本、闽本、明监本、毛本同；单疏本作“者”，足利本同。阮记云：“闽、监、毛本同，钱本、宋本‘言’作‘者’。”卢记同。揆诸文义，作“者”是也，当从单疏本等，“言”字或因与“者”形近而讹。

53 页十二右 正义曰此第二节释初九爻辞也

按：单疏本、足利本、十行本、刘本（嘉靖）、永乐本、闽本、明监本、毛本皆同，《要义》所引亦同。阮记云："卢文弨云：当云'此文言第二节，此释初九爻辞也'，观下《疏》自明。"卢记同。诸本皆同，可知卢说纯属猜测，绝不可信也。《举正》云："'乾元者'节，亦无'文言'字，则此亦未必云'文言'，卢氏不察，疑此二字之脱，失之矣。"是也。

54 页十二左 不成乎名

按："乎"，足利本、十行本、刘本（嘉靖）、永乐本、闽本、明监本、毛本、抚本、建本、岳本、唐石经、白文本皆同。阮记云："石经、岳本、闽、监、毛本同，《释文》出'不成名'，云：一本作'不成乎名'，按：《疏》云：不成就于令名，以'于'字释经文'乎'字，则《正义》本与石经合。"卢记同。诸本皆同，无"乎"字者，或别本也。

55 页十二左 确乎其不可拔

按："拔"，足利本、十行本、刘本（嘉靖）、永乐本、闽本、明监本、毛本、抚本、建本、岳本、唐石经、白文本皆同。阮记云："石经、岳本、闽、监、毛本同，古本下有'者'字。"卢记同。诸本皆同，有"者"字者，或别本也。

56 页十二左 心处僻陋

按：单疏本、足利本、十行本、刘本（嘉靖）、永乐本、闽本、明监本、毛本皆同。阮记云："卢文弨云：心疑身之误。"卢记同。《正字》云："'心'，疑'身'字误。"检卢文弨《群书拾补·周易注疏校正》，并无此语，李尔耆过录卢文弨批校云"'心'，当作'身'"，则阮记乃据卢批也，而卢氏或本浦说。诸本皆同，可知浦说纯属猜测，绝不可信从。

57 页十三右 知至至之可与几也

按："可与"，足利本、十行本、刘本（嘉靖）、永乐本、闽本、明监本、毛本、抚本、岳本、唐石经同；建本作"可与言"。阮记云："石经、岳本、闽、监、毛本同，古本、足利本'与'下有'言'字。"卢记同。考单疏本《疏》文云"'知至至之可与几'者"，则孔颖达所见本亦无"言"字，故"可与""可与言"乃别本之异也。《举正》云"有'言'字者是也"，非也。

58 页十三右 存物之终若利不及义

按："若"，刘本（嘉靖）、闽本同；足利本作"者"，十行本、永乐本、明监本、毛本、抚本、建本、岳本同。阮记无说，卢记补云："案：'若'当作'者'。"考足利本王注"进物之速者，义不若利；存物之终者，利不及义"，前后对应，若作"存物之终若"，则显然文辞不通，又单疏本《疏》文云"'存物之终者利不及义'者"，则孔颖达所见本亦作"者"字，故作"者"是也，卢记是也，作"若"者或因涉上文而误。

59 页十三右 其唯知终者乎

按："乎"，足利本、十行本、刘本（嘉靖）、永乐本、闽本、明监本、毛本、抚本、建本、岳本皆同。阮记、卢记皆无说，不知为何于此加圈。

60 页十三左 而不凶咎

按："不"，十行本、刘本（嘉靖）、永乐本、闽本、明监本、毛本同；单疏本作"不犯"，足利本同。阮记云："闽、监本同，钱本、宋本'不'下有'犯'字。○按：毛本作'而不犯咎'。"卢记同。考单疏本《疏》云："九三处一体之极，方至上卦之下，是至也，既居上卦之下，而不犯凶咎，是'知至'也。""不犯凶咎"即"知至"也，"犯"字岂可阙也，当从单疏本等。又毛本作"而不凶咎"，与闽、明监本等同，阮记按语谓之作"而不犯咎"，不知所据何本，缪记云"案：'而不犯咎'句别见注下《正义》，校盖讹混"，或是。

61 页十四左 懈怠则旷

按："懈"，足利本、刘本（嘉靖）、闽本、明监本、毛本、抚本、建本、岳本同；十行本作"解"，永乐本作"鲜"。阮记云："岳本、闽、监、毛本同，《释文》出'解怠'。○按：古多以'解'为'懈'。"卢记同。《正字》云："'懈'，《释文》作'鲜'，后并同。"检《释文》出字"解怠"，非作"鲜"，而永乐本作"鲜"亦不知何据也。瞿记云"解不作懈"，则其家藏十行本与刘本、阮本之底本不同，而与元刊十行本同。

62 页十四左 故因其时而惕

按："故"，足利本、十行本、刘本（嘉靖）、永乐本、闽本、明监本、毛本、抚本、建本、岳本皆同。阮记云："岳本、闽、监、毛本同，《集解》'故'下有'乾乾'二字。"卢记同。有"乾乾"二字者，或为别本也。

63 页十四左 虽危无咎

按："咎"，足利本、十行本、刘本（嘉靖）、永乐本、闽本、明监本、毛本、抚本、建本、岳本皆同。阮记、卢记皆无说，不知为何于此加圈。

64 页十四左 犹非群众而行

按："非"，刘本（嘉靖）、闽本、明监本、毛本同；单疏本作"依"，足利本、十行本、永乐本同。阮记云："闽、监、毛本同，钱本、宋本'非'作'依'，是也。"卢记同。考单疏本《疏》文云"所谓'非离群'者，言虽进退无恒，犹依群众而行，和光俯仰，并同于众，非是卓绝独离群也"，依群众而行，故并同于众，作"非"显误，作"依"是也，当从单疏本等，阮记是也。瞿记云"依不误非"，则其家藏十行本不误，与刘本、阮本之底本不同，而与元刊十行本同。

65 页十五右 圣人作而万物覩

按："作"，足利本、十行本、刘本（嘉靖）、永乐本、闽本、明监本、毛本、抚本、建本、岳本、唐石经皆同。阮记云："石经、岳本、闽、监、毛本同，《释文》：'作'，马融作'起'。"卢记同。考《疏》云"'圣人作而万物覩'者"，则孔颖达所见本亦作"作"。《释文》所引或为别本也。

66 页十五右 若天欲雨而础柱润是也

按："础柱"，十行本、刘本（嘉靖）、闽本、明监本、毛本同；单疏本作"柱础"，足利本、永乐本同，《要义》所引亦同。阮记云："闽、监、毛本同，宋本作'而柱础润'，是也。"卢记同。雨气所润者木柱之础也，作"础柱"显误，作"柱础"是也，当从单疏本等，阮记是也。

67 页十五左 感应之事应

按："应"，十行本、刘本（嘉靖）、永乐本、闽本、明监本、毛本同；单疏本作"广"，足利本同，《要义》所引亦同。阮记云："钱本、闽、监、毛本同，宋本下'应'作'广'，是也。"卢记同。考单疏本《疏》文云"感应之事广，非片言可悉"，因事广故非片言可尽，作"应"显误，作"广"是也，当从单疏本等，阮记是也。

68 页十五左 以上九非位而上九居之

按：单疏本、足利本、十行本、刘本（嘉靖）、永乐本、闽本、明监本、毛本皆同，《要义》所引亦同。阮记云："卢文弨云：当作'上非九位而九居"

之'。"卢记同。诸本皆同，原文不误，卢氏之说无据，不可信从。缪记云"案：非位者，谓非阳位也，卢说误"，是也。

69 页十六右 而下曰乾元亨利贞

按："贞"，足利本、十行本、刘本（嘉靖）、永乐本、闽本、明监本、毛本、抚本、建本、岳本皆同，《要义》所引亦同。阮记、卢记皆无说。不知为何于此加圈。

70 页十六右 以马明坤

按："明"，足利本、十行本、刘本（嘉靖）、永乐本、闽本、明监本、毛本、抚本、建本、岳本皆同，《要义》所引亦同。阮记："岳本、闽、监、毛本同，钱本'明'作'叙'。"卢记同。诸本皆同，钱本作"叙"，不知何据，实不可从。

71 页十六右 正义取夫乾者统行四事者也

按："取"，刘本（嘉靖）同；单疏本作"曰"，足利本、十行本、闽本、明监本、毛本同。阮记无说，卢记补云："毛本'取'作'曰'，案：所改是也。"作"取"显误，作"曰"是也，当从单疏本等。

72 页十六右 不先说乾

按："不"，闽本、明监本、毛本同；单疏本作"应"，足利本、永乐本同；刘本（嘉靖）此字空，十行本此处本空，朱笔补写"不"。阮记云："十行本'不'字空，闽、监、毛本如此，钱本、宋本'不'作'应'。"卢记同。考单疏本《疏》云"文言之首，应先说乾，而先说四德者"，文言之首，本应说乾也，作"应"是也，当从单疏本等。

73 页十六左 非天下至理

按：足利本、十行本、刘本（嘉靖）、永乐本、闽本、明监本、毛本、抚本、建本、岳本皆同。阮记云："岳本、闽、监、毛本同，古本'理'作'治'，按：《集解》作'非天下之至治'。"卢记同。诸本皆同，作"治"者，或为别本也。

74 页十七左 与时运俱终极

按：足利本、十行本、刘本（嘉靖）、永乐本、闽本、明监本、毛本、抚本、建本、岳本皆同。阮记、卢记皆无说，不知为何于此加圈。

75 页十七左 刚直之物

按：足利本、十行本、刘本（嘉靖）、永乐本、闽本、明监本、毛本、抚本、建本、岳本皆同。阮记、卢记皆无说，不知为何于此加圈。

76 页十七左 唯乾体能用之

按：足利本、十行本、刘本（嘉靖）、永乐本、闽本、明监本、毛本、抚本、建本、岳本皆同。阮记、卢记皆无说，不知为何于此加圈。

77 页十八右 不能久行其正其六爻发挥之义案略例

按：单疏本、足利本、十行本、刘本（嘉靖）、永乐本、闽本、明监本、毛本皆同，《要义》所引亦同。阮记引文"其六爻发挥之义"，云："山井鼎云：从此已下，解下文者，乃误在此，但宋板每章通为一节，间不杂《疏》，故无此误。"卢记同。阮本此段《疏》文，在经文"乾始能以美利利天下，不言所利，大矣哉，大哉乾乎，刚健中正，纯粹精也，六爻发挥，旁通情也，时乘六龙，以御天也，云行雨施，天下平也"之前，所释"其六爻发挥之义"云云，竟前经而发，显然有误，足利本经文"乾始能"云云与前经并为一段，则《疏》文"其六爻发挥之义"云云乃在经文"六爻发挥"之后，自十行本以下，至于毛本皆若阮本，惟有殿本经、《疏》次序与足利本同，据殿本卷末朱良裘《周易注疏考证跋语》，"得文渊阁所藏不全《易疏》四册，则上经三十卦，厘为五卷，始知孔《疏》王注已分六卷为十卷，合之韩注三卷，而十三卷自备，臣良裘偕臣林枝春、臣闻棠、臣吴泰，昕夕考究，凡监本舛错谬讹之处，证以旧本，如覆得发，如垢得梳，惜自《晋》卦以下，旧本残缺，然监本之不可复读者，已十去其六七矣"，据此，殿本诸儒或见旧刊八行本，据之而改也。于此可知，十行本乃将单疏本《疏》文逐一插入《周易》经注，因孔《疏》释注在后，故在插入《疏》文时往往打乱《疏》文次序，将居后之释注文字提至释经《疏》文之前，而足利本为代表之八行本，则似将《周易》经注依照单疏本标起止之提示，分别插入单疏本《疏》文中，不但完全保留了《疏》文顺序，且标起止文字与单疏本完全一致，故十行本标起止文字则似据经注重写，而与单疏本不合。八行本、十行本汇刻经注、《疏》文之方式完全不同，故经、《疏》分段及相应位置，往往不合。

78 页十八左 六爻发挥

按：足利本、十行本、刘本（嘉靖）、永乐本、闽本、明监本、毛本、抚本、建本、岳本、唐石经、白文本皆同。阮记云："石经、岳本、闽、监、毛本同，《释文》：挥本作辉。"卢记同。作"辉"者，或别本也。

79 页十九右 下又即云

按："又"，刘本（嘉靖）、闽本、明监本、毛本同；单疏本作"文"，足利本、十行本、永乐本同。阮记云："闽、监、毛本同，宋本'又'作'文'。"卢记同。揆诸文义，显当作"文"，当从单疏本等也。瞿记云"文不误又"，则其家藏十行本不误，与刘本、阮本之底本不同，而与元刊十行本同。

80 页十九右 问以辩之

按："辩"，足利本、十行本、刘本（嘉靖）、永乐本、抚本、建本、岳本、唐石经、白文本同；闽本作"辨"，明监本、毛本同。阮记云："石经、岳本同，闽、监、毛本'辩'误'辨'，《释文》出'以辩'。"卢记同。考单疏本《疏》文云"'问以辩之'者"，则其所见本作"辩"，作"辩"是也，当从足利、十行本，阮记是也。

81 页二十右 故或之或之者疑之也

按："或"，足利本、十行本、刘本（嘉靖）、永乐本、闽本、明监本、毛本、抚本、建本、岳本、唐石经、白文本皆同。阮记云："石经、岳本、闽、监、毛本同，古本'或'作'惑'，非。"卢记同。考单疏本《疏》文云"'故或之'者"，则其所见本作"或"，作"或"是也，当从足利、十行本，阮记是也。

82 页二十右 故心或之也

按："或"，十行本、刘本（嘉靖）、永乐本、闽本、明监本、毛本同；单疏本作"惑"，足利本同。阮记云："闽、监、毛本同，宋本'或'作'惑'。"卢记同。考单疏本《疏》文云"'故或之'者，以其上下无定，故心惑之"，《疏》云"心惑"以释经文之"或"也，作"惑"是也，当从单疏本等。

83 页二十左 其唯圣人乎知进退存亡而不失其正者其唯圣人乎

按："圣"，足利本、十行本、刘本（嘉靖）、永乐本、闽本、明监本、毛本、抚本、建本、岳本、唐石经、白文本皆同。阮记云："石经、岳本、闽、监、毛本同，《释文》：王肃本作'愚人'，后结始作'圣人'。○按：王肃本大非，此经依《释文》所载，无最末五字者，是最古本。"卢记同。考单疏本《疏》文云"'其唯圣人乎知进退存亡'者"，则其所见本作"圣"，作"圣"

是也，当从足利本等。又，单疏本《疏》文云"'而不失其正者其唯圣人乎'者"，则其所见本有最末"其唯圣人乎"五字，且此五字，诸本皆有，有者是也，阮记按语云无者为最古本，纯属猜测，毫无依据，不可信从。《识语》据《三国志·蜀志》《梁书》所引，以为其皆阙"其唯圣人乎"五字，然阙在句首，非句末，而与阮记所云正相反也。古人引文，非必一从原文，即便原文若此，亦为别本也。

84 页二十一右 坤元亨

按："坤"，足利本、八行本、十行本、刘本（元补）、永乐本、闽本、明监本、毛本、抚本、建本、岳本、唐石经、白文本皆同，《要义》所引亦同。阮记云："石经、岳本、闽、监、毛本同，《释文》：本又作'巛'，'巛'今字也。"卢记同。单疏本《疏》文标起止云"坤元亨至安吉贞"，则所见本亦作"坤"，作"坤"是也，《释文》所引或别本也。

85 页二十一右 乾之所贞利于万事为贞

按："贞"，毛本同；单疏本作"利"，足利本、八行本、十行本、永乐本同，《要义》所引亦同；刘本（元补）墨钉，闽本同，明监本作"囗"。阮记云："十行本、闽、监本'贞'字缺，毛本如此，钱本、宋本作'利'。"卢记同。揆诸文义，显当作"利"，乾卦所利，利于万物，故乾卦爻辞"元亨利贞"，作"利"是也，当从单疏本等。阮本此"贞"字或从毛本而来，此前各本皆无作"贞"字者，元刊十行本此处板裂，"利"字漫漶不清，故其后补板时此字未刻，留为墨钉，闽本承之亦未刻，留为墨钉，明监本改墨钉为空格，毛本以意补之作"贞"，或为挍者所信而著录于阮氏所藏十行本之上，待李锐作校勘记即以此校本为准，阮本重刊或亦以此校本为准，故反与十行本本文有异，此下此类情况甚多，不烦再述。

86 页二十一右 牝对牡为柔马对龙为顺

按："牝"，足利本、十行本、刘本（元补）、永乐本同；单疏本作"牡"，八行本、闽本、明监本、毛本同。阮记无说，卢记补云："毛本下'牝'字作'牡'，案：所改是也。"牝为阴，牡为阳，阴对阳为柔，则牝对牡为柔，亦坤对乾为柔也，作"牡"是也，当从单疏本等。

87 页二十一右 马虽比龙为劣

按："比"，单疏本、足利本、八行本、十行本、永乐本、闽本、毛本同，

《要义》所引亦同；刘本（元补）墨钉，明监本作"囗"。阮记云："十行本、闽、监本'比'字缺，毛本如此。"卢记同。揆诸文义，作"比"是也，当从单疏本等。闽本之"比"字，有磨改描写之迹，日本京都大学东洋文化研究所藏闽本为墨钉，元刊十行本此处板裂，"比"字漫漶不清，故其后补板时此字未刻，留为墨钉，闽本承之亦未刻，留为墨钉，明监本改墨钉为空格，毛本以意补之作"比"也。

88 页二十一右 所而亦能广远

按："所而"，十行本、刘本（元补）同；单疏本作"所行"，足利本、八行本、永乐本、闽本、《要义》所引亦同；明监本作"囗而"；毛本作"钝而"。阮记云："闽、监本阙'所'字，毛本作'钝'属上句，非也，钱本、宋本'而'作'行'，是。"卢记同。所行广远，文义晓畅，作"所行"是也，当从单疏本等。闽本之"所行"，有磨改描写之迹，日本京都大学东洋文化研究所藏闽本为墨钉"而"，明监本作"囗而"，乃承闽本而来，毛本以意补之作"钝而"，实不可信。

89 页二十一左 今以阴诣阴乃得朋

按："乃"，毛本同；单疏本作"是"，足利本、八行本、永乐本同，《要义》所引亦同；十行本漫漶，刘本（元补）作墨钉，闽本同，明监本作"囗"。阮记云："十行本、闽、监本'乃'字缺，毛本如此，钱本、宋本作'是'。"卢记同。揆诸文义，作"是"似胜。元刊十行本此处板裂，其字漫漶不清，故其后补板时此字未刻，留为墨钉，闽本承之亦未刻，留为墨钉，明监本改墨钉为空格，毛本以意补之作"乃"，实不可信。

90 页二十一左 其褊狭非复弘通之道

按："其褊狭"，十行本、刘本（元补）、永乐本、明监本、毛本同；单疏本作"其理褊狭"，足利本、八行本、闽本同。"复"，毛本同；单疏本作"易"，足利本、八行本、永乐本、闽本同；十行本漫漶、刘本（元补）墨钉，明监本作"囗"。阮记云："十行本、闽、监本，缺'复'字，毛本如此，宋本作'易'，钱本无此字，又钱本、宋本'其'下有'理'字。"卢记同。褊狭者，庄氏所述之理也，"理"字若缺，则句义顿涩也，"弘通之道"乃谓"易"理，故当从单疏本作"其理褊狭非易弘通之道"也。元刊十行本此处板裂，"复"字漫漶不清，故其后补板时此字未刻，留为墨钉，闽本之"易"，有描写之迹，日本京都大学东洋文化研究所藏闽本为空格，明监本承之，毛本以意补之作"复"也，不可信从。

91 页二十二右 行地无疆

按："疆"，足利本、八行本、十行本、刘本（元补）、永乐本、闽本、明监本、毛本、抚本、建本、岳本、唐石经、白文本皆同。阮记云："石经、岳本、闽、监本、毛本同，《释文》：'疆'或作'壃'，下及注同。"卢记同。诸本皆同，作"疆"是也，作"壃"者，或别本也。

92 页二十二右 象曰至行合无疆

按：刘本（元补）同；十行本作"象曰至行地无疆"，永乐本、闽本、明监本、毛本同；单疏本作"象曰至哉至无疆"；足利本、八行本，无此数字。阮记无说，卢记补云："案：'合'当作'地'。"此孔《疏》标起止，经文"象曰至哉坤元……行地无疆"，《疏》文标起止，例取前后数字，则此处显当作"象曰至行地无疆"，或当从单疏本作"象曰至哉至无疆"。刘本、阮本作"象曰至行合无疆"显误，意其致误之由，或因元刊初刻十行本此处板裂，以致"地"字漫漶，勉强可识，其后补板时遂讹作"合"，阮本之底本或即此元代修补后印十行本，故所误同。而单疏本与十行本标起止文字不同者，或因经注合刻之时，插入方式有异而导致，十行本当取《疏》文分段插入经注本，其标起止之文字乃汇刻时所拟，遂与单疏本原有标起止文字相异，而八行本则是取经注文字插入单疏本，故于经文标起止文字多有减省也。

93 页二十二右 此五句总明坤义及二德之首也

按："二"，刘本（元补）、闽本、明监本、毛本同；单疏本作"元"，足利本、八行本、永乐本同；十行本此字漫漶。阮记云："闽、监本、毛本同，宋本'二'作'元'。"卢记同。《正字》云："'二'，当'四'字误。"考下《疏》明云："'元'是坤德之首，故连言之。"所谓连言之者，连言"坤元"也，坤元有德，故作"元德"是也，当从单疏本等，浦说误也。十行本此处板裂，遂致此字漫漶，残存"一"，其后补板，乃误刻作"二"，遂为闽本等所承，相沿不替也。

94 页二十二右 犹乾之元德与乾相通共文也

按："通"，闽本、明监本、毛本同；单疏本作"连"，足利本、八行本、十行本、永乐本同；刘本（元补）作"道"。阮记云："十行本'通'字模糊，闽、监、毛本如此，钱本、宋本作'连'，是也。"卢记同。"相通共文"，不辞，此指乾卦经文《彖》曰"大哉乾元"也，"乾""元"相连，作"连"是也，当从单疏本等。十行本此处板裂，遂致此字漫漶，勉强可识读为"连"字，其后补板，乃误刻作"道"，又讹作"通"，此或即阮本之底本，遂为闽本等所承，相沿不替也。

95 页二十二右 以和顺承平于天

按："平"，刘本（元补）、明监本、毛本同；单疏本作"奉"，足利本、八行本、十行本、永乐本、闽本同，《要义》所引亦同。阮记云："闽、监本、毛本同，钱本、宋本'平'作'奉'，是也。"卢记同。《正字》云："'平'，当'奉'字误。"承平于天，不辞，显当作"奉"，当从单疏本等，浦说是也。闽本之"奉"字有描改之迹，检日本京都大学东洋文化研究所藏闽本为"平"，则闽本此处作"奉"，乃后改写也。十行本此处板裂，遂致此字漫漶，勉强可识读为"奉"字，其后补板，乃误刻作"平"，遂为闽本等所承，相沿不替也。

96 页二十二左 但坤比元即不得大名

按："元"，刘本（元补）、闽本、明监本、毛本同；单疏本作"乾"，足利本、八行本、十行本、永乐本同。阮记云："闽、监本、毛本同，钱本、宋本'元'作'乾'。"卢记同。《正字》云："'元'，当'乾'字误。"坤有"元"名，如何相比？乾、坤相对，作"乾"是也，当从单疏本等，浦说是也。

97 页二十二左 顺行地无疆

按："顺"，刘本（元补）、闽本、明监本、毛本同；单疏本作"故"，足利本、八行本、十行本、永乐本同。阮记云："闽、监本、毛本同，钱本、宋本'顺'作'故'，是也。"卢记同。考单疏本《疏》文云"'牝马地类，行地无疆'者，以其柔顺故云'地类'，以柔顺为体，终无祸患，故'行地无疆'，不复穷已。"揆诸文义，"故"者乃引述经文之辞头，作"故"是也，当从单疏本等，阮记是也。十行本此处板裂，遂致此字漫漶，勉强可识读为"故"字，其后补板，乃误刻作"顺"，遂为闽本等所承，相沿不替也。

98 页二十二左 应地无疆

按："无"，足利本、八行本、十行本、刘本（元补）、抚本、建本、岳本、唐石经、白文本同；永乐本作"无"，闽本、明监本、毛本同。阮记云："石经、岳本同，闽、监、毛本'无'作'无'。"卢记同。宋元刊经注本、注疏本，皆作"无",作"无"是也。

99 页二十二左 夫用雄必争二主必危

按:"用",刘本(元补)、闽本同;足利本作"两",八行本、十行本、永乐本、明监本、毛本、抚本、建本、岳本同。阮记引文"夫两雄必争",云:"十行本'夫两雄'三字,'夫'字、'雄'字笔画舛误,'两'误'用',闽本亦作'用',缺'夫'字,岳本、监、毛本如此。"卢记引文"夫用雄必争",补云:"岳本、监本、毛本'用'作'两',是也,闽本作'用',缺'夫'字,十行本'夫雄'字,笔画舛误,今正。"揆诸文义,"两雄"与"二主"相应成文,则作"两"是也,当从足利、十行本。阮记与卢记引文不同者,意其据元刊十行本之校本,文字或从底本,或从校文,故谓十行本"两"误"用",卢记则直据底本,故作"用",阮本此处亦似直据底本也,故与卢记引文前后相合。

100 页二十二左 以阴在是之先

按:"是",刘本(元补)同;单疏本作"物",足利本、八行本、永乐本同,《要义》所引亦同;闽本作"事",明监本、毛本同;十行本漫漶。阮记云:"钱本、宋本'是'作'物',闽、监本、毛本作'事'。"卢记同。考下《疏》明云:"以阴在物之后",以后例前,可知此处作"物"是也,当从单疏本等。十行本此处板裂,遂致此字漫漶,其后补板,乃误刻作"是",闽本重刊时,或觉文气不通,又改"是"为"事",遂为明监本等所承,相沿不替也。

101 页二十二左 人得主利

按:刘本(元补)、闽本同;单疏本作"乃得主利",足利本、八行本、十行本、永乐本同,《要义》所引亦同;明监本作"人得生利",毛本同。阮记云:"闽本同,钱本、宋本'人'作'乃',监本、毛本'主'误'生'。"卢记同。《正字》云:"当'即得主利'之误。"考单疏本《疏》文"以阴在物之后,阳唱而阴和,乃得主利","以""乃"文气相应,作"乃"是也,当从单疏本等,浦说误也。

102 页二十二左 人若得静而能正

按:"若",单疏本、足利本、八行本、十行本、永乐本、刘本(元补)、闽本、明监本同;毛本作"君"。阮记云:"闽、监本同,钱本、宋本、毛本'若'作'君'。"卢记同。《正字》云:"'若',毛本误'君'。"阮记所谓钱本、宋本，即八行本、足利本也，检此二本，皆作"若"，不作"君"，阮记之说误甚。细味原文，与人君无涉，当从单疏本等，作"君"误也，浦说是也。

103 页二十三右　正义曰地势方直

按："势"，十行本、刘本（元补）、闽本、明监本、毛本同；单疏本作"体"，足利本、八行本同；永乐本此字漫漶。阮记云："闽、监、毛本同，宋本'势'作'体'，钱本此《疏》在'君子厚德载物'《疏》后，'正义曰'上标'注地形不顺其势顺'七字。"卢记同。高低者，地势也，方直者，地体也，作"体"是也，当从单疏本等。八行本与十行本插入方式不同，故置相关《疏》文位置不同，前文已有说明，此亦属于同类之例。

104 页二十三左　履霜坚冰阴始凝也

按："冰"，足利本、八行本、十行本、刘本（元补）、永乐本、闽本、明监本、毛本、抚本、建本、岳本、唐石经、白文本皆同。阮记云："岳本、闽、监、毛本同，石经初刻无'也'字，后增。古本、足利本'冰'下有'至'字。"卢记同。诸本皆同，有"至"字者，或为别本也。

105 页二十三左　不敢于乱先圣正经之辞

按："于"，单疏本、十行本、刘本（元补）、闽本、毛本同；足利本作"干"，八行本、明监本同；永乐本此字漫漶。阮记云："闽、毛本同，钱本、监本'于'作'干'，是也。"卢记同。《正字》云："'干'，毛本误'于'。"揆诸文义，显当作"干"，"干""于"字形相近，故有此讹，当从足利、八行本也，明监本改之，是也，浦说是也。

106 页二十三左　故分爻之辞象

按："辞象"，十行本、刘本（元补）、永乐本、闽本、明监本、毛本同；单疏本作"象辞"，足利本、八行本同，《要义》所引亦同。阮记云："闽、监、毛本同，钱本、宋本'辞象'作'象辞'。"卢记同。《正字》云："'象辞'，字误倒。"考足利本《疏》云"夫子所作象辞，元在六爻经辞之后辞之后，以自卑退，不敢干乱先圣正经之辞，及至辅嗣之意，以为象者，本释经文，宜相附近，其义易了，故分爻之象辞，各附其当爻下言之。"揆诸文义，显作"象辞"，当从单疏本等，浦说是也。

107 页二十三左　不假修营而功自成

按：足利本、八行本、十行本、刘本（元补）、永乐本、闽本、明监本、毛本、抚本、建本、岳本皆同。阮记云：“岳本、闽、监、毛本同，古本上有‘故’字。〇按：古本多不可信。”卢记同。诸本皆同，无“故”字，阮记按语所云是也。

110 页二十三左 正义曰文言云

按：十行本、刘本（元补）、闽本、明监本、毛本同；单疏本作“正义曰直方大不习无不利者文言云”，足利本、八行本同，《要义》所引亦同；永乐本作“文言云”。阮记云：“闽、监、毛本同，宋本‘文言云’上有‘直方大不习无不利者’九字，山井鼎云：宋板爻、象连为一节，经文终，乃有《疏》，每卦为然……今本断章裁句与宋板稍异。”卢记同。单疏本此段《疏》文前，有“六二直方至光也”，此镖起止，意谓下文所释乃经文“六二直方大不习无不利……地道光也”，则其释经文“直方大不习无不利”时，必须加以说明，故云“正义曰直方大不习无不利者文言云”，足利本将经注本文字插入《疏》文，《疏》文一仍其旧，故与单疏本同，而十行本则将《疏》文割裂分别插入经注文本中，此处直接插入经文“六二直方大不习无不利”之后，若仍原《疏》，则颇显重复，故删去九字，直作“正义曰文言云”矣。

109 页二十四左 功不显物故曰无誉不与物忤故曰无咎

按：单疏本、足利本、八行本、十行本、刘本（元补）、闽本、明监本、毛本同，《要义》所引亦同；永乐本作“功不显物故曰無誉不与物忤故曰無咎”。阮记云：“《集解》作‘不与物忤故无咎功名不显故无誉’也。”卢记同。诸本皆同，《集解》所引，或为别本。

110 页二十五右 曰其谨慎

按：“曰”，十行本、刘本（元补）、永乐本同；单疏本作“由”，足利本、八行本同，《要义》所引亦同；闽本作“施”，明监本、毛本同。阮记云：“钱本、宋本‘曰’作‘由’，闽、监、毛本作‘施’字。”卢记同。考单疏本《疏》云“由其谨慎，不与物竞，故不被害也”，“由”者，因也，因其谨慎，故不与物竞，则不被加害也，作“由”是也，当从单疏本等，十行本作“曰”，或因与“由”形近而讹，闽本重刊时或以“曰其谨慎”义不可解，遂改作“施”，误也。

111 页二十六右 故其所由来者渐矣由辩之不早辩也

按：足利本、八行本、十行本、刘本（嘉靖）、永乐本、闽本、明监本、抚本、建本、岳本、唐石经、白文本同；毛本作"故其所繇来者渐矣繇辩之不早辩也"。阮记云："石经、岳本、闽、监本同，毛本'由'作'繇'，《释文》：辩，荀作变。"卢记同。考单疏本《疏》文云"'其所由来者渐矣'者"，"'由辩之不早辩'者"，则其见本与诸本同，毛本作"繇"，不知其何据也。

112 页二十六左 直方大不习无不利则不疑其所行也

按：足利本、八行本、十行本、刘本（嘉靖）、永乐本、闽本、明监本、毛本、抚本、建本、岳本、唐石经、白文本皆同。阮记云："石经、岳本、闽、监、毛本同，《释文》出上十四字，无'也'字，云：张璠本此上有'易曰'，众家皆无。"卢记同。诸本皆同，有"易曰"字者，或别本也。

113 页二十六左 名以方正

按："名"，十行本、刘本（嘉靖）、永乐本、闽本、明监本、毛本同同；单疏本作"各"，足利本、八行本同。阮记云："闽、监、毛本同，钱本、宋本'名'作'各'，是也。"卢记同。《正字》云："'名'，疑'各'字误。"考单疏本《疏》云"'义以方外'者，用此义事以方正外物，言君子法地正直而生万物，皆得所宜，各以方正"，所谓"各以方正"者，万物各以方正也，作"各"是也，当从单疏本等，浦说是也。作"名"者，或因形近而讹也。

114 页二十六左 下云义以方外

按："下"，单疏本、足利本、八行本、永乐本同；十行本作"二"；毛本作"既"；刘本（嘉靖）作"囗"、明监本同，闽本墨钉。阮记引文"既云义以方外"，云："十行本、闽、监本，缺'既'字，毛本如此，钱本、宋本作'下'，是也。"卢记同。《正字》云："监本'既'字缺。"考经文"直其正也，方其义也，君子敬以直内，义以方外"，又单疏本《疏》文云"前云'直其正也，方其义也'，下云'义以方外'"，"直其正也，方其义也"其下正是"义以方外"，则作"下"是也，当从单疏本等，阮记是也。十行本讹作"二"，刘本、明监本作"囗"乃承之而缺也，闽本墨钉为待定，毛本改作"既"，乃猜测文义为之，实非。阮记、卢记引文皆作"既云义以方外"，则其所据之底本或经前人校订，而校订所用之本即毛本，故引作"既"，而阮本重刊时，或据阮记又改"既"作"下"，而与单疏本等合也。

115 页二十六左 改云敬以直正者

按："正"，刘本（元补）同；单疏本作"内"，足利本、八行本、十行本、永乐本、闽本、明监本、毛本同。阮记无说，卢记补云："案：'正'当作'内'。"考单疏本《疏》文云"此应云'正以直内'，改云'敬以直内'者，欲见正则能敬，故变'正'为'敬'也"，此释经文作"敬以直内"也，则作"内"是也，当从单疏本等，卢记是也。

116 页二十七右 草木蕃天地闭贤人隐

按：足利本、八行本、十行本、刘本（嘉靖）、永乐本、闽本、明监本、毛本、抚本、建本、岳、唐石经、白文本皆同。阮记云："石经、岳本、闽、监、毛本同，古本下有'茂'字，不必从。"卢记同。诸本皆同，有"茂"者，或为别本也，又《疏》文"故'草木蕃滋，天地闭，贤人隐'者"，则孔颖达所见或作"草木蕃滋"，此亦为别本也。

117 页二十七右 盖言谨也

按：足利本、八行本、十行本、刘本（嘉靖）、永乐本、闽本、明监本、毛本、抚本、建本、岳、唐石经、白文本皆同。阮记云："石经、岳本、闽、监、毛本同，古本无'也'字。"卢记同。诸本皆同，揆诸文气，有"也"字似胜。

118 页二十七左 阴疑于阳必战

按："疑"，足利本、八行本、十行本、刘本（嘉靖）、永乐本、闽本、明监本、毛本、抚本、建本、岳、唐石经、白文本皆同。阮记云："石经、岳本、闽、监、毛本同，《释文》：'疑'，荀、虞、姚信、蜀才本作'凝'。"卢记同。诸本皆同，考单疏本《疏》文云"'阴疑于阳必战'"，则其所见本亦作"疑"，揆诸文气，作"疑"是也，《释文》所载，或别本也。

119 页二十七左 为其嫌于无阳也

按："嫌"，足利本、八行本、十行本、刘本（嘉靖）、永乐本、闽本、明监本、毛本、抚本、建本、岳、唐石经、白文本皆同。阮记云："石经、岳本、闽、监、毛本同，古本无'也'字，《释文》：'嫌'，郑作'谦'，荀、虞、陆、董，作'嗛'……"卢记同。诸本皆同，作"嫌"是也，《释文》所载，或别本也。

120 页二十七左 然犹未能离其阳类

按："阳"，刘本（嘉靖）、闽本、明监本同；单疏本作"阴"，足利本、八行本、十行本、永乐本、毛本同，《要义》所引亦同。阮记云："闽、监本同，毛本'阳'作'阴'。"卢记同。《正字》云："'阴'，监本误'阳'。"考单疏本《疏》文云"虽阴盛似阳，然犹未能离其阴类，故为阳所伤"，既为"阳"所伤，则作"阴"是也，当从单疏本等，浦说是也。瞿记云"阴不误阳"，则其家藏十行本不误，与刘本、阮本之底本不同，而与元刊十行本同。

121 页二十七左 而见成也

按："见成"，刘本（嘉靖）、闽本同；单疏本作"见灭"，足利本、八行本、十行本、永乐本同；明监本作"见血"，毛本同；《要义》所引作"成灭"。阮记云："闽本同，钱本、宋本'成'作'灭'，监、毛本作'血'。"卢记同。考单疏本《疏》文云"虽阴盛似阳，然犹未能离其阴类，故为阳所伤而见灭"，因伤而被灭，作"灭"是也，刘本等作"成"，乃因元刊十行本"灭"字字画不清，故讹作"成"，明监本见作"成"不可通，故据经文改作"血"，然经文云"犹未离其类也故称血焉"，此《疏》文若作"见血"，与经义有违，故所改非也。

122 页二十七左 夫玄黄者天地之杂也

按："杂"，足利本、八行本、十行本、刘本（嘉靖）、永乐本、闽本、明监本、毛本、抚本、建本、岳本、唐石经、白文本皆同。阮记云："石经、岳本、闽、监、毛本同，古本'杂'下有'色'字。"卢记同。诸本皆同，有"色"者，或为别本也。

123 页二十八右 得王则定

按：刘本（嘉靖）同；足利本作"得主则定"，八行本、十行本、永乐本、闽本、明监本、毛本、抚本、建本、岳本同，《要义》所引亦同。阮记云："'王'，'主'之误，岳本、闽、监、毛本不误，《释文》：'则定'，本亦作'则宁'，古本下有'也'字。"卢记同。此王注，经云"利建侯"，建侯则主定，主定则宁，侯为主，非王也，作"主"是也，当从抚本等。《释文》、古本所见异文，皆为别本也。

124 页二十八左 一盈也

按："一"，刘本（嘉靖）、闽本、明监本、毛本同；单疏本作"二"，足利本、八行本、十行本、永乐本同。阮记云："闽、监、毛本同，钱本、宋本'一'作'二'。"卢记同。考单疏本《疏》文云"屯有二义，一难也，二盈也"，揆诸文义，作"二"似胜，当从单疏本等也。瞿记云"二不误一"，则其家藏十行本不误，与刘本、阮本之底本不同，而与元刊十行本同。

125 页二十八左　其义不一

按："义"，刘本（嘉靖）、闽本、明监本、毛本同；单疏本作"例"，足利本、八行本、十行本、永乐本同。阮记云："闽、监、毛本同，钱本、宋本'义'作'例'。"卢记同。考单疏本《疏》文云"随义而取象，其例不一"，揆诸文义，作"例"是也，若作"其义不一"，则与前文"随义取象"显然重复，故当从单疏本等也。瞿记云"例不误一"，则其家藏十行本不误，与刘本、阮本之底本不同，而与元刊十行本同。

126 页二十九右　纶谓纲纶

按："纲"，闽本、明监本、毛本同；单疏本作"绳"，足利本、八行本、十行本、永乐本同，《要义》所引亦同；刘本（元补）漫漶。阮记云："闽、监、毛本同，钱本、宋本'纲'作'绳'，是也。"卢记同。殿本《考证》云"'绳'，监本讹作'纲'，下文云'约束于物'，则从绳是"，揆诸文义，其说是也，故当从单疏本等也，阮记是也。

127 页二十九右　姚信云纶谓纲也

按："纲"，刘本（元补）、闽本、明监本、毛本同；单疏本作"纬"，足利本、八行本、十行本、永乐本同。阮记云："闽、监、毛本同，钱本、宋本'纲'作'纬'。"卢记同。殿本《考证》云"'纬'，亦讹作'纲'，姚信以经纶为经纬，说见《集解》，作'纲'者非"，揆诸文义，其说是也，故当从单疏本等也。

128 页二十九右　初九磐桓

按："磐"，足利本、八行本、十行本、刘本（元补）、永乐本、闽本、明监本、毛本、抚本、建本、岳本、唐石经、白文本皆同，《要义》所引亦同。阮记云："石经、岳本、闽、监、毛本同，《释文》：'磐'，本亦作'盘'，又作'槃'。"卢记同。诸本皆同，《释文》所载各本，皆别本也。

129 页二十九左　乘马班如匪寇婚媾

按：足利本、八行本、十行本、刘本（元补）、永乐本、闽本、明监本、毛本、抚本、建本、岳本、唐石经、白文本皆同，《要义》所引亦同。阮记云："石经、岳本、闽、监、毛本同，《释文》：'班'，郑本亦作'般'，'媾'，马本作'冓'，本或作'构'者非。"卢记同。诸本皆同，考单疏本《疏》文云

"'乘马班如'者"，"'匪寇婚媾'者"，则其所见本亦作"班""媾"，《释文》所载各本，皆别本也。

130 页三十右 得其五为婚媾矣

按："其"，刘本（嘉靖）、闽本、明监本、毛本同；单疏本作"共"，足利本、八行本、十行本、永乐本同，《要义》所引亦同。阮记云："闽、监、毛本同，宋本作'其'作'共'。"卢记无说。前《疏》云"言二欲乘马，往适于五"，往适者，共也，二得共五，即二得与五之义，与五为婚媾矣，作"共"是也，当从单疏本等。瞿记云"共不误其"，则其家藏十行本不误，与刘本、阮本之底本不同，而与元刊十行本同。

131 页三十右 即鹿無虞

按：刘本（嘉靖）、永乐本；足利本作"即鹿无虞"，八行本、十行本、闽本、明监本、毛本、抚本、建本、岳本、唐石经、白文本同。阮记引文"即鹿无虞"，云："石经、岳本、闽、监、毛本同，《释文》：'鹿'，王肃作'麓'。"卢记引文"即鹿無虞"，补云："石经、岳本、闽、监、毛本'無'作'无'，案：'无'字是也，《释文》：'鹿'，王肃作'麓'。"单疏本《疏》云"'即鹿无虞'者"，则其所见本亦作"鹿""无"，作"鹿""无"是也，《释文》所录，或别本也。

132 页三十右 君子几不如舍

按：足利本、八行本、十行本、刘本（嘉靖）、永乐本、闽本、明监本、毛本、抚本、建本、岳本、唐石经、白文本皆同。阮记云："石经、岳本、闽、监、毛本同，《释文》：'几'，郑作'机'。"卢记同。诸本皆同，单疏本《疏》云"'君子几不如舍'者"，则其所见本亦作"几"，作"几"是也，《释文》所录或别本也。

133 页三十左 往吝穷也

按："往"，足利本、八行本、十行本、刘本（嘉靖）、永乐本、闽本、明监本、毛本、抚本、建本、岳本皆同。阮记云："岳本、闽、监、毛本同，古本'往'作'无'。"卢记同。诸本皆同，古本或为别本也。

134 页三十左 故不得为几微之义

按："义"，刘本（嘉靖）、闽本、明监本、毛本同；单疏本作"几"，足利本、八行本、十行本、永乐本同，《要义》所引亦同。阮记云："闽、监、毛本同，宋本'义'作'几'。"卢记同。考前《疏》云"几为语辞，不为义也，知此几不为事之几　几"，不为事之几微，即不得为几微之几也，作"几"是也，当从单疏本等。瞿记云"下几字，不误义"，则其家藏十行本不误，与刘本、阮本之底本不同，而与元刊十行本同。

136 页三十一左 象曰泣血涟如何可长也

按："何可长也"，足利本、八行本、十行本、永乐本、闽本、明监本、毛本、抚本、建本、岳本、唐石经、白本文同；刘本（嘉靖）作"何长也"。阮记无说，卢记引文"何长也"，补云："各本作'何可长也'，此十行本原脱'可'字，案：《正义》曰：何可长者，又曰何可久长也，是'何'下当有'可'字，今补。"据卢记所云，可知其底本即所谓十行本，与刘本同，且仅有此二本作"何长也"，足见二者关系之紧密，而元刊十行本作"何可长也"，不与其同，则阮本之底本非元刊十行本也，又，此处底本作"何长也"，阮本补作"何可长也"，可知阮元重刊底本，绝非全录底本，一字不改也。

136 页三十一左 童蒙求我

按：足利本、八行本、十行本、刘本（嘉靖）、永乐本、闽本、明监本、毛本、抚本、建本、岳本、唐石经、白文本皆同，《要义》所引亦同。阮记云："石经、岳本、闽、监、毛本同，《考文》引古本'蒙'下有'来'字。"卢记同。诸本皆同，单疏本《疏》云"'童蒙求我'者"，则其所见本亦同，古本或为别本也。

137 页三十二右 此卦系辞皆以人事明之

按："系"，刘本（嘉靖）、永乐本、闽本、明监本、毛本同；单疏本作"繫"，足利本、八行本、十行本同，《要义》所引亦同。阮记云："闽、监、毛本同，钱本、宋本'系'作'繫'。"卢记同。此句《疏》文本系于蒙卦爻辞之后，且《系辞》单行，与此卦何涉？作"繫"是也，当从单疏本等。

138 页三十二右 以亨行时中也

按：足利本、八行本、十行本、刘本（嘉靖）、永乐本、闽本、明监本、毛本、抚本、建本、岳本、唐石经、白文本皆同，《要义》所引亦同。阮记云："石经、岳本、闽、监、毛本同，古本、足利本'时'上有'得'字，一本'也'作'矣'，按：此'得'字，盖涉注文而衍。"卢记同。诸本皆同，单疏本《疏》云"'以亨行时中'者"，则其所见本亦同，古本或为别本也。

139 页三十二左 童蒙求我

按：足利本、八行本、十行本、刘本（嘉靖）、永乐本、闽本、明监本、毛本、抚本、建本、岳本、唐石经、白文本皆同，《要义》所引亦同。阮记云："石经、岳本、闽、监、毛本同，《释文》：一本作'来求我'……"卢记同。诸本皆同，《释文》所录或为别本也。

140 页三十二左 君子当发此蒙道

按："发"，刘本（嘉靖）、闽本、明监本、毛本同；单疏本作"法"，足利本、八行本、十行本、永乐本同。阮记云："闽、监、毛本同，宋本'发'作'法'。"卢记同。考经文曰"象曰山下出泉蒙，君子以果行育德"，单疏本《疏》云"君子当法此蒙道，以果决其行"，君子行己由法，所法者蒙道也，作"法"是也，当从单疏本等。瞿记云"法不误发"，则其家藏十行本不误，与刘本、阮本之底本不同，而与元刊十行本同。

141 页三十三右 小雅云杻谓之梏

按："小雅"，单疏本、足利本、十行本、永乐本、刘本（嘉靖）、闽本同，《要义》所引亦同；八行本作"小尔雅"；明监本作"尔雅"，毛本同。阮记云："钱本、宋本、闽、监、毛本'小'作'尔'。○按：'尔'字误，'小尔雅'唐人多作'小雅'，《文选注》亦然。"卢记同。此引《广雅·释室》文也，孔《疏》谓《广雅》为《小雅》，或其时之省称也，作"小雅"不误也。八行本补作《小尔雅》，今检《孔丛子·小尔雅》，未见其文，明监本等改作《尔雅》，亦非。阮记云宋本、闽本作"尔雅"，其所谓宋本即足利本，足利本、闽本皆作"小雅"，又云钱本作"尔雅"，其所谓钱本即八行本，作"小尔雅"，皆与阮记之说相异，然据李尔耆过录卢批，云"钱小尔雅"，则钱本作"小尔雅"也。又阮记按语云此"小雅"乃"小尔雅"，亦为臆说，毫无实据，不可信从。缪记、《举正》皆以为脱"小"字，亦非。孙记谓似孔误记为《小尔雅》，猜测之说，不可信从。

142 页三十三右 出往往之

按："往"，十行本、刘本（嘉靖）、闽本、明监本、毛本同；单疏本作"行"，足利本、八行本、永乐本同，《要义》所引亦同。阮记云："闽、监、毛本同，宋本下'往'作'行'。"卢记同。此释经文"以往吝"，考单疏本《疏》文云"'以往吝'者，若以正道而往，即其事益善矣，若以刑人之道出往，行之即有鄙吝"，"往""行"不相重复，且作"往之"不辞，作"行"是也，当从单疏本等也。

144 页三十三右 故刑人也

按："刑"，足利本、八行本、十行本、刘本（嘉靖）、永乐本、闽本、明监本、毛本、抚本、建本、岳本皆同，《要义》所引亦同。阮记云："岳本、闽、监、毛本同，古本'刑'上有'利'字。"卢记同。此王注"以正法制，故刑人也"，《疏》文释之云"以正其法制，不可不刑矣"，则刑人之刑，乃动词，施刑于人之义，"刑"前绝不应有"利"字，所谓古本乃谓山井鼎《考文》所载日本古钞本也，其所录异文与传世诸本往往不合，或为抄者所乱，绝不可据以为信。

144 页三十三右 九二包蒙吉

按："包"，足利本、八行本、十行本、刘本（嘉靖）、永乐本、闽本、明监本、毛本、抚本、建本、岳本、白文本同；唐石经作"苞"。阮记云："岳本、闽、监、毛本同，石经'包'作'苞'，《释文》出'苞蒙'。按：此据宋本《释文》，若通志堂本，则亦改为'包'矣，古经典，'包容'，字多从艹。"卢记同。传世刊本皆作"包"，唐石经等作"苞"者，或别本也。

145 页三十三右 克家之义

按："义"，足利本、八行本、十行本、刘本（嘉靖）、永乐本、闽本、明监本、毛本、抚本、建本、岳本皆同。阮记云："岳本、闽、监、毛本同，古本下有'也'字……"卢记同。传世诸本皆同，有"也"字者，或为别本也。

146 页三十三左 王氏曰亲而得中者

按："王氏"，刘本（嘉靖）、闽本、明监本、毛本同；单疏本作"正义"，足利本、八行本、十行本同。阮记云："闽、监、毛本同，钱本、宋本作'正义曰'，是也。"卢记同。此乃《疏》文起始之辞，作"王氏"显误，当从单疏本等。

147 页三十三左 六三勿用取女

按："取"，足利本、八行本、十行本、刘本（嘉靖）、永乐本、闽本、明监本、毛本、抚本、建本、岳本、唐石经、白文本皆同，《要义》所引亦同。阮记云："石经、岳本、闽、监、毛本同，《释文》：'取'本又作'娶'，下及注同。"卢记同。诸本皆同，单疏本《疏》文云"'勿用取女'者"，则其所见本亦作"取"，作"取"是也，《释文》所录或别本也。

148 页三十三左　所以不须者

按："须"，十行本、刘本（嘉靖）、永乐本、闽本、明监本、毛本同；单疏本作"须取"，足利本、八行本同。阮记云："闽、监、毛本同，宋本'须'下有'取'字。"卢记同。考经文"勿用取女"，若《疏》文作"所以不须者"，"不须"二字不知从何而来，所云何事，然单疏本则云"所以不须取者"，"不须取"正本经文之"勿用取"也，"取"字岂可阙也？当从单疏本等也。

149 页三十四右　六四困蒙吝

按："吝"，足利本、八行本、十行本、刘本（嘉靖）、永乐本、闽本、明监本、毛本、抚本、建本、岳本、唐石经、白文本皆同。阮记云："石经、岳本、闽、监、毛本同，古本'吝'作'咎'，《象》、注同，山井鼎云非。"卢记同。诸本皆同，古本所见或为别本也。

150 页三十四左　上九击蒙不利为寇利御寇

按：足利本、八行本、十行本、刘本（嘉靖）、永乐本、闽本、明监本、毛本、抚本、建本、岳本、唐石经、白文本皆同。阮记云："石经、岳本、闽、监、毛本同，《释文》：'击'，马、郑作'系'，古本'御'上有'用'字。"卢记同。诸本皆同，《释文》、古本所见或为别本也。

151 页三十四左　为之扞御

按：足利本、八行本、十行本、刘本（嘉靖）、永乐本、闽本、明监本、毛本、抚本、建本、岳本皆同。阮记云："岳本、闽、监、毛本同，《释文》：'御'，本又作'卫'。"卢记同。诸本皆同，单疏本《疏》文云"'为之扞御'"，则其所见本亦作"御"，作"御"是也，《释文》所录或别本也。

卷　二

1 页一右 位乎天位

按："乎"，足利本、八行本、十行本、刘本（元）、永乐本、闽本、明监本、毛本、抚本、建本、岳本、白文本同；唐石经作"于"。阮记云："岳本、闽、监、毛本同，《释文》出'位乎'，石经'乎'作'于'。"卢记同。诸刊本皆同，单疏本《疏》文云"'位乎天位以中正'者""位乎天位以正中"，则其所见本亦作"乎"，作"乎"是也，又敦煌残卷斯九二一九《易·需》经文残缺，然王注云"位乎天位，用其中正"，则其经文当亦作"乎"，则唐石经作"于"似为刊刻之误。

2 页一左 象曰云上于天

按："云上于天"，足利本、八行本、十行本、刘本（元）、永乐本、闽本、明监本、毛本、抚本、建本、岳本、唐石经、白文本皆同，《要义》所引亦同。阮记云："石经、岳本、闽、监、毛本同，《释文》：王肃本作'云在天上'。"卢记同。诸本皆同，单疏本《疏》文云"而言'云上于天'""故云'云上于天'"，则其所见本亦作"云上于天"，又敦煌残卷斯九二一九《易·需》经文作"云上于天"，则《释文》所引王肃本或为别本也。

3 页二右 利用恒无咎未失常也

按："无咎"，足利本、八行本、十行本、刘本（元）、闽本、明监本、毛本、抚本、建本、岳本、唐石经、白文本同；永乐本作"無咎"。阮记云："石经、岳本、闽、监、毛本同，《释文》出'利用恒未失常也'，云'本亦有无咎者'。"卢记同。单疏本《疏》文云"'利用恒无咎'者"，则其所见本亦作"无咎"，则《释文》所引或为别本也。

4 页二右 需于沙

按："沙"，足利本、八行本、十行本、刘本（元）、永乐本、闽本、明监本、毛本、抚本、建本、岳本、唐石经、白文本皆同，《要义》所引亦同。阮记云："石经、岳本、闽、监、毛本同，《释文》：'沙'，郑作'沘'。〇按：《说文》'沙'亦作'沙'，与'沘'字形似。"卢记同。诸本皆同，单疏本《疏》文云"沙是水旁之地，去水渐近，待时于沙，故稍难近"，则其所见本亦作"沙"，《释文》出字"于沙"，云："如字，郑作'沘'"，则《释文》本作"沙"，不作"沘"，"郑作沘"者，郑本作"沘"也，阮记所云，乃误读《释文》也。

5 页二左 以终吉也

按："终吉"，十行本、刘本（元）、闽本同；足利本作"吉终"，八行本、永乐本、明监本、毛本、抚本、建本、岳本、唐石经、白文本同。阮记云："闽本同，石经、岳本、监、毛本作'以吉终也'，按：'终'与'中'韵，作'终吉'者非，足利本'以'误'也'。"卢记同。单疏本标起止"九二需于至吉终"，《疏》文云：故"故'虽小有言，以吉终也'"，则其所见本作"吉终"，作"吉终"似胜。

6 页二左 自我致寇

按："寇"，足利本、八行本、十行本、刘本（元）、永乐本、闽本、明监本、毛本、抚本、建本、岳本、唐石经、白文本皆同。阮记云："石经、岳本、闽、监、毛本同，《释文》：寇，郑、王肃本作'戎'，古本亦作'戎'，按：陆云郑、王作'戎'，则辅嗣本不作'戎'可知，《考文》引古本，多不足据。"卢记同。单疏本《疏》文云"'自我致寇，敬慎不败'者"，则其所见本亦作"寇"，则《释文》所引，或为别本也。

7 页三右 穴之与位各随事义也

按："位"，十行本、刘本（嘉靖）、闽本、明监本、毛本同；单疏本作"血"，足利本、八行本、永乐本同。阮记云："闽、监、毛本同，宋本'位'作'血'。"卢记同。单疏本《疏》文云"此六四一爻，若以战斗言之，其出则为'血'也；若以居处言之，其处则为'穴'也，'穴'之与'血'，各随事义也"，"血""穴"相对成文，作"血"是也，当从单疏本等，《正字》云："'血'，误'位'。"是也。

8 页三右 象曰酒食贞吉

按："酒"，足利本、八行本、十行本、刘本（嘉靖）、永乐本、闽本、明监本、毛本、抚本、建本、岳本、唐石经、白文本皆同。阮记云："石经、岳本、闽、监、毛本同，古本、足利本上有'需'字。"卢记同。单疏本《疏》文云"'象曰酒食贞吉以中正'者"，则其所见本亦作"酒"，则有"需"字者或为别本也。

9 页四右 有孚窒惕中吉

按："窒"，足利本、八行本、十行本、刘本（嘉靖）、永乐本、闽本、明监本、毛本、抚本、建本、岳本、唐石经、白文本皆同，《要义》所引亦同。阮记云："石经、岳本、闽、监、毛本同，《释文》：'窒'，马作'咥'。王注或在'惕'字上，或在下，皆通，在'中吉'下者非。"卢记同。诸本皆同，单疏本《疏》文云"'有孚窒惕中吉'者"，则其所见本亦作"窒"，又敦煌残卷伯二六一六《易·讼》经文作"有孚窒惕中吉"，则《释文》所引，或别本也。

10 页四左 言中九二之刚

按："中"，十行本、永乐本、刘本（嘉靖）、闽本、明监本、毛本同；单疏本作"由"，足利本、八行本同。阮记云："闽、监、毛本同，宋本'中'作'由'。"卢记同。中九二之刚，不辞，考单疏本《疏》文云"言由九二之刚，来向下体而处下卦之中，为讼之主，而听断狱讼"，"由"者，因也，因九二之刚，来处下卦之中，此正释《象》辞"刚来而得中也"，作"由"是也，当从单疏本等，《正字》云："'中'，当'由'字误。"堪称卓识。

11 页四左 已且不可

按："且"，刘本（嘉靖）、闽本、明监本、毛本同；单疏本作"自"，足利本、八行本、十行本、永乐本同。阮记云："闽、监、毛本同，宋本'且'作'自'。"卢记同。单疏本《疏》文云"言好讼之人，习常施为，已自不可，若更以讼涉难，其不可特甚焉"，"已自""更以"前后呼应，作"自"是也，当从单疏本等，"且"者或因形近而讹。瞿记云"自不作且"，则其家藏十行本不误，与刘本、阮本之底本不同，而与元刊十行本同。

12 页五右 物有其分起契之过职不相监

按：十行本、刘本（嘉靖）、闽本同；足利本作"物有其分职不相滥"，八行本、抚本、建本、岳本同；明监本作"物有其分起契之过职不相滥"，毛本同。阮记云："闽本同，岳本、监、毛本'监'作'滥'。《释文》亦作'滥'，宋本、古本、足利本，无上四字，岳本同。"卢记同。考抚本注文"契之不明，讼之所以生也，物有其分，职不相滥，争何由兴？讼之所以起，契之过也"，文从字顺，阮本"起契之过"显为衍文，或涉下而误，"监"字亦为"滥"字之讹，检敦煌残卷伯二六一六《易·讼》注文作"物有其分，职不相滥"，正可为证，当从抚本等。

　　13 页五左　若其邑狭少

　　按："少"，单疏本、足利本、八行本、十行本、刘本（嘉靖）、永乐本、闽本同，《要义》所引亦同；明监本作"小"，毛本同。阮记云："宋本、闽本同，监、毛本'少'作'小'。"卢记同。单疏本《疏》文云"其邑狭少，唯三百户乃可也"，"狭"谓地域，"少"谓户数，作"少"是也，当从单疏本等。

　　14 页六右　再易之地休二岁

　　按："地"，单疏本、足利本、十行本、刘本（嘉靖）、永乐本同，《要义》所引亦同；闽本作"田"，明监本、毛本同。阮记云："宋本同，闽、监、毛本'地'改'田'。"卢记同。宋元刊本皆作"地"，《要义》所引同，则作"地"是也，当从单疏本等，闽本改作"田"，不知何据。

　　15 页六右　患至掇也

　　按："掇"，足利本、八行本、十行本、刘本（嘉靖）、永乐本、闽本、明监本、毛本、抚本、建本、岳本、唐石经、白文本皆同。阮记云："石经、岳本、闽、监、毛本同，《释文》：'掇'，郑本作'惙'。"卢记同。诸本皆同，单疏本《疏》文云"'患至掇'者"，则其所见本亦作"掇"，又敦煌残卷伯二六一六《易·讼》经文作"患至掇也"，则《释文》所引作"惙"字者或别本也。

　　16 页六左　为仁犹己

　　按："犹"，十行本、刘本（嘉靖）、永乐本同；足利本作"由"，八行本、闽本、明监本、毛本、抚本、建本、岳本同。阮记无说，卢记补云："案：注作'犹'，《正义》作'由'，'由'、'犹'古字通。"单疏本《疏》文云"故云'为仁由己'"，则其所见本作"由"，检敦煌残卷伯二六一六《易·讼》注文作"为仁由己"，正可为证，作"由"是也，当从单疏本等，卢记相通之说，毫无依据，不可信从。

17 页七右 也知象辞刚来得中

按："也"，十行本、刘本（元）、永乐本、闽本、明监本、毛本同；单疏本作"何"，足利本、八行本同，《要义》所引亦同。阮记云："闽、监、毛本同，钱本、宋本'也'作'何'。"卢记同。单疏本《疏》文云"案：上《象辞》'刚来而得中'，今九五《象辞》云：讼元吉，以中正，何知《象辞》'刚来得中'非据九五也？"若阙"何"字则句义不明，语气有滞，则作"何"是也，当从单疏本等，《要义》所引亦可为证。

18 页七左 或锡之鞶带终朝三褫之

按：足利本、八行本、十行本、刘本（元）、永乐本、闽本、明监本、毛本、抚本、建本、岳本、唐石经、白文本皆同，《要义》所引亦同。阮记云："石经、岳本、闽、监、毛本同，《释文》：'鞶'，王肃作'槃'，'帯'亦作'带'，'褫'，郑本作'扡'。"卢记同。诸本皆同，又敦煌残卷伯二六一六《易·讼》经文作："或锡之鞶带终朝三褫之"，则《释文》所引者或别本也。

19 页八右 丈人庄严之称也

按：足利本、八行本、十行本、刘本（元补）、永乐本、闽本、明监本、毛本、抚本、建本、岳本皆同，《要义》所引亦同。阮记云："岳本、闽、监、毛本同，《集解》：'也'上有'有军正者'四字，钱校本凡注文上，并有'注云'二字。"卢记同。诸本皆同，检敦煌残卷伯二六一六《易·师》注文亦作"丈人庄严之称也"，则《集解》本或别本也。

20 页八右 无功罪也

按：足利本、八行本、十行本、刘本（元补）、闽本、明监本、毛本、抚本、建本、岳本皆同，《要义》所引亦同；永乐本作"無功罪也"。阮记云："岳本、闽、监、毛本同，《集解》：作'无功则罪'。"卢记同。单疏本《疏》文云"故云'兴役动众，无功罪也'"，则其所见本作"无功罪也"，检敦煌残卷伯二六一六《易·师》注文亦作"无功罪也"，则《集解》本或别本也。

21 页八右 师贞丈人吉无咎正义曰

按：十行本、刘本（元补）、闽本、明监本、毛本同；单疏本作"正义曰师贞丈人吉九咎者"；足利本作"正义曰师贞丈人吉无咎者"，八行本同，《要义》所引亦同；永乐本作"师贞丈人吉無咎"。阮记云："闽、监、毛本同，钱校本作'正义曰师贞丈人吉无咎者'，按：钱校《正义》每卦分数段，彖辞下一段，

'象曰'下一段，'象曰'下一段，六爻下六段，或'彖''象'下共一段，并在经注之末，释经在前，释注在后，其释经者，皆引经文，不标起止，释注者，标起止，所标起止，较今本为省文，后皆放此。"卢记同。阮记此条正述单疏本系统、八行本系统、十行本系统格式之异也，究其原因，或因经注、单疏合刻时插入方式不同所致也，据其格式文字，可知永乐本乃属十行本系统，而《要义》所引之底本当为八行本系统也。又，单疏本之"九"字，显为"无"字之讹。

22 页八右 言为师之正

按："正"，单疏本、足利本、八行本、十行本、刘本（元补）、永乐本同，《要义》所引亦同；闽本作"主"，明监本、毛本同。阮记云："钱本、宋本同，闽、监、毛本'正'误'主'。"卢记同。此《疏》文引注也，王注"为师之正，丈人乃吉也"，则作"正"是也，当从单疏本等，《要义》所引亦可为证。

23 页八右 注丈人严戒之称也至乃无咎也

按："戒"，刘本（元补）同；十行本作"庄"，永乐本、闽本、明监本、毛本同。阮记无说，卢记补云："毛本'戒'作'庄'。"此十行本系统标起止之文，检王注云：丈人严庄之称，标起止引之，则当作"严庄"无疑，十行本此句"庄"字模糊，依稀可辨，刘本此页为补板印面，意补刻时不识原文，遂改"庄"为"戒"也。

24 页九右 王三锡命

按：足利本、八行本、十行本、刘本（嘉靖）、永乐本、闽本、明监本、毛本、抚本、建本、岳本、唐石经、白文本皆同，《要义》所引亦同。阮记云："石经、岳本、闽、监、毛本同，《释文》：'锡'，郑本作'赐'。"卢记同。诸本皆同，单疏本《疏》文云"'王三锡命'者"，则其所见本亦作"锡"，又敦煌残卷伯二六一六《易·师》经文作"王三锡命"，则《释文》所引者或别本也。

25 页九右 以刚居中而应于上

按："上"，足利本、八行本、十行本、刘本（嘉靖）、永乐本、闽本、明监本、毛本、抚本、建本、岳本皆同，《要义》所引亦同。阮记云："岳本、闽、监、毛本同，古本、足利本'上'作'五'。"卢记同。诸本皆同，检敦煌残卷伯二六一六《易·师》注文亦作"上"，正可为证，古本等作"五"者，或涉

《疏》文"以刚居中而应于五"而讹也。

26 页九右 故乃得成命

按：足利本、八行本、十行本、刘本（嘉靖）、永乐本、闽本、明监本、毛本、抚本、建本、岳本皆同，《要义》所引亦同。阮记云："岳本、闽、监、毛本同，古本下有'也'字，一本作'故乃成也'。"卢记同。单疏本《疏》文云"'故乃得成命'者"，则其所见本作"故乃得成命"，检敦煌残卷伯二六一六《易·师》注文亦作"故乃得成命也"，则有"也"者，或别本也。

27 页九左 承天宠也

按："宠"，足利本、八行本、十行本、刘本（嘉靖）、永乐本、闽本、明监本、毛本、抚本、建本、岳本、唐石经、白文本皆同。阮记云："石经、岳本、闽、监、毛本同，《释文》：'宠'，王肃作'龙'。"卢记同。诸本皆同，单疏本《疏》文云"'象曰承天宠'者"，则其所见本亦作"宠"，又敦煌残卷伯二六一六《易·师》经文作"宠"，则《释文》所引，或别本也。

28 页十右 田有禽

按："禽"，足利本、八行本、十行本、刘本（嘉靖）、永乐本、闽本、明监本、毛本、抚本、建本、岳本、唐石经、白文本皆同。阮记云："石经、岳本、闽、监、毛本同，《释文》：'禽'，徐本作'檎'。"卢记同。诸本皆同，单疏本《疏》文云"'田有禽利执言'者"，则其所见本亦作"禽"，又敦煌残卷伯二六一六《易·师》经文作"禽"，则《释文》所引，或别本也。

29 页十右 授不得王

按："王"，十行本、刘本（嘉靖）、永乐本同；足利本作"主"，八行本、抚本、建本、岳本同；闽本作"正"、明监本、毛本同。阮记云："闽、监、毛本'王'作'正'，岳本、宋本、古本、足利本作'主'。"卢记同。考抚本王注云"授不得主，则众不从，故长子帅师可也"，揆诸文义，作"主"是也，作"王"显误，作"正"则为闽本等臆改也。

30 页十右 故其宜也

按："故"，十行本、刘本（嘉靖）、永乐本、闽本、明监本、毛本同；足利本作"固"、八行本、抚本、建本、岳本同。阮记云："闽、监、毛本同，岳本、宋本、古本、足利本'故'作'固'。"卢记同。检敦煌残卷伯二六一六《易·师》注文亦作"故"，则作"故"是也，《正字》云："'固'，误'故'。"

非是。

31 页十一左 则不宁方来矣

按：足利本、八行本、十行本、刘本（嘉靖）、永乐本、闽本、明监本、毛本、抚本、建本同；岳本作"则不宁之方皆来矣"。阮记云："闽、监、毛本同，岳本作'则不宁之方皆来矣'。"卢记同。考经文云"不宁方来，上下应也"，此句"不宁方来"正是王注引经文而述之，则作"不宁之方皆来"似非也，检敦煌残卷伯二六一六《易·比》注文作"则不宁方来也"，亦可为证。

32 页十二右 终来有它吉

按："它"，足利本、八行本、十行本、刘本（嘉靖）、永乐本、抚本、建本、岳本、唐石经、白文本同；闽本作"他"，明监本、毛本同。阮记云："石经、岳本、钱本、宋本、古本、足利本同，闽、监、毛本'它'作'他'，下《象传》同，《释文》出'有它'，云本亦作'他'。"卢记同。单疏本《疏》文标起止："初六有孚至它吉"，则其所见本作"它"，又敦煌残卷伯二六一六《易·比》经文此处漫漶不可识，而下文"象曰"则作"它吉"，以后例前，则亦当作"它"，故作"它"是也，闽本等改作"他"，或涉王注而讹。

33 页十二左 比之匪人

按：足利本、八行本、十行本、刘本（嘉靖）、永乐本、闽本、明监本、毛本、抚本、建本、岳本、唐石经、白文本皆同。阮记云："石经、岳本、闽、监、毛本同，《释文》：'匪人'，王肃本作'匪人凶'。"卢记同。诸本皆同，单疏本《疏》文标起止："六三比之匪人至伤乎"，则其所见本亦作"比之匪人"，又敦煌残卷伯二六一六《易·比》经文作"比之匪人"，则《释文》所引者或别本也。

34 页十二左 二为五应

按："应"，刘本（嘉靖）、闽本、明监本、毛本同；足利本作"贞"，八行本、十行本、永乐本、抚本、建本、岳本同。阮记云："闽、监、毛本同，岳本、宋本、古本、足利本'应'作'贞'，按：内卦为贞，作'贞'是也。"卢记同。考经文云"六三，比之匪人"，抚本王注"四自外比，二为五贞，近不相得，远则无应"，"四之外比"者，经文"六四，外比之，贞吉"，"二为五贞"者，经文"六二，比之自内，贞吉"，王注之"贞"，正本经文之"贞"，"四自外比"与"二为五贞"恰为互文，"四自外比"亦"四为五贞"，"二为五贞"

亦"二自内比",六三所近,唯六二、六四,皆为九五之贞,故"近不相得"也,与上六亦无应,故"远则无应"也,则作"贞"是也,检敦煌残卷伯二六一六《易·比》注文亦作"二为五贞",正可为证。瞿记云"贞不误应",则其家藏十行本不误,与刘本、阮本之底本不同,而与元刊十行本同。《识语》云"作应是也",误甚。

35 页十二左 王用三驱

按:"驱",足利本、八行本、十行本、刘本(嘉靖)、永乐本、闽本、明监本、毛本、抚本、建本、岳本、唐石经、白文本皆同,《要义》所引亦同。阮记云:"《释文》云:郑作'毆'。"卢记同。诸本皆同,单疏本《疏》文云"'王用三驱失其禽'者",则其所见本亦作"驱",又敦煌残卷伯二六一六《易·比》经文作"驱",则《释文》所引者或别本也。

36 页十三右 邑人不诫吉

按:"诫",足利本、八行本、十行本、刘本(嘉靖)、永乐本、闽本、明监本、毛本、抚本、建本、岳本、唐石经、白文本皆同,《要义》所引亦同。阮记云:"岳本、闽、监、毛本同,石经初刻作'戒',后改,下句同。"卢记同。诸本皆同,单疏本《疏》文云"'邑人不诫吉'者",则其所见本亦作"诫",又敦煌残卷伯二六一六《易·比》经文作"诫",则作"诫"是也。

37 页十三右 非为上道也

按:十行本、刘本(嘉靖)、永乐本、闽本、明监本、毛本同;足利本作"非为上之道",八行本、抚本、建本、岳本同,《要义》所引亦同。阮记云:"岳本、钱本、宋本、足利本作'非为上之道',古本作'非为上之道也'。"卢记又补云:"案:《正义》标起止作'非为上之道',又曰'非为上之道者',又'故云非为上之道',则《正义》本作'非为上之道',是也。"考《疏》文云"九五居上之位,若为行如此,身虽为王,止可为上使之人,非是为王之道,故云'非为上之道'","之位""之使""之道"为辞,则当作"非为上之道",检敦煌残卷伯二六一六《易·比》注文亦作"非为上之道",正可为证,卢氏所补是也。

38 页十三右 今亦从之去则射之

按:单疏本、足利本、八行本、十行本、刘本(嘉靖)、永乐本、闽本、明监本、毛本皆同。阮记云:"卢文弨云:此八字乃衍文。"卢记同。诸本皆同,考经文云"王用三驱",王注"夫三驱之礼,禽逆来趣己则舍之,背己而走则射之,爱于来而恶于去也",《疏》文释注,云:"夫三驱之礼者,先儒皆云:三度驱禽而射之也,三度则已,今亦从之,去则射之",则"今亦从之"乃释"禽逆来趣己则舍之","去则射之"则述"背己而走则射之",一一对应,合若符节,何衍之有?卢氏之说,毫无依据,大谬不然也!缪记云"卢氏目为衍文,失之远矣",是也。《正字》以为"去则射之"为衍文,误矣。《举正》以为"亦"当作"不"字,亦非。

39 页十三左 五以其显比亲者

按:"五",刘本(嘉靖)、闽本、明监本、毛本同;单疏本作"二",足利本、八行本、十行本、永乐本同。阮记云:"闽、监、毛本同,钱本、宋本'五'作'二'。"卢记同。考经文云"九五,显比",王注"为比之主,而有应在二,显比者也",则单疏本《疏》文云"二以其显比,亲者伐所不加也",正据王注也。二者,九二也,其者,九五也,二为五之显比也,则作"二"是也,当从单疏本等。瞿记云"二不误五",则其家藏十行本不误,与刘本、阮本之底本不同,而与元刊十行本同。

40 页十四右 小畜

按:"畜",足利本、八行本、十行本、刘本(元)、永乐本、闽本、明监本、毛本、抚本、建本、岳本、唐石经、白文本皆同,《要义》所引亦同。阮记云:"岳本、闽、监、毛本同,《释文》:本又作'蓄'。"卢记同。诸本皆同,单疏本《疏》文标起止云:"小畜亨至西郊",则其所见本亦作"畜",又敦煌残卷伯二六一六《易·小畜》经文作"畜",则《释文》所引者或别本也。

41 页十四左 去阴能固之

按:"去",十行本、刘本(元)、永乐本同;足利本作"夫",八行本、闽本、明监本、毛本、抚本、建本、岳本同,《要义》所引亦同。阮记无说,卢记补云:"案:'去'当作'夫',形近之讹。"考前注"夫能为雨者,阳上薄阴,阴能固之,然后烝而为雨",则此处作"去"显与前文有违,作"夫"是也,检敦煌残卷伯二六一六《易·小畜》注文亦作"夫",正可为证,卢记是也。

42 页十四左 然后乃雨乎上九独能固九三之路

按:"乎",足利本、八行本、十行本、刘本(元)、永乐本、闽本、抚本、建本、岳本同,《要义》所引亦同;明监本作"今",毛本同。阮记云:"岳本、

43

宋本、闽本、古本、足利本同，监、毛本'乎'改'今'，属下句，非也。"卢记同。宋元诸本皆作"乎"，则作"乎"是也，检敦煌残卷伯二六一六《易·小畜》注文作"乎"，亦可为证。

43 页十五左 得义之吉

按：足利本、八行本、十行本、刘本（嘉靖）、永乐本、闽本、明监本、毛本、抚本、建本、岳本同。阮记云："岳本、闽、监、毛本同，古本作'得其义之吉者也'，一本无'其'字，足利本作'得其义之吉'。"卢记同。诸本皆同，检敦煌残卷伯二六一六《易·小畜》注文作"得义之吉者也"，与阮记所云古本同，阮记所云乃本《考文》，则别本众多，而传世刊本则作"得义之吉"也。

44 页十六右 舆说辐

按："辐"，足利本、八行本、十行本、刘本（嘉靖）、永乐本、闽本、明监本、毛本、抚本、建本、岳本、唐石经、白文本皆同。阮记云："岳本、闽、监、毛本同，《释文》：'辐'本亦作'輹'。"卢记同。诸本皆同，单疏本《疏》文标起止云："九三舆说辐至正室"，则其所见本亦作"辐"，《释文》所引，或别本也。

45 页十六右 不可牵征

按：足利本、八行本、十行本、刘本（嘉靖）、永乐本、闽本、明监本、毛本、抚本、建本、岳本同。阮记云："岳本、闽、监、毛本同，古本'可'下有'以'字，足利本有'不'字。"卢记同。诸本皆同，检敦煌残卷伯二六一六《易·小畜》注文作"不可牵征"，则阮记所云或为别本也。

46 页十六左 三不害己已

按：十行本、刘本（嘉靖）、闽本、明监本、毛本同；单疏本作"三不能害己"，足利本、八行本、永乐本同。阮记云："闽、监、毛本同，钱本、宋本作'三不能害己'，是也。"卢记同。三不害己已，不辞，考前《疏》云"六四居九三之上，乘陵于三，三既务进，而己固之，惧三害己，故有血也"，则此下文当作"三不能害己，故得其血去除"，揆诸文义，当从单疏本等。

47 页十六左 非是总凡之辞

按："凡"，单疏本、足利本、八行本、十行本、刘本（嘉靖）、永乐本、闽本、明监本同；毛本作"为"。阮记云："宋本、闽本同，监本'凡'作'咎'，毛本作'为'，并非。"卢记同。总凡，成语也，明监本作"凡"，重修监本作"咎"，阮记所谓监本实指重修监本也，毛本见"总咎"不可解，遂改"咎"作"为"，可谓一误再误也。

48 页十六左 有孚挛如

按："挛"，足利本、八行本、十行本、刘本（嘉靖）、永乐本、闽本、明监本、毛本、抚本、建本、岳本、唐石经、白文本皆同。阮记云："石经、岳本、闽、监、毛本同，《释文》：'挛'，子夏《传》作'恋'。"卢记同。诸本皆同，单疏本《疏》文云"'有孚挛如'者"，则其所见本亦作"挛"，敦煌残卷伯二六一六《易·小畜》经文作"挛"，则《释文》所引者或别本也。

49 页十六左 不有专固相逼

按："有"，单疏本、足利本、八行本、十行本、刘本（嘉靖）、永乐本、闽本、明监本、毛本皆同。阮记云："浦镗云：有当作为。"卢记同。诸本皆同，考《疏》文云"不有专固相逼，是有信而相牵挛也"，前后"有"字相应成文，作"有"不误，当从单疏本等。浦说毫无依据，不可信从。

50 页十六左 尚德载

按：足利本、八行本、十行本、刘本（嘉靖）、永乐本、闽本、明监本、毛本、抚本、建本、岳本、唐石经、白文本皆同，《要义》所引亦同。阮记云："石经、岳本、闽、监、毛本同，古本'载'上有'积'字，按：此盖因下文相涉而衍。"卢记同。诸本皆同，单疏本《疏》文云"'尚德载'者"，则其所见本亦作"尚德载"，有"积"字者似误，敦煌残卷伯二六一六《易·小畜》经文作"尚德载"，亦可为证，阮记是也。

51 页十六左 月几望

按："几"，足利本、八行本、十行本、刘本（嘉靖）、永乐本、闽本、明监本、毛本、抚本、建本、岳本、唐石经、白文本皆同，《要义》所引亦同。阮记云："石经、岳本、闽、监、毛本同，《释文》：'几'，子夏《传》作'近'。"卢记同。诸本皆同，单疏本《疏》文云"'月几望'者"，则其所见本亦作"几"，敦煌残卷伯二六一六《易·小畜》经文作"几"，则《释文》所引，或别本也。

52 页十七右 能畜正刚健

按："正"，十行本、刘本（嘉靖）、永乐本同；单疏本作"止"，足利本、八行本、闽本、明监本、毛本同。阮记云："闽、监、毛本'正'作'止'，是也，监本'健'作'食'误。"卢记同。考单疏本《疏》文云"刚不敢犯，为阴之长，能畜止刚健"，畜止刚健，故刚不敢犯，作"止"是也，当从单疏本等。《正字》云："'健'，监本误'食'。"或为阮记所本，明监本作"健"，重修监本作"食"，浦镗所谓监本乃指重修监本也。

53 页十七右　能畜者也又

按："又"，十行本、刘本（嘉靖）、永乐本、闽本、明监本、毛本同；单疏本作"者"，足利本、八行本同。阮记云："闽、监、毛本同，宋本'又'作'者'，是也。"卢记同。考王注"处小畜之极，能畜者也"，单疏本《疏》文云"'处小畜之极能畜者也'者，己处小畜盛极，是闭畜者也"，乃引注而释之也，则作"者"是也，当从单疏本等，阮记是也。

54 页十七右　唯泰也则难

按："则难"，足利本、八行本、十行本、刘本（嘉靖）、永乐本、闽本、明监本、毛本、抚本、建本、岳本皆同。阮记云："岳本、闽、监、毛本同，《释文》：一本作'然则'，读即以'也'字绝句，古本、足利本作'然则'，采《释文》。"卢记同。诸本皆同，检敦煌残卷伯二六一六《易·小畜》注文作"唯泰则然"，则阮记所云或为别本也。

55 页十七左　无可所畜

按：单疏本、足利本、八行本、十行本、刘本（嘉靖）、永乐本同；闽本作"无所可畜"，明监本、毛本同。阮记云："宋本同，闽、监、毛本作'无所可畜'。"卢记同。宋元刊本皆同，闽本等改之，不知所据，实误。

56 页十八右　有不见咥者

按："有"，十行本、刘本（元）、闽本、明监本、毛本同；足利本作"而"，八行本、永乐本、抚本、建本、岳本同，《要义》所引亦同。阮记云："闽、监、毛本同，岳本、宋本、古本、足利本'有'作'而'。"卢记同。抚本王注"履虎尾，而不见咥者"，前后文义晓畅，语气连贯，若作"有不见咥者"，则义不可解，故作"而"是也，检敦煌残卷伯二六一六《易·履》注文亦作"而"，正可为证。《正字》云："'而'，误'有'。"是也。

57 页十八左　无得吉也

按："无"，十行本、刘本（元）同；单疏本作"故"，足利本、八行本、永乐本、闽本、明监本、毛本同。阮记无说，卢记补云："案：'无'当'故'

字之讹。"考《疏》文云"若以和说之行，而应于阴柔，则是邪佞之道，由以说应于刚，故得吉也"，应于柔为邪，应于刚则为吉，作"无"显非，作"故"是也，当从单疏本等，卢记是也。

58 页十八左 履帝位而不疚光明

按："疚"，足利本、八行本、十行本、刘本（元）、永乐本、闽本、明监本、毛本、抚本、建本、岳本、唐石经、白文本皆同。阮记云："石经、岳本、闽、监、毛本同，《释文》：'疚'，陆本作'疾'。"卢记同。诸本皆同，单疏本《疏》文云"'而不疚光明'者"，则其所见本亦作"疚"，检敦煌残卷伯二六一六《易·履》经文亦作"疚"，则《释文》所引者或别本也。

59 页十八左 此一句
　　　　　　·

按："一"，十行本、刘本（元）、永乐本、闽本、明监本、毛本同；单疏本作"二"，足利本、八行本同。阮记云："闽、监、毛本同，钱本、宋本'一'作'二'。"卢记同。此处《疏》文释"象"，《象》云："刚中正履帝位，而不疚光明也"，前《疏》引而分释之，云"'刚中正履帝位'者"，"'而不疚光明'者"，继而云"此二句，赞明'履'卦德义之美"，则此二句者，正指前文所引"'刚中正履帝位'"'而不疚光明'"也，则作"二"是也，当从单疏本等。

60 页十八左 易合万象
　　　　　　·

按："合"，十行本、刘本（元）、永乐本同；单疏本作"含"，足利本、八行本、闽本、明监本、毛本同，《要义》所引亦同。阮记无说，卢记补云："毛本'合'作'含'，案：'含'字是也。"万象如何可合？作"含"是也，《要义》所引亦可为证，当从单疏本等，卢记是也。

61 页十九右 故履道坦坦者易无险难也
　　　　　　　　　　·

按："者"，刘本（嘉靖）同；单疏本作"平"，足利本、八行本、十行本、永乐本、闽本、明监本、毛本同。阮记无说，卢记补云："案：上文'坦坦平易之貌'，此'者'字当作'平'。"揆诸文义，显当作"平"，当从单疏本等，卢记是也。

62 页十九左 履虎尾愬愬终吉
　　　　　　　·　·

按："愬愬"，足利本、八行本、十行本、刘本（嘉靖）、永乐本、闽本、明监本、毛本、抚本、建本、岳本、唐石经、白文本皆同，《要义》所引亦同。

阮记云："石经、岳本、闽、监、毛本同，《释文》：'愬愬'，马本作'虩虩'。"卢记同。诸本皆同，单疏本《疏》文云"'履虎尾愬愬'者"，则其所见本亦作"愬愬"，检敦煌残卷伯二六一六《易·履》经文作"愬＝"，则《释文》所引者或别本也。

63 页二十右 而五处尊

按："尊"，刘本（嘉靖）、闽本、明监本、毛本同；足利本作"实"，八行本、十行本、永乐本、抚本、建本、岳本同。阮记云："闽、监、毛本同，岳本、宋本、古本、足利本'尊'作'实'，卢文弨云：实谓阳也。"卢记同。此处"实"字，乃本实所居之处之义，《泰》六四《象》曰"翩翩不富，皆失实也"，单疏本《疏》文云"'皆失实'者，解'翩翩不富'之义，犹众阴皆失其本实所居之处"，"失实"之"实"与此处"处实"之"实"含义正同，彼乃阴六失其实，此为阳五处其实，作"实"是也，检敦煌残卷伯二六一六《易·履》注文作"实"，亦可为证。《识语》云"作尊是也"，误甚。

64 页二十右 视履考祥

按："祥"，足利本、八行本、十行本、刘本（嘉靖）、永乐本、闽本、明监本、毛本、抚本、建本、岳本、唐石经、白文本皆同，《要义》所引亦同。阮记云："石经、岳本、闽、监、毛本同，《释文》：'祥'本亦作'详'。"卢记同。诸本皆同，单疏本《疏》文云"'视履考祥'者，祥谓征祥"，则其所见本亦作"祥"，检敦煌残卷伯二六一六《易·履》经文亦作"祥"，则《释文》所引，或别本也。

65 页二十右 是其不坠于履

按："履"，刘本（嘉靖）、闽本、明监本、毛本同；单疏本作"禮"，足利本、八行本、永乐本同，十行本作"礼"。阮记云："闽、毛本同，监本'履'作'禮'，下'履道大成'同。"卢记同。不坠于禮，乃成语，不坠于履，此为履卦，何来不坠于履之有？作"禮"是也，当从单疏本等。监本、重修监本皆作"履"，则阮记所云监本，不知所据何本也。瞿记云"礼皆不作履"，则其家藏十行本不误，与刘本、阮本之底本不同，而与元刊十行本同。

66 页二十左 物既太通

按："太"，十行本、刘本（嘉靖）、永乐本同；单疏本作"大"，足利本、八行本同，《要义》所引亦同；闽本作"泰"，明监本、毛本同。阮记云："宋本'太'作'大'，闽、监、毛本作'泰'。"卢记同。下《疏》云"物得大通"，前后相证，则作"大"是也，《要义》所引亦可为证，当从单疏本等。

67 页二十左 止由天地气交

按："止"，单疏本、八行本、十行本、刘本（嘉靖）、永乐本、闽本、明监本、毛本同；足利本作"正"。阮记云："闽、监、毛本同，宋本'止'作'正'。"卢记同。诸本皆同，考《比》卦《疏》文云"所见己邑之人，不须防诚，止由在上九五之使得其中正之人"，则"止由"为《疏》文成语，作"止"是也，当从单疏本等。内阁文库藏八行抄本亦作"止"，诸本惟足利本作"正"，实误，《正字》云："'止'，当'正'字误。"非也。瞿记云"止不作正"，则其家藏十行本亦作"止"。

68 页二十一右 后以财成天地之道

按："财"，足利本、八行本、十行本、刘本（嘉靖）、永乐本、闽本、明监本、毛本、抚本、建本、岳本、唐石经、白文本皆同，《要义》所引亦同。阮记云："石经、岳本、闽、监、毛本同，《释文》：'财'本作'裁'。"卢记同。诸本皆同，单疏本《疏》文云"'后以财成天地之道'者"，则其所见本亦作"财"，《释文》出字"财成"，注"荀作'裁'"，则作"裁"者荀本也，非《释文》本也，阮记所云有误。

69 页二十一右 杨州其贡宜稻麦雍州其贡宜黍稷

按：两"贡"，单疏本、足利本、八行本、十行本、刘本（嘉靖）、永乐本、闽本、明监本、毛本皆同，《要义》所引亦同。阮记云："按；二'贡'字，《周礼》并作'谷'。"卢记同。诸本皆同，此或孔颖达所见本如此，或为其概引，岂可据传世本《周礼》以驳之？

70 页二十一右 以其汇征吉

按："汇征"，足利本、八行本、十行本、永乐本、闽本、明监本、毛本、抚本、建本、岳本、白文本同；刘本（嘉靖）作"汇贞"；唐石经此处漫漶不可识。阮记云："石经、岳本、闽、监、毛本同，古本'征'作'往'，《释文》：'汇'，古文作'茻'，董作'夤'，江声云：据《类篇》，当云'古文作芔'。"卢记同。单疏本《疏》文云"'以其汇'者，汇者，汇类也，以类相从，'征吉'者，征行也"，则其所见本亦作"汇征"，刘本改作"汇贞"显误。

71 页二十一右　而相牵引者也

按："牵"，足利本、八行本、十行本、刘本（嘉靖）、永乐本、闽本、明监本、毛本、抚本、建本、岳本皆同。阮记云："岳本、闽、监、毛本同，古本无'牵'字。"卢记同。此王注，单疏本《疏》文本之释经云"似拔茅举其根相牵茹也"，则其所见本王注似亦有"牵"字，牵引，二字成文，"牵"字不可阙也。

72 页二十一左　征行而得吉

按："征"，刘本（嘉靖）、闽本、明监本、毛本同；单疏本作"往"，足利本、八行本、十行本、永乐本同。阮记云："闽、监、毛本同，钱本、宋本'征'作'往'。"卢记同。考经云"征吉"，王注云"征，行也"，《疏》文增字以释义，故云"往行而得吉"，往行即征也，作"往"是也，当从单疏本等。

73 页二十一左　包荒

按：足利本、八行本、十行本、刘本（嘉靖）、永乐本、闽本、明监本、毛本、抚本、建本、岳本、白文本同；唐石经作"苞荒"。阮记云："岳本、闽、监、毛本同，石经初刻同，后改'苞'，下《象传》及《否卦》'包承'、'包羞'同，《释文》：'苞'，本又作'包'，'荒'，本亦作'忼'。"卢记同。单疏本标起止云"九二包荒至光大也"，《疏》文云"'包荒用冯河'者"，则其所见本亦作"包荒"，唐石经及《释文》所引或为别本也。

74 页二十二右　犹若元在下者而不在上元在下者而不归下

按：单疏本作"犹若无在下者而不在上无在上者而不归下也"，足利本、八行本同；十行本作"犹若元在下者而不在上元在上者而不归下也"，闽本、明监本、毛本同；永乐本作"尤若元在下者而不在上元在上者而不归下也"，刘本（嘉靖）同。阮记引文"犹若元在下者"，云："闽、监、毛本同，钱本、宋本'元'作'无'，下'元在上者'同。"卢记同。考单疏本《疏》文云"初始往者，必将有反复也，无有平而不陂，无有往而不复者，犹若无在下者而不在上，无在上者而不归下也"，后句二"无"，正是承袭前文二"无"而来，此"无"即"无有"之义，无在下者而不在上，即谓无有在下者始终在下而不曾一日在上也，无在上者而不归下，即谓无有在上者始终在上而不有一日归在下也，此述正反往复，上下循环，所谓"无往不复"者也，则作"无"是也，当从单疏本等。又阮记所云"下'元在上者'"，与阮本不同，阮本所云"元在下者而不归下也"，文义不同，显然有误，或为刊刻时所滋生也。

75 页二十二右 忧恤也

按：十行本、刘本（嘉靖）、永乐本、闽本、明监本、毛本同；单疏本作"恤忧也"，足利本、八行本同。阮记云："闽、监、毛本同，宋本作'恤忧也'，是也。"卢记同。考单疏本《疏》文云"'勿恤其孚于食有福'者，恤，忧也，孚，信也"，《疏》文以"忧"释"恤"，非以"恤"释"忧"，则当作"恤忧也"，当从单疏本等，阮记是也。《正字》云："'恤忧'，字误倒。"是也。

76 页二十二左 象曰无往不复

按：足利本、八行本、十行本、刘本（嘉靖）、闽本、明监本、毛本、抚本、建本、岳本、白文本、唐石经同；永乐本作"象曰無往不復"。阮记云："石经、岳本、闽、监、毛本同，《释文》出'象曰无平不陂'，云：一本作'无往不复'，古本'象曰'下有'无平不陂'四字。"卢记同。宋元刊本皆同，《释文》所引或为别本也。

77 页二十二左 六四翩翩

按：足利本、八行本、十行本、刘本（嘉靖）、永乐本、闽本、明监本、毛本、抚本、建本、岳本、唐石经、白文本皆同；《要义》所引亦同。阮记云："石经、岳本、闽、监、毛本同，《释文》出'篇篇'，云：子夏《传》作'翩翩'，向本同，古文作'偏偏'。"卢记同。诸本皆同，单疏本标起止云"六四翩翩至心愿也"，《疏》文云"'六四翩翩'者"，则其所见本亦作"翩翩"，《释文》所引或为别本也。

78 页二十二左 故不待富而用其邻也

按："待"，足利本、八行本、十行本、刘本（嘉靖）、永乐本、闽本、明监本、毛本、抚本、建本、岳本皆同；《要义》所引亦同。阮记云："岳本、闽、监、毛本同，古本'待'作'得'。"卢记同。诸本皆同，此王注，单疏本《疏》文本之释经云："故不待财富而用其邻"，则其所见本王注似亦作"待"字，且下注"不待戒而自孚也"，句式语气，与之相仿，则作"待"是也。

79 页二十二左 犹众阴皆失其本实所居之处

按："犹"，单疏本、足利本、八行本、刘本（嘉靖）同；十行本作"尤"，永乐本同；闽本作"由"，明监本、毛本同。阮记云："钱本、宋本同，闽、监、毛本'犹'误'由'。"卢记同。单疏本《疏》文云"'皆失实'者，解'翩翩不富'之义，犹众阴皆失其本实所居之处"，"犹"者"如"也，作"犹"是也，当从单疏本等，阮记是也。

80 页二十三右 女处尊位

按："女"，足利本、八行本、十行本、刘本（嘉靖）、永乐本、闽本、明监本、毛本、抚本、建本、岳本皆同；《要义》所引亦同。阮记云："岳本、闽、监、毛本同，《释文》：'女处'，本亦作'爻处'。"卢记同。诸本皆同，此王注，单疏本《疏》文引之释经云"女处尊位"，则其所见本王注似亦作"女"字，则作"女"是也，《释文》所引或为别本也。

81 页二十三右 上六城复于隍

按："隍"，足利本、八行本、十行本、刘本（嘉靖）、永乐本、闽本、明监本、毛本、抚本、建本、岳本、唐石经、白文本皆同；《要义》所引亦同。阮记云："石经、岳本、闽、监、毛本同，《释文》：'隍'，子夏《传》作'堭'，姚作'湟'。"卢记同。诸本皆同，单疏本《疏》文云"'城复于隍'者"，则其所见本亦作"隍"，《释文》所引或为别本也。

82 页二十四右 辟其阴阳已运之难

按："已"，十行本、刘本（嘉靖）、闽本、明监本、毛本同；单疏本作"厄"，足利本、八行本、永乐本同。阮记云："闽、监、毛本同，宋本、《集解》'已'作'厄'。"卢记同。前《疏》云"避其危难"，所避者危难也，即厄运之难也，作"厄"是也，当从单疏本等。《正字》云"'厄'，误'已'"，缪记以为危字即厄字之误，皆是也。

83 页二十四右 故茅茹以类

按："茅茹"，足利本、八行本、十行本、刘本（嘉靖）、永乐本、闽本、明监本、毛本、抚本同，《要义》所引亦同；建本作"拔茅"；岳本作"拔茅茹"。阮记云："闽、监、毛本同，岳本、古本、足利本'茅'上有'拔'字。"卢记同。经云"以其彙"，《疏》云"'以其彙'者，以其同类，共皆如此"，"此其"即指茅茹而言，同类者茅茹也，茅茹者喻阴也，故注"三阴同道，皆不可进，故茅茹以类"，则作"茅茹"是也。

84 页二十四左 象曰拔茅贞吉

按："拔茅贞吉"，足利本、八行本、十行本、刘本（嘉靖）、永乐本、闽本、明监本、毛本、抚本、建本、岳本、唐石经、白文本皆同；《要义》所引亦同。阮记云："石经、岳本、闽、监、毛本同，古本'茅'下有'茹'字。"卢记同。诸本皆同，单疏本《疏》文云"释'拔茅贞吉'之义"，则其所见本亦作"拔茅贞吉"，《释文》所引或为别本也。

85 页二十四左 畴离祉

按："畴"，足利本、八行本、十行本、刘本（嘉靖）、永乐本、闽本、明监本、毛本、抚本、建本、岳本、唐石经、白文本皆同。阮记云："石经、岳本、闽、监、毛本同，《释文》：郑作古'畼'字。"卢记同。诸本皆同，单疏本《疏》文云"'畴离祉'者"，则其所见本亦作"畴"，《释文》所引或为别本也。

86 页二十五右 畴离位者

按："位"，十行本、刘本（元）同；单疏本作"祉"，足利本、八行本、永乐本、闽本、明监本、毛本同。阮记无说，卢记补云："案：'位'，当依经文作'祉'。"此《疏》引经文，经云"畴离祉"，则作"祉"是也，当从单疏本等，卢记是也。

87 页二十五右 系于苞桑

按："苞"，足利本、八行本、十行本、刘本（元）、永乐本、闽本、明监本、毛本、抚本、建本、岳本、唐石经、白文本皆同。阮记云："岳本、闽、监、毛本同，石经初刻作'包'，后改'苞'，是也，古本无'于'字，非。"卢记同。诸本皆同，单疏本《疏》文云"'系于苞桑'者"，则其所见本亦作"苞"，作"苞"是也。

88 页二十五右 居尊得位

按："得"，十行本、刘本（元）、永乐本、闽本、明监本、毛本同；足利本作"当"，八行本、抚本、建本、岳本同。阮记云："闽、监、毛本同，岳本、宋本、古本、足利本'得'作'当'。"卢记同。居尊者，自当其位也，得位，显不可通，作"当"是也。

89 页二十五左 义涉邪僻

按："义"，单疏本、足利本、八行本、十行本、刘本（元）、永乐本、闽本、明监本同，《要义》所引亦同；毛本作"易"。阮记云："钱本、宋本、闽、监本同，毛本'义'误'易'。"卢记同。此"同人"之卦，经文云"同人于野，亨，利涉大川，利君子亨"，单疏本《疏》文释经云"同人，谓和同于

53

人", 又云"与人和同, 义涉邪僻, 故'利君子贞'也", 既云与人和同, 则其义涉与人相应以邪, 故必以君子正之也, 作"义"是也, 当从单疏本等, 毛本误改, 阮记是也。

90 页二十六右 为主别云同人曰者

按:"为主", 刘本(嘉靖)同; 单疏本作"今此同人于野亨之上", 足利本、八行本同; 十行本作"之主", 永乐本同; 闽本作"为之", 明监本、毛本同。阮记云:"闽、监、毛本'主'作'之', 钱本、宋本作'今此同人于野亨之上别云同人曰者', 无'为主'二字。"卢记同。本卦《彖》云"《同人》曰'同人于野, 亨, 利涉大川', 乾行也", 王注"所以乃能'同人于野, 亨, 利涉大川', 非二之所能也, 是乾之所行, 故特曰'同人曰'", 单疏本《疏》文释之云:"'故特曰同人曰'者, 谓卦之《彖》辞发首即叠卦名, 以释其义, 则以例言之, 此发首应云'同人于野亨', 今此'同人于野亨'之上, 别云'同人曰'者, 是其义有异。"以《彖》辞通例言之, 皆直录经文, 而此卦又有"同人曰"三字, 故注文释其因, 《疏》文又释注之义, 则揆诸文义, 当从单疏本等, 十行本作"之主"已误, 刘本、阮本底本又讹作"为主", 闽本等再讹作"为之", 可谓一误再误也。

91 页二十七右 过主则否

按:"主", 足利本、八行本、十行本、刘本(元补)、永乐本、闽本、明监本、抚本、建本、岳本同; 毛本作"上"。阮记云:"岳本、闽本、古本、足利本同, 监、毛本'主'误'上'。"卢记同。此六二卦辞王注, 抚本注云"应在乎五, 唯同于主, 过主则否", "过主"之"主", 正承上而来, 此"主"正指六二, 上《象辞》王注"二, 为同人之主", 作"主"是也, 作"上"显误。今监本稍漫漶, 但仍可辨识为"主", 重修监本作"主", 阮记谓监本作"上", 不知何据。

92 页二十七右 用心扁狭

按:"扁", 刘本(元补)同; 足利本作"褊", 八行本、十行本、永乐本、抚本、建本、岳本同; 闽本作"偏", 明监本、毛本同。阮记引文"用心偏狭", 云:"十行本'偏'字左旁缺, 闽、监、毛本如此, 岳本作'褊', 《释文》出'褊狭'。"卢记引文作"用心扁狭", 所云同。扁狭, 不辞, 今检视刘本, 此页为元代补刊印本, 扁字偏在右, 确如阮记所云左旁阙, 既左旁已阙,如何知其当作"偏"？此显为阮记猜测之说，而引文作"偏狭"亦为猜测所误也，阮本直作"扁"，当据底本也，今传世宋元刊本几皆作"褊"，则作"褊"是也，闽本等或见"扁"字不辞，臆补"衤"旁，亦误。《正字》云："'褊'，误'偏'。"是也。卢记引文与阮记异而所云同，显误，当改为"十行本'偏'字左旁缺，闽、监、毛本作'偏'，岳本作'褊'，《释文》出'褊狭'"，方与实情相合。

93 页二十七左 以其当口九五之刚

按："口"，单疏本作"敌"，足利本、八行本、十行本、永乐本同；刘本（元补）为墨钉，闽本同；明监本无，毛本同。阮记云："闽本同，监、毛本无缺，非，钱本、宋本'当'下是'敌'字。"卢记同。九三《象》辞云"伏戎于莽，敌刚也"，单疏本《疏》文释经云"以其当敌九五之刚"，《疏》文之"敌"字正本经文，作"敌"是也，当从单疏本等。元刊十行本此字模糊，刘本此页为元刊补版，或因未能辨识，故留以墨钉，闽本沿袭之，阮本之底本或同，故阮记云闽本同，明监本、毛本省略墨钉，显误。

94 页二十七左 九四乘其墉

按："墉"，足利本、八行本、十行本、刘本（元补）、永乐本、闽本、明监本、毛本、抚本、建本、岳本、唐石经、白文本皆同。阮记云："石经、岳本、闽、监、毛本同，《释文》：'墉'，郑作'庸'。"卢记同。诸本皆同，单疏本《疏》文云"'乘其墉'者"，则其所见本亦作"墉"，《释文》所引或为别本也。

95 页二十七左 以与人争二自五应

按：足利本、八行本、十行本、刘本（元补）、永乐本、闽本、明监本、毛本、抚本、建本、岳本皆同。阮记云："岳本、闽、监、毛本同，《集解》作'与三争二二自应五'。"卢记同。诸本皆同，《集解》所引或为别本也。《正字》云："'应五'字误倒。"浦说不知何据，二自五之所应，原文不误，浦说非也。

96 页二十七左 不克则反反则得吉

按："吉"，足利本、八行本、十行本、刘本（元补）、永乐本、闽本、明监本、毛本、抚本、建本、岳本皆同。阮记云："岳本、闽、监、毛本同，《释文》：一本作'反则得得则吉也'。"卢记同。诸本皆同，《释文》所引或为别本也。

97 页二十七左 欲攻于三

按："攻"，单疏本、足利本、八行本、永乐本、闽本、明监本、毛本同；十行本作"功"，刘本（元补）同。阮记无说，卢记引文"欲功于三"，补云："案：'功'当作'攻'，形近之讹，毛本正作'攻'。"九四卦辞云"乘其墉，弗克攻"，王注云"三非犯己，攻三求二"，单疏本《疏》文云"与三争二，欲攻于三"，则《疏》文乃本注释经也，《疏》文之"攻"字正本经注之"攻"字，作"攻"是也，当从单疏本等。卢记引文作"欲功于三"，则颇疑阮本之底本亦作"欲功于三"，而与十行本、刘本同，乃重刻时改"功"为"攻"，则阮本非不改底本一字也。

98 页二十八右 而应乎乾

按："乎"，足利本、八行本、十行本、刘本（元补）、永乐本、闽本、明监本、毛本、抚本、建本、岳本皆同。阮记云："岳本、闽、监、毛本同，古本'乎'作'于'。"卢记同。此注引《象》辞，《象》辞云"而应乎乾"，作"乎"是也，古本非是。

99 页二十八右 五未得二

按："二"，单疏本、足利本、八行本、十行本、刘本（元补）、永乐本、闽本同；明监本作"四"，毛本同。阮记云："钱本、宋本、闽本同，监、毛本'二'误'四'。"卢记无说。单疏本《疏》文云"五未得二，故志未和同于二"，若作"四"则前后相悖，作"二"是也，当从单疏本等。

100 页二十八右 力能相遇也

按："力"，十行本，刘本（元补）、永乐本、闽本、明监本、毛本同；单疏本作"乃"，足利本、八行本同。阮记云："闽、监、毛本同，宋本'力'作'乃'。"卢记同。单疏本《疏》文云"必用大师，乃能相遇也"，又云"乃与二相遇"，则作"乃"是也，当从单疏本等。

101 页二十八左 不能亡楚

按："亡"，足利本、八行本、十行本、刘本（元补）、永乐本、闽本同，《要义》所引亦同；明监本作"忘"，毛本同。阮记云："岳本、宋本、闽本、古本、足利本同，监、毛本'亡'误'忘'，《疏》同。"卢记同。单疏本《疏》文云"楚人亡弓，不能亡楚"，则其所见本亦作"亡"，作"亡"不误，明监本改作"忘"，非也。

102 页二十八左 楚得之
·
按：单疏本、足利本、八行本、十行本、刘本（元补）、永乐本同，《要义》所引亦同；闽本作"楚人得之"，明监本、毛本同。阮记云："宋本同，闽、监、毛本作'楚人得之'。"卢记同。此引《孔子家语》，与传世本异，乃孔颖达所见本也，闽本等据传世本改之，非也。

103 页二十八左 不曰人亡之
·
按："之"，单疏本、足利本、八行本、十行本、刘本（元补）、永乐本同，《要义》所引亦同；闽本作"弓"，明监本、毛本同。阮记云："宋本同，闽、监、毛本'之'作'弓'。"卢记同。此引《孔子家语》，与传世本异，乃孔颖达所见本也，闽本等据传世本改之，非也。

104 页二十九右 亦与五为体
· · · · ·
按：刘本（正德）、闽本、明监本、毛本同；单疏本作"九二在乾体"，足利本、八行本、十行本、永乐本同。阮记云："闽、监、毛本同，钱本、宋本作'九二在乾体'。"卢记同。考单疏本《疏》文云"褚氏、庄氏云：六五应九二，九二在乾体，故云应乎天也"，文义明白，若作"六五应九二，亦与五为体"，则不知所云，此句十行本文字模糊，依稀可辨，或重刊时已无法辨识，故孳讹误，而为诸本所沿袭。

105 页二十九右 与时无违虽万物皆得亨通
· · · · · · · · · · ·
按：刘本（正德）同；闽本作"与时无违虽万物皆得亨通"，明监本、毛本同；单疏本作"以时而行则万物大得亨通"，足利本、八行本、十行本、永乐本同。阮记云："闽、监、毛本'無'作'无'，钱本、宋本作'以时而行则万物大得亨通'。"卢记同。考单疏本《疏》文云"褚氏、庄氏云：六五应九二，九二在乾体，故云应乎天也，德应于天，则行不失时，以时而行，则万物大得亨通"，文义明白，若作"德应于天，则行不失时，与时无违，虽万物皆得亨通"，行不失时，与时无违，显然语意重复，此句十行本文字模糊，依稀可辨，或重刊时已无法辨识，故孳讹误，而为诸本所沿袭。

106 页二十九右 文则明粲而不犯于物也
· · · · · · · · · ·
按：刘本（正德）、闽本、明监本、毛本同；单疏本作"文理明察则不犯于物也"，足利本、八行本、十行本、永乐本同。阮记云："闽、监、毛本同，宋本'则'作'理'，'粲而'作'察则'，钱本亦作'察则'。"卢记同。考单疏本《疏》文云"'文明不犯'者，文理明察则不犯于物也"，文义明白，若作"文则明粲"，则不知所云，此句十行本文字模糊，依稀可辨，或重刊时已无法辨识，故孳讹误，而为诸本所沿袭。

107 页二十九左 成物之性顺天休命顺物之命

按：刘本（正德）、闽本、明监本、毛本同；足利本作"成物之美顺夫天德休物之命"，八行本、十行本、抚本、建本、岳本同，《要义》所引亦同；永乐本作"□□□□□□天德休物之命"。阮记云："闽、监、毛本同，岳本、宋本作'成物之美顺夫天德休物之命'，古本、足利本与岳本同，唯'夫'作'奉'，一本无'奉'字。"卢记同。考抚本注文"成物之美，顺夫天德，休物之命"，此释经文"顺天休命"，文义明白，若作"成物之性，顺天休命，顺物之命"，命在于天，物何有命，如何可顺，不知所云，此句十行本文字模糊，依稀可辨，或重刊时已无法辨识，故孳讹误，而为诸本所沿袭。

108 页二十九左 巽顺含容之义也

按："巽顺"，刘本（正德）、闽本、明监本、毛本同；单疏本作"皆取"，足利本、八行本、十行本、永乐本同。阮记云："闽、监、毛本同，钱本、宋本'巽顺'作'皆取'。"卢记同。巽顺不知何义，考单疏本《疏》文云"遏匿其恶，褒扬其善，顺奉天德，休美物之性命，皆取包容之义也"，文义明白，此句十行本文字模糊，依稀可辨，或重刊时已无法辨识，故孳讹误，而为诸本所沿袭。

109 页二十九左 火性炎上是照耀之物

按：刘本（正德）、闽本、明监本、毛本同；单疏本作"火又在上火是照耀之物"，足利本、八行本、十行本、永乐本同。阮记云："闽、监、毛本同，钱本、宋本作'火又在上火是照耀之物'。"卢记同。考单疏本《疏》文云"而云'火在天上'者，天体高明，火又在上，火是照耀之物，而在于天上，是光明之甚"，文义明白，若作"火性炎上"，则不知所云，此句十行本文字模糊，依稀可辨，或重刊时已无法辨识，故孳讹误，而为诸本所沿袭。

110 页二十九左 注云不能履中满而不溢也

按："注"，刘本（正德）、闽本、明监本、毛本同；单疏本作"故"，足利本、八行本、十行本、永乐本同。阮记云："闽、监、毛本同，钱本、宋本'注'作'故'，无'也'字，按：'注'作'故'是也。"卢记同。考单疏本

《疏》文云"'不能履中满而不溢'者,以不在二位,是不能履中,在大有之初是盈满,身行刚健是溢也,故云'不能履中满而不溢'",此释王注,显当作"故",作"注"非也。《正字》云:"'注',当'故'字误。"是也。

111 页二十九左 九二大车以载

按:"车",足利本、八行本、十行本、刘本(正德)、永乐本、闽本、明监本、毛本、抚本、建本、岳本、唐石经、白文本皆同。阮记云:"石经、岳本、闽、监、毛本同,《释文》:'车',蜀才作'舆'。"卢记同。诸本皆同,单疏本《疏》文云"'大车以载'者",则其所见本亦作"车",《释文》所引或为别本也。

112 页三十右 故云小人不克也

按:"不",单疏本、足利本、八行本、十行本、刘本(嘉靖)、永乐本同;闽本作"弗",明监本、毛本同。阮记云:"钱本、宋本同,闽、监、毛本'不'作'弗'。"卢记同。宋元刊本皆作"不",闽本有据经改《疏》之嫌。

113 页三十右 三既能与五之同功

按:"五",单疏本、足利本、八行本、十行本、刘本(嘉靖)、永乐本、闽本、明监本、毛本皆同。阮记云:"卢文弨云:'五'衍文。"卢记同。诸本皆同,考单疏本《疏》文云"此云与五同功,谓五为王位,三既能与五之同功,则威权与五相似",文从字顺,"五"非衍文,《正字》云"'五'当衍字",卢说或本之,不可信从也。

114 页三十右 匪其彭

按:"彭",足利本、八行本、十行本、刘本(嘉靖)、永乐本、闽本、明监本、毛本、抚本、建本、岳本、唐石经、白文本皆同,《要义》所引亦同。阮记云:"石经、岳本、闽、监、毛本同,《释文》:'彭',子夏作'旁',虞作'尪'。"卢记同。诸本皆同,单疏本《疏》文云"'匪其彭无咎'者",则其所见本亦作"彭",《释文》所引或为别本也。

115 页三十左 夫有圣知者

按:"圣知",足利本、八行本、十行本、刘本(嘉靖)、永乐本、闽本、明监本、毛本、抚本、建本、岳本皆同,《要义》所引亦同。阮记云:"岳本、闽、监、毛本同,《释文》出'至知'。"卢记同。诸本皆同,《释文》所据或为别本也。

116 页三十左　非取其旁九四言不用三也

按："九四"，单疏本、足利本、八行本、十行本、刘本（嘉靖）、永乐本、闽本、明监本、毛本皆同。阮记云："卢文弨云：'九四'二字衍文。"卢记同。诸本皆同，考单疏本《疏》文云"九三在九四之旁，九四若能专心承五，非取其旁，九四，言不用三也，如此乃得无咎也"，此句文字确有不通之处，然"九四"二字是否确为衍文，则难以遽断。《正字》云："'九四'二字，疑在'言'字下。"或是。

117 页三十左　明辩晢也

按：足利本、八行本、十行本、刘本（嘉靖）、永乐本、抚本、建本、岳本、白文本、唐石经同；闽本作"明辨晢也"；明监本作"明辨晢也"，毛本同。阮记云："石经、岳本同，闽本'辩'，监、毛本'辩晢'作'辨晢'，古文无'也'字，《释文》：'晢'，王廙作'晰'，又作'晢'字，郑本作'遰'，陆本作'逝'，虞作'折'，凡俗本作'晢'者，误。"卢记同。单疏本《疏》文云"'明辩晢也'者"，则其所见本亦作"明辩晢也"，闽本、明监本、毛本皆有讹误，《释文》所引或为别本也。

118 页三十一右　履信之谓也

按："之谓"，足利本、八行本、十行本、刘本（嘉靖）、永乐本、闽本、明监本、毛本、抚本、建本、岳本皆同。阮记云："岳本、闽、监、毛本同，《集解》'之谓'二字作'者'。"卢记同。诸本皆同，单疏本《疏》文云"'履信之谓'是一也"，则其所见本亦作"履信之谓"，《集解》所引或为别本也。

119 页三十一右　居丰有之世

按：足利本、八行本、十行本、刘本（嘉靖）、永乐本、闽本、明监本、毛本、抚本、建本、岳本皆同。阮记云："岳本、闽、监、毛本同，《集解》'有'作'富'，'世'作'代'。"卢记同。诸本皆同，《集解》所引或为别本也。

120 页三十一右　而不以物累其心

按：足利本、八行本、十行本、刘本（嘉靖）、永乐本、闽本、明监本、毛本、抚本、建本、岳本皆同，《要义》所引亦同。阮记云："《集解》作'物不累心'。"卢记同。诸本皆同，《集解》所引或为别本也。

121 页三十一右　谦

按："彭"，足利本、八行本、十行本、刘本（嘉靖）、永乐本、闽本、明监本、毛本、抚本、建本、岳本、唐石经、白文本皆同，《要义》所引亦同。阮记云："石经、岳本、闽、监、毛本同，《释文》：子夏作'嗛'。"卢记同。诸本皆同，单疏本《疏》文云"'谦'者"，则其所见本亦作"谦"，《释文》所引或为别本也。

122 页三十一左 况易经之体

按："况"，刘本（嘉靖）、闽本、明监本、毛本同；单疏本作"凡"，足利本、八行本、十行本、永乐本同，《要义》所引亦同。阮记云："闽、监、毛本同，宋本'况'作'凡'。"卢记同。考单疏本《疏》文云"谦必获吉，其吉可知，故不言之也。凡《易》经之体，有吉理可知而不言吉者"，作"况"则前后无转折之义，显非，则作"凡"是也，当从单疏本等。

123 页三十一右 天道亏盈而益谦

按："亏"，足利本、八行本、十行本、刘本（嘉靖）、永乐本、闽本、明监本、毛本、抚本、建本、岳本、唐石经、白文本皆同，《要义》所引亦同。阮记云："石经、岳本、闽、监、毛本同，《释文》：'亏盈'，马本作'毁盈'。"卢记同。诸本皆同，单疏本《疏》文云"'天道亏盈而益谦'者"，则其所见本亦作"亏"，《释文》所引或为别本也。

124 页三十二右 卑谦而不可踰越

按：足利本、八行本、十行本、刘本（嘉靖）、永乐本、闽本、明监本、毛本皆同，《要义》所引亦同；单疏本作"卑者谦而不可踰越"。阮记云："集解作'卑者有谦而不踰越'，卢文弨云：《论语疏》所引正同。"卢记同。考单疏本《疏》文云"尊者有谦而更光明盛大，卑者谦而不可踰越"，"尊者""卑者"前后相应，则作"卑者"是也，当从单疏本也。

125 页三十二右 是君子之所终也言君子能终其谦之善事又获谦之终福故云君子之终也

按：单疏本、足利本、八行本、十行本、刘本（嘉靖）、永乐本、闽本、明监本、毛本皆同，《要义》所引亦同。阮记云："集解无'所'字，'事'作'而'，无'福'上'终'字，'之'作'有'。"卢记同。诸本皆同，《集解》所引或为别本。

126 页三十三右 鸣者声名闻之谓也

按："鸣"，足利本、八行本、十行本、刘本（嘉靖）、永乐本、闽本、明监本、毛本、抚本、建本、岳本皆同。阮记云："岳本、闽、监、毛本同,《释文》出'名者声名闻之谓也'。"卢记同。诸本皆同,此王注释经,经云"六二鸣谦贞吉",则作"鸣"是也。

127 页三十三左 利用侵伐

按:"侵",足利本、八行本、十行本、刘本(嘉靖)、永乐本、闽本、明监本、毛本、抚本、建本、岳本、唐石经、白文本皆同。阮记云:"石经、岳本、闽、监、毛本同,《释文》:'侵',王廙作'寝'。"卢记同。诸本皆同,单疏本《疏》文云"'利用侵伐无不利'者",则其所见本亦作"侵",《释文》所引或为别本也。

128 页三十三左 征邑国

按:"邑",足利本、八行本、十行本、刘本(嘉靖)、永乐本、闽本、明监本、毛本、抚本、建本、岳本、唐石经、白文本皆同,《要义》所引亦同。阮记云:"石经、岳本、闽、监、毛本同,《释文》:出'征国',云:本或作'征邑国'者非。"卢记同。诸本皆同,单疏本《疏》文标起止"上六鸣谦至邑国也",又云"'征邑国'者",则其所见本亦作"征邑国",《释文》所引或为别本也,其必以作"征邑国"为非,误也。

129 页三十三左 可用行师征邑国也

按:"可",足利本、八行本、十行本、刘本(嘉靖)、永乐本、闽本、明监本、毛本、抚本、建本、岳本、唐石经、白文本皆同,《要义》所引亦同。阮记云:"石经、岳本、闽、监、毛本同,古本'可'作'利'。"卢记同。诸本皆同,单疏本《疏》文云"'可'者",则其所见本亦作"可",古本作"利",不知何据,不可信从。

130 页三十三右 所恶而为动者

按:"而",足利本、八行本、十行本、刘本(嘉靖)、永乐本、闽本、明监本、毛本、抚本、建本、岳本皆同,《要义》所引亦同。阮记云:"郭京云:'而'乃'不'字之误,卢文弨谓'而'下脱'不'字耳。"卢记同。诸本皆同,抚本王注"未有居众人之所恶而为动者所害,处不竞之地而为争者所夺,是以六爻虽有失位,无应乘刚,而皆无凶咎悔吝者,以谦为主也",意谓虽为众人所恶、不竞之地,然未为动者所害、争者所夺者,乃因谦也,文义明白,作"而"不误。

131 页三十三右 不能实争立功者

按："争"，十行本、刘本（嘉靖）、永乐本、闽本、明监本、毛本同；单疏本作"事"，足利本、八行本同。阮记云："闽、监、毛本同，钱本、宋本'争'作'事'。"卢记同。单疏本《疏》文云"所以但有声鸣之谦，不能实事立功者"，实事立功，实际从事立功之事也，作"事"是也，当从单疏本等，作"争"者，或因形近而讹。

132 页三十三右 行师能顺

按："顺"，十行本、刘本（嘉靖）、永乐本、闽本、明监本、毛本同；单疏本作"顺动"，足利本、八行本同。阮记云："闽、监、毛本同，钱本、宋本，下有'动'字。"卢记同。本卦《象》曰"建侯行师乎天地以顺动"，单疏本《疏》文释之云"建侯能顺动，则人从之，行师能顺动，则众从之"，《疏》文之"顺动"正本经文之"顺动"，作"顺动"是也，当从单疏本等。

133 页三十五左 殷荐之上帝

按："殷荐"，足利本、八行本、十行本、刘本（嘉靖）、永乐本、闽本、明监本、毛本、抚本、建本、岳本、唐石经、白文本皆同。阮记云："石经、岳本、闽、监、毛本同，《释文》：'殷'，京作'隐'，'荐'本又作'藨'同，本或作'鹰'非。"卢记同。诸本皆同，单疏本《疏》文云"'殷荐之上帝'者"，则其所见本亦作"殷荐"，《释文》所引或为别本也。

134 页三十六右 介于石

按："介"，足利本、八行本、十行本、刘本（元）、永乐本、闽本、明监本、毛本、抚本、建本、岳本、唐石经、白文本皆同，《要义》所引亦同。阮记云："石经、岳本、闽、监、毛本同，《釋文》：'介'，古文作'砎'，马作'扴'。"卢记同。诸本皆同，单疏本《疏》文云"'介于石'者"，则其所见本亦作"介"，"砎"、"扴"或为别本也。

135 页三十六右 相守正得吉也

按：十行本、刘本（元）、永乐本、闽本、明监本、毛本同；单疏本作"恒守正得吉也"，足利本、八行本同。阮记引文"相守善得吉也"，云："闽、监本同，钱本、宋本'相'作'恒'，是也，按：此字形相涉而误，毛本'善'作'正'。"卢记引文"相守正得吉也"，补云："闽、监本'正'作'善'，钱本、宋本'相'作'恒'，案：'恒'字是也"。恒守，为辞，作"恒"是也，当从单疏本等，"相"字或因形近而讹。阮记引文作"相守善得吉也"，今诸本无作此者，不知其所据，又阮记、卢记皆谓闽本、明监本作"相守善得吉也"，不知其所据何本。《举正》谓宋本"正"作"善"，亦不知其所据何本。

136 页三十六左　盱豫悔迟有悔

按：十行本、刘本（元）、永乐本、闽本、明监本、毛本、岳本、白文本同；足利本作"盱豫悔遲有悔"，八行本、抚本、建本、唐石经同。阮记云："岳本、闽、监、毛本同，《石经》'迟'作'遲'，余并同，古本'豫'下有'有'字，《释文》：'盱'，子夏作'纡'，京作'污'，姚作'盱'。"卢记同。单疏本《疏》文云"'盱豫悔'者……'迟有悔'者"，则其所见本作"盱豫悔迟有悔"，《释文》所引或为别本也。"迟""遲"当可通也。

137 页三十六左　由豫大有得勿疑朋盍簪

按：足利本、八行本、十行本、刘本（元）、永乐本、闽本、明监本、毛本、抚本、建本、岳本、唐石经、白文本皆同，《要义》所引亦同。阮记云："石经、岳本、闽、监、毛本同，《释文》：'由'，马作'犹'，'簪'，古文作'贷'，京作'撍'，马作'臧'，荀作'宗'，虞作'戠'，蜀才本依'京'。"卢记同。诸本皆同，单疏本《疏》文云"'由豫大有得'者……'勿疑朋盍簪'者"，则其所见本亦作"由豫大有得勿疑朋盍簪"，《释文》所引或为别本也。

138 页三十七右　非己所乘

按：十行本、刘本（嘉靖）、永乐本、闽本、明监本、毛本同；单疏本作"非合己之所乘"，足利本、八行本同。阮记云："闽、监、毛本同，宋本作'非合己之所乘'，钱本亦有'之'字。"卢记同。单疏本《疏》文云"四以刚动为《豫》之主，专权执制，非合己之所乘"，己者，六五也，六四既刚，非当六五所能乘，合者当也应也，"合"字不可阙，当从单疏本等。

卷 三

1 页一左 大亨贞无咎而天下随时

按：足利本、八行本、十行本、刘本（元）、闽本、明监本、毛本、抚本、建本、岳本、白文本、唐石经同；永乐本作"大亨贞無咎天下随时"。阮记云："石经、岳本、闽、监、毛本同，石经此行十一字，'无咎'已下七字磨改，《释文》：'大亨贞'，本又作'大亨利贞'，'而天下随时'，王肃本作'随之'，古本'贞'上有'利'字。"卢记同。单疏本《疏》文云"'大亨贞无咎而天下随时'者"，则其所见本亦作"大亨贞无咎而天下随时"，《释文》所引或为别本也。

2 页一左 随时之义大矣哉

按：足利本、八行本、十行本、刘本（元）、永乐本、闽本、明监本、毛本、抚本、建本、岳本、唐石经、白文本皆同。阮记云："石经、岳本、闽、监、毛本同，《释文》：王肃本作'随之时义'。"卢记同。诸本皆同，单疏本《疏》文云"'随时之义大矣哉'"，则其所见本亦作"随时之义大矣哉"，《释文》所引或为别本也。

3 页一左 随时之义大矣哉若

按："若"，单疏本、足利本、八行本、十行本、刘本（嘉靖）、永乐本、闽本、明监本、毛本皆同。阮记云："闽、监、毛本同，浦镗云'者'误'若'。"卢记同。单疏本《疏》文云"'随时之义大矣哉'，若以元亨利贞，则天下随从，即随之义意广大矣哉"，若"若"作"者"从上，则"以元亨利贞，则天下随从"文气显滞，故作"若"不误，当从单疏本等，浦说纯属猜测，不可信据。《举正》谓"若"字不误，浦说失之，是也。

4 页一左 释随时之义

按："释"，单疏本、十行本、刘本（嘉靖）、永乐本、闽本、明监本、毛本同；足利本无，八行本同。阮记云："闽、监、毛本同，宋本无'释'字。"卢记同。考经文云"随时之义大矣哉"，王注"随之所施，唯在于时也"，单疏本《疏》文云"'随之所施唯在于时'者，释'随时'之义"，乃明王注释经之义，"释"字不可阙，当从单疏本等。内阁文库藏八行抄本《周易注疏》则有"释"字，不知是抄者所补，亦或别有所据。

5 页二右 旧来恒往今须随从

按："旧"，单疏本、足利本、八行本、十行本、永乐本、闽本、明监本、毛本同；刘本（嘉靖）字空。阮记云："十行本'旧'字空，闽、监、毛本如此。"卢记又补云："'旧'字今依挍补刊"。诸本皆作"旧"，唯刘本缺此字。又据卢记，则阮本所据之底本与刘本同，阮记之底本当与阮本之底本同，既无此字，其引文之"旧"字，不知从何而来，让人费解。

6 页二右 君子以嚮晦入宴息

按："嚮"，足利本、八行本、十行本、刘本（元）、永乐本、闽本、明监本、毛本、抚本、建本、岳本、唐石经、白文本皆同。阮记云："石经、岳本、闽、监、毛本同，《释文》：'嚮'本又作'向'，王肃本作'乡'。"卢记同。诸本皆同，单疏本《疏》文云"'君子以嚮晦入宴息'者"，则其所见本亦作"嚮"，《释文》所引或为别本也。

7 页二右 郑玄云晦宴也

按："宴"，刘本（嘉靖）、闽本、明监本、毛本同；单疏本作"冥"，足利本、八行本、十行本、永乐本同。阮记云："闽、监、毛本同，宋本、钱本'宴'作'冥'。"卢记同。晦与宴何涉？作"冥"是也，当从单疏本等。"宴"字或因形近而讹。瞿记云"冥不误宴"，则其家藏十行本不误，与刘本、阮本之底本不同，而与元刊十行本同。

8 页二右 官有渝

按："官"，足利本、八行本、十行本、刘本（元）、永乐本、闽本、明监本、毛本、抚本、建本、岳本、唐石经、白文本皆同。阮记云："石经、岳本、闽、监、毛本同，《释文》：'官有'，蜀才作'馆有'。"卢记同。诸本皆同，单疏本《疏》文云"'官有渝'者"，则其所见本亦作"官"，《释文》所引或为别本也。

9 页二左 体于柔弱

按："于"，足利本、八行本、十行本、刘本（嘉靖）、抚本、建本、岳本同；闽本作"分"，明监本、毛本同。阮记云："岳本、宋本、古本、足利本同，钱本、闽、监、毛本'于'作'分'，是也。"卢记同。此王注，经文"六二，系小子，失丈夫"，注"阴之为物，以处随世，不能独立，必有系也，居随之时，体于柔弱"，"体于柔弱"正谓爻处六二，其体柔弱也，若作"分"，体分柔弱，则不知何义，宋元刊本皆作"于"，作"于"是也，闽本等改作"分"，不知何据，非也，阮记是之，亦误。

10 页三左 位正中

按："正中"，足利本、八行本、十行本、刘本（嘉靖）、永乐本、闽本、明监本、毛本、抚本、建本、岳本、唐石经、白文本皆同。阮记云："石经、岳本、闽、监、毛本同，《释文》：一本作'中正'。"卢记同。诸本皆同，单疏本《疏》文标起止云："九五孚于至正中也"，则其所见本亦作"正中"，《释文》所引或为别本也。

11 页三左 王用亨于西山也

按："也"，足利本、八行本、十行本、刘本（嘉靖）、永乐本、抚本、建本、岳本同；闽本作"者"，明监本、毛本同。阮记云："岳本、钱本、宋本、闽本、足利本同，监、毛本'也'作'者'，古本'亨'作'通'。"卢记同。此王注，经文"上六，拘系之乃从，维之，王用亨于西山"，注"随道已成，而特不从，故'拘系之乃从'也，率土之滨，莫非王臣，而为不从，故'维之王用亨于西山'也"，前后两句，皆为"故……也"句式，显当作"也"，闽本等改作"者"，非也。《正字》云："'也'，误'者'。"是也。

12 页三左 今有不从

按："今"，单疏本、足利本、十行本、刘本（嘉靖）、永乐本、闽本、明监本、毛本同；八行本作"令"。阮记云："闽、监、毛本同，钱本'今'作'令'，是也。"卢记同。单疏本《疏》文云"今有不从，必须维系，此乃王者必须用兵，通于险阻之道"，若作"令"，令有不从，不知何义，内阁文库藏八行抄本《周易注疏》作"今"，亦可为证，作"今"是也，当从单疏本等，阮记谓当作"令"，误也。《举正》谓"今"字不误，钱本非是，是也。

13 页四右　又如此宣令之后

按："如"，刘本（嘉靖）、闽本、明监本、毛本同；单疏本作"于"，足利本、八行本、十行本、永乐本同，《要义》所引亦同。阮记云："闽、监、毛本同，钱本、宋本'如'作'于'。"卢记同。单疏本《疏》文云"故先此宣令之前三日，殷勤而语之，又于此宣令之后三日，更丁宁而语之"，若作"如"，如此宣令，不知何义，揆诸文义，显当作"于"，当从单疏本等，《正字》云："'如'，疑'继'字误。"非也。瞿记云"于不误如"，则其家藏十行本不误，与刘本、阮本之底本不同，而与元刊十行本同。

14 页四左　使令治而后乃诛也

按："治"，八行本、十行本、刘本（嘉靖）、永乐本、闽本、明监本、毛本、建本同；足利本作"洽"，抚本、岳本同。阮记云："闽、监、毛本同，岳本、宋本、古本、足利本'治'作'洽'。○按：《正义·序》引注，亦作'洽'。"卢记同。此王注，单疏本《疏》文云"今用创制之令以治于人"，此"治"字，足利本、八行本、十行本、刘本皆同，《要义》所引亦同，《疏》文之"治"正本注文之"治"，建本王注"创制不可责之以旧，故先之三日，后之三日，使令治而后乃诛"，令治即以令治人之义，作"治"是也，天禄琳琅本作"治"，亦可为证，"洽"字乃因形近而讹，当从建本等。《正字》云："'洽'，误'治'。"非也。

15 页五右　乃专诛

按："专"，刘本（嘉靖）同；单疏本作"诛"，足利本、八行本、十行本、永乐本、闽本、明监本、毛本同，《要义》所引亦同。阮记无说，卢记补云："毛本'专'作'诛'，下'诛'字属下读"。单疏本《疏》文云"使晓知新令，而后乃诛，诛谓兼通责让之罪"，若作"专"，而后乃专，不知何义，揆诸文义，显当作"诛"，当从单疏本等。

16 页五右　非尊谓诛杀也

按："尊"，刘本（嘉靖）同；单疏本作"专"，足利本、八行本、十行本、永乐本、闽本、明监本、毛本同，《要义》所引亦同。阮记无说，卢记补云："毛本'尊'作'专'，案：'专'字是也。"单疏本《疏》文云"诛谓兼通责让之罪，非专谓诛杀也"，若作"尊"，非尊谓，不知何义，揆诸文义，显当作"专"，当从单疏本等，卢记是也。十行本上"专"字与此"尊"字，二者两行并列，颇疑重刊者将左列之"专"字误刻于右列，而左列又讹作"尊"，故有此不可思议之错谬。此二处错讹，唯刘本与阮本同，可见阮本之底本乃与刘本极为接近，当为元刊明修十行本也。

17 页五右　振民育德

按："育"，足利本、八行本、十行本、刘本（嘉靖）、永乐本、闽本、明监本、毛本、抚本、建本、岳本、唐石经、白文本皆同。阮记云："石经、岳本、闽、监、毛本同，《释文》：'育'，王肃本作'毓'。"卢记同。诸本皆同，单疏本《疏》文标起止云："象曰山下至育德"，则其所见本亦作"育"，《释文》所引或为别本也。

18 页六右　象曰干父用誉

按：足利本、八行本、十行本、刘本（嘉靖）、永乐本、闽本、明监本、毛本、抚本、建本、岳本、唐石经、白文本皆同。阮记云："石经、岳本、闽、监、毛本同，足利本'父'下有'之蛊'二字。"卢记同。诸本皆同，单疏本《疏》文云"'象曰干父用誉承以德'者"，则其所见本亦同，阮记所谓足利本乃指《考文》所据足利古本，实不可据。

19 页六左　阳转进长

按："进"，足利本、八行本、十行本、刘本（嘉靖）、永乐本、闽本、明监、毛本、抚本、建本、岳本皆同。阮记云："岳本、闽、监、毛本同，古本、足利本'进'作'浸'。"卢记同。诸本皆同，此王注，注"阳转进长，阴道日消"，"进长""日消"，前后相应，作"进"是也。

20 页六左　至于八月不久也

按："不"，十行本、永乐本、刘本（嘉靖）、闽本同；明监本作"至"，毛本同。阮记无说，卢记补云："案：'不'当作'至'，《正义》标起止，例如此。"明监本改作"至"，不知何据，卢记所谓书例，亦属推测之说也。

21 页七左　其得感临吉

按："感"，十行本、刘本（元）、永乐本同；足利本作"咸"，八行本、闽本、明监本、毛本、抚本、建本、岳本同。阮记无说，卢记补云："案：'感'当作'咸'，此注正述经文也，无改字之例。"感临，不辞，经文云"咸临"，作"咸"是也，卢记是也。

22 页七左 居刚长之世

按："世"，八行本、十行本、刘本（元）、永乐本、闽本、明监本、毛本、抚本、建本、岳本同；足利本作"前"。阮记云："岳本、闽、监、毛本同，宋本、古本'世'作'前'。"卢记同。此王注，单疏本《疏》文云"居刚长之世"，正本注文，则作"世"是也，当从抚本等。又内阁文库藏八行抄本《周易注疏》，作"前"，则其底本与足利本当十分接近。

23 页八右 乃得无咎也

按："乃"，十行本、刘本（元）、闽本、明监本、毛本同；足利本作"则"，八行本、永乐本、抚本、建本、岳本同。阮记云："闽、监、毛本同，岳本、宋本、足利本'乃'作'则'，一本无'乃'字。"卢记同。"乃""则"义近，未详孰是。

24 页八右 位当也

按："位当"，足利本、八行本、十行本、刘本（元）、永乐本、闽本、明监本、毛本、抚本、建本、岳本、唐石经、白文本皆同。阮记云："石经、岳本、闽、监、毛本同，《释文》：本或作'当位'，实非也。"卢记同。诸本皆同，单疏本《疏》文标起止云："六四至临至位当也"，则其所见本亦作"位当"，《释文》所引或为别本也。

25 页八右 刚所以不害

按："以"，单疏本、足利本、八行本、十行本、刘本（元）、永乐本、闽本、明监本、毛本皆同。阮记云："卢文弨云：'以'字衍。"卢记同。诸本皆同，原文不误，卢文弨之说，岂可信从？

26 页八左 盥而不荐

按：足利本、八行本、十行本、刘本（元）、永乐本、闽本、明监本、毛本、抚本、建本、岳本、唐石经、白文本皆同，《要义》所引亦同。阮记云："石经、岳本、闽、监、毛本同，《释文》：王又作'盥'，同，贱练反，王肃本作'而观荐'。"卢记同。诸本皆同，单疏本《疏》文云"'观盥而不荐'者"，则其所见本亦作"盥而不荐"，《释文》出字"而不荐"，云"本又作'盥'"，与阮记所引异，所引或为别本也。

27 页九右 观天之神道而四时不忒

按："而"，足利本、八行本、十行本、刘本（正德十二年）、永乐本、闽本、明监本、毛本、抚本、建本、岳本、唐石经、白文本皆同。阮记云：“岳本、闽、监、毛本同，石经‘道’下旁添‘日月不过’四字。”卢记同。诸本皆同，单疏本《疏》文云“故云‘观天之神道而四时不忒’也”，则其所见本亦同，石经旁注，或为后人刊补，而详情乏考。

28 页九右 圣人以神道设教

按：“以”，足利本、八行本、十行本、刘本（正德十二年）、永乐本、闽本、明监本、毛本、抚本、建本、岳本、唐石经、白文本皆同，《要义》所引亦同。阮记云：“石经、岳本、闽、监、毛本同，《释文》出‘神道设教’，云：一本作‘以神道设教’，按：据此则《释文》本无‘以’字。”卢记同。诸本皆同，单疏本《疏》文云“‘圣人以神道设教而天下服矣’者”，则其所见本亦同，《释文》所据或为别本也。

29 页九右 不见天之使四时而四时不忒

按：“四”，足利本、八行本、十行本、刘本（正德十二年）、永乐本、闽本、明监本、毛本、抚本、建本、岳本皆同，《要义》所引亦同。阮记云：“岳本、闽、监、毛本同，古本‘之’上衍‘下’字，‘而四时’作‘而时’。”卢记同。诸本皆同，古本不可信据也。

30 页九右 正义曰顺而和巽

按：“顺”，十行本、刘本（正德十二年）、永乐本、闽本、明监本、毛本同；单疏本作“又顺”，足利本、八行本同。阮记云：“闽、监、毛本同，钱本、宋本‘顺’上有‘又’字，案：此《疏》本与上《疏》相连，割裂分属，故删‘又’字。”卢记同。单疏本《疏》文云“今大观在于上，又顺而和巽，居中得正，以观于天下，谓之观也”，揆诸文义，此“又”字实不可阙，今足利本、八行本与单疏本同，此段《疏》文前后相连，而十行本系统诸本，皆断为两节，或如阮记之说，乃割裂时所删也，非此，则不成文矣，若然，亦可证明，十行本乃将单疏本《疏》文逐一插入《周易》经注，为严格配合经注顺序，故在插入《疏》文时有所割裂，且断为两节之后，若此“又”字，显为赘语，故又不得不删之，而足利本为代表之八行本，则似将《周易》经注依照单疏本标起止之提示，分别插入单疏本《疏》文中，自无有割裂之事也。

31 页九左 巽顺而已

按：“巽”，刘本（正德十二年）同；足利本作“趣”，八行本、十行本、永乐本、闽本、明监本、毛本、抚本、建本、岳本同,《要义》所引亦同。阮记云:"岳本、闽、监、毛本'巽'作'趣',《释文》出'趣'字,《疏》云:'趣在顺从而已',作'巽',非。"卢记同。巽顺,不辞,作"趣"是也,《要义》所引亦可为证,阮记是也。

32 页九左 阚观

按:足利本、八行本、十行本、刘本(正德十二年)、永乐本、闽本、明监本、毛本、抚本、建本、岳本、唐石经、白文本皆同。阮记云:"石经、岳本、闽、监、毛本同,《释文》:'阚',本亦作'窥'。"卢记同。诸本皆同,单疏本《疏》文标起止云"六二窥观至可丑也",又云:"'窥观利女贞'者",则其所见本亦作"窥观",《释文》所据或为别本也。

33 页九左 六二以柔弱

按:"以",刘本(正德十二年)同;单疏本作"虽",足利本、八行本、十行本、永乐本、闽本、明监本、毛本同。阮记无说,卢记补云:"毛本'以'作'虽'。"单疏本《疏》文云"六二虽柔弱在内,犹有九五刚阳,与之为应",虽、犹,语气相承,若作"以",显然有滞,则作"虽"是也,当从单疏本等。

34 页九左 则为有阚窃不为全蒙

按:刘本(正德十二年)同;单疏本作"则微有开发不为全是",足利本、八行本、十行本、永乐本、闽本、明监本、毛本同。阮记无说,卢记补云:"毛本上'为'字作'微','窃'作'发','蒙'作'是'。"单疏本《疏》文云"六二虽柔弱在内,犹有九五刚阳,与之为应,则微有开发,不为全是",文义晓畅,若作"为有阚窃,不为全蒙",则义不可晓,显然有误,当从单疏本等。此二例,唯刘本与阮本同,且刘本此页为正德十二年补版,则阮本之底本当于刘本高度一致也。

35 页十右 象曰阚观女贞

按:足利本、八行本、十行本、刘本(正德十二年)、永乐本、闽本、明监本、毛本、抚本、建本、岳本、唐石经、白文本皆同。阮记云:"石经、岳本、闽、监、毛本同,《释文》:一本有'利'字,古本、足利本'女'上有'利'字。"卢记同。诸本皆同,《释文》所据或为别本也。

36 页十右 [疏]正义曰处进退之时以观进退之几未失道也

按:十行本、刘本(正德十二年)同;永乐本作"[正义]处进退之时以观进退之几未失道也"；闽本作"［疏］正义曰三处进退之时以观进退之几未失道也"；明监本作"［疏］正义曰三处进退之时观进退之几未失道也"；毛本作"［疏］正义曰二处进退之时观进退之几未失道也"；足利本为注文，作"处进退之时以观进退之几未失道也"，八行本、抚本、建本、岳本同；单疏本无此句。阮记云："闽、监、毛本'○'作'三'，监、毛本，脱'以'字，案：'处进'至'道也'十五字，岳本、钱本、宋本、古本、足利本并作注文，十行本以下误为《正义》，因衍'正义曰'三字，非也。"卢记同。诚如阮记所言，十行本以下误将注文视作《疏》文，于此，可见永乐本确为十行本系统也。

37 页十左 以察己之

按："之"，刘本（正德十二年）、闽本、明监本、毛本同；足利本作"道"，八行本、十行本、永乐本、抚本、建本、岳本。阮记云："闽、监、毛本同，岳本、宋本、古本、足利本'之'作'道'。"卢记同。以察己之，不辞，此王注，单疏本《疏》文云"故观民以察我道"，即本王注以释经，则作"道"是也，当从抚本等。《正字》云："'道'，误'之'。"是也。

38 页十左 在于一人

按："于"，十行本、刘本（正德十二年）、永乐本、闽本同；足利本作"余"，八行本同；明监本作"於"，毛本同；抚本作"予"，建本、岳本同。阮记云："闽本同，岳本、足利本'于'作'予'，宋本、古本作'余'，监、毛本作'於'，按：'予'是。"卢记同。"百姓有过，在予一人"，乃《尚书》《论语》之成语，王注或本之，若然，则作"予"是也。

39 页十左 故则民以察我道

按："则"，刘本（正德十二年）同；单疏本作"观"，足利本、八行本、十行本、永乐本、闽本、明监本、毛本同，《要义》所引亦同。阮记云："闽、监、毛本'则'作'观'，是也"。则民，不辞，抚本王注"故观民之俗，以察己道"，《疏》文本注释经，则作"观"是也，当从单疏本等，阮记是也。

40 页十左 自观其道也

按："也"，十行本、刘本（正德十二年）、永乐本、闽本、明监本、毛本同；足利本作"者也"，八行本、抚本、建本、岳本同。阮记云："闽、监、毛本同，岳本、宋本、古本、足利本'也'上有'者'字，孙志祖云：《困学纪闻》引'道'下亦有'者'字。"卢记同。此王注，经文"九五观我生君子无咎……上九观其生君子无咎"，抚本注云"'观我生'，自观其道者也，'观其生'，为民所观者也"，前后"者"字相应成文，故"者"字实不可阙，当从抚本等。

41 页十左 故于卦主主

按："主主"，刘本（正德十二年）同；单疏本作"末注"，足利本、八行本、十行本、永乐本、闽本同，明监本、毛本作"末註"。阮记无说，卢记补云："毛本上'主主'作'末註'"。卦主主，不知何义，显误，卦末注，乃为一卦之末，王弼之注也，显当作"末注"，当从单疏本等。

42 页十左 将处异地为众观

按：刘本（正德十二年）、闽本、明监本、毛本同；十行本作"特处异地为众观"，永乐本同；足利本作"特处异地为众所观"，八行本、抚本、建本、岳本同。阮记云："闽、监、毛本同，岳本、宋本、古本、足利本'将'作'特'，'观'上有'所'字。"卢记同。单疏本《疏》文云"以'特处异地为众所观'"，则其见本亦作"特处异地为众所观"，当从抚本等也。十行本脱去"所"字，刘本等又讹"特"为"将"，一误再误，致谬若此也。

43 页十一右 有间与过

按："与"，足利本、八行本、刘本（元）、闽本、明监本、毛本、抚本、建本、岳本皆同，《要义》所引亦同。阮记云："岳本、闽、监、毛本同，《释文》：'与过'一本作'有过'。"卢记同。抚本王注云"凡物之不亲，由有闲也，物之不齐，由有过也，啮而合之，所以通也"，有闲与过，正指此前所述二者，并以"与"字联结前后，作"与"是也，当从抚本等，《释文》所引或为别本也。

44 页十一右 不啮不合

按："不"，足利本、八行本、刘本（元）、永乐本、闽本、明监本、毛本、抚本、建本、岳本皆同。阮记云："岳本、闽、监、毛本同，《释文》：'不合'本又作'而合'，古本'啮'下有'而'字，一本下'不'作'而'。"卢记同。抚本王注云"凡物之不亲，由有闲也，物之不齐，由有过也，有闲与过，啮而合之，所以通也"，既谓啮方能合之，则不啮不合，作"不"是也，当从抚本等，《释文》所引或为别本也。

45 页十一左 故总云上行不止也

按：十行本、永乐本、闽本同；单疏本作“故摁云上行不止五也”；足利本作“故总云上行不止五也”，八行本同；明监本作“故总云上行不止也”，毛本同；刘本（元）作“总云上行不止也”。阮记云：“十行本阙‘故’字，闽、监、毛本如此，钱本、宋本‘止’下有‘五’字。”卢记同。单疏本《疏》文云“反言‘上行皆所之在贵’者，辅嗣此注，恐畏之，适五位则是上行，故于此明之，凡言‘上行’，但所之在进，皆曰上行，不是唯向五位，乃称上行也，故《谦卦·序》，《象》云：地道卑而上行，坤体在上，故摁云‘上行’，不止五也”，据此，所谓“不止五也”者，然释王弼所谓上行，乃谓进而不止，此之谓“上行”也，非唯有向五方称上行也，则“五”字绝不可阙，当从单疏本等。刘本此页为元刊印面，作“总云上行不止也”，“总”前一字，阙去大半，几不可识，则阮记所谓十行本当指此，而阮本有“故”字，阮本之底本当与阮记所据十行本同，则阮本重刊时，或据闽本等补此“故”字也。《正字》云：“‘不止’下，当脱‘谓五’二字。”非也。

46 页十一左 是灭下云益上卦

及晋卦象卦

按：“是灭下云益上卦”，刘本（元）同；十行本作“是灭三而益上卦”，永乐本同；单疏本作“是减三而益上卦”，足利本、八行本、闽本、明监本、毛本同。阮记无说，卢记补云：“闽、监、毛本作‘是减三而益上卦’，案：‘减’字是也，‘三而’两字犹误，当作‘是减下卦益上卦’，此‘云’字，与次行‘卦’字正相并，互易而讹。”“及晋卦象卦”，刘本（元）同；单疏本作“及晋卦象云”，足利本、八行本、十行本、永乐本、闽本、明监本、毛本同。阮记无说，卢记补云：“案：下‘卦’字当作‘云’，以与前行‘云’字正相并，互易而讹也。”单疏本《疏》文云：“反言‘上行皆所之在贵’者，辅嗣此注，恐畏之，适五位则是上行，故于此明之，凡言‘上行’，但所之在进，皆曰上行，不是唯向五位，乃称上行也，故《谦卦·序》，《象》云：地道卑而上行，坤体在上，故摁云‘上行’，不止五也，又《损卦》《象》云：损下益上曰上行，是减三而益上卦，谓之上行，是以不据五也。”则此处之“减”正对“损”而言，减三即损下，三如何可灭？灭字显误，减三损下而益上卦，犹可谓之上行，则此上行，亦非向五而进之义也，单疏本《疏》文又云：“然则，此云上行，及

《晋卦》《象》云上行，既在五位，而又称上行，则似若王者，虽在尊位，犹意在欲进"，据此，则虽已至五，上行犹不止，如王者在尊位，犹意欲进也，则作"云"是也，当从单疏本等。"灭"字或因形近而讹，"卦""云"互误亦因并行相乱也，卢记是也。

47 页十二右 屡校灭趾

按："趾"，足利本、八行本、十行本、刘本（元）、永乐本、闽本、明监本、毛本、抚本、建本、岳本、唐石经、白文本皆同，《要义》所引亦同。阮记引文"屡校灭趾"，云："石经、岳本、闽、监、毛本同，《释文》：'灭趾'本亦作'趾'，毛本'校'讳'挍'，下同。"卢记引文"屡校灭趾"，余同。诸本皆同，单疏本《疏》文云"'屡校灭趾'者"，则其所见本亦作"趾"，《释文》所据或为别本也。阮记引文之"屡"显为"屡"字之讹。

48 页十二右 桎其小过

按："桎"，单疏本、足利本、八行本、十行本、刘本（元）、永乐本、闽本、明监本、毛本皆同。阮记云："闽、监、毛本同，浦镗云：'桎，当惩字误'。"卢记同。诸本皆同，注"故屡校灭趾，桎其行也"，单疏本《疏》文云"故校之在足，已没其趾，桎其小过，诫其大恶"，《疏》文之"桎"正本注文之"桎"，浦说毫无依据，纯属猜测，不可信从也。《举正》谓浦说失之，是也。

49 页十二右 不行也

按：足利本、八行本、十行本、刘本（元）、永乐本、闽本、明监本、毛本、抚本、建本、岳本、唐石经、白文本皆同。阮记云："石经、岳本、闽、监、毛本同，《释文》：或本作'止不行也'。"卢记同。诸本皆同，《释文》所据或为别本也。

50 页十二左 柔脆之物也

按："脆"，足利本、八行本、十行本、刘本（元）、永乐本、闽本、明监本、毛本、抚本、建本同；岳本作"脃"。阮记云："闽、监、毛本同，岳本'脆'作'脃'，《释文》出'脃'字，按：'脆'，俗'脃'字。"卢记同。单疏本《疏》文云"是柔脆之物"，则其所见本作"脆"，脆、脃二字可通也。

51 页十二左 失政刑人

按："政"，十行本、刘本（元）、永乐本、闽本、明监本、毛本同；单疏本作"正"，足利本、八行本同。阮记云："闽、监、毛本同，钱本、宋本

'政'作'正'。"卢记同。注云"然承于四而不乘刚，虽失其正，刑不侵顺"，单疏本《疏》文云"三处下体之上，失正刑人，刑人不服"，《疏》文之"正"正本注文之"正"，作"正"是也，当从单疏本等。《举正》谓当作"正"，是也。

52 页十二左　噬干乾肺

按："肺"，足利本、八行本、十行本、刘本（元）、永乐本、闽本、明监本、毛本、抚本、建本、岳本、唐石经、白文本皆同。阮记云："石经、岳本、闽、监、毛本同，《释文》：'肺'，子夏作'脯'，荀、董同。"卢记同。诸本皆同，《释文》所引或为别本也。

53 页十二左　利艰贞吉

按：足利本、八行本、十行本、刘本（元）、永乐本、闽本、明监本、毛本、抚本、建本、岳本、唐石经、白文本皆同。阮记云："岳本、闽、监、毛本同，石经'贞'下旁添'大'字。"卢记同。诸本皆同，单疏本《疏》文云"'利艰贞吉'者"，则其所见本同，唐石经所注"大"字，不明何义。

54 页十二左　而居其非位

按："其非"，十行本、刘本（元）、永乐本、闽本、明监本、毛本同；足利本作"非其"，八行本、抚本、建本、岳本同。阮记云："闽、监、毛本同，岳本、宋本、古本、足利本'其非'作'非其'，孙志祖云：据《疏》，应作'居非其位'。"卢记同。居其非位，其非位，不辞，上注云"履非其位"，则作"非其位"是也，当从抚本等。

55 页十三右　居其非位以斯治物

按："其非"，十行本、刘本（元）、永乐本、闽本同；单疏本作"非其"，足利本、八行本、明监本、毛本同。阮记云："钱本、宋本'其非'作'非其'，闽、监、毛本'斯'下衍'道'字。"卢记同。《疏》文乃承注文而来，参考上条，可知当作"非其位"，当从单疏本等。

56 页十三右　未光也

按：足利本、八行本、十行本、刘本（元）、永乐本、闽本、明监本、毛本、抚本、建本、岳本、唐石经、白文本皆同。阮记云："石经、岳本、闽、监、毛本同，《释文》出'未光大也'，云：本亦无'大'字。"卢记同。诸本皆同，单疏本《疏》文标起止"至未光也"，又云："故《象》云'未光也'"，则其所见本同，《释文》所据或为别本也。

57 页十三右 何校灭耳凶

按："何"，足利本、八行本、十行本、刘本（元）、永乐本、闽本、明监本、毛本、抚本、建本、岳本、唐石经、白文本皆同，《要义》所引亦同。阮记云："石经、岳本、闽、监、毛本同，古本'何'作'荷'，《象》同，《释文》云：'何'，校本亦作'荷'，下同。"卢记同。诸本皆同，单疏本《疏》文标起止"上九何校至不明也"，云："'何校灭耳凶'者"，则其所见本亦作"何"，检敦煌残卷伯二五三〇《易·噬嗑》经文作"何"，则《释文》所据或为别本也。

58 页十三左 聪不明也

按："也"，足利本、八行本、十行本、刘本（元）、永乐本、闽本、明监本、毛本、抚本、建本、岳本、唐石经、白文本皆同，《要义》所引亦同。阮记云："岳本、闽、监、毛本同，古本脱'也'字。"卢记同。诸本皆同，单疏本《疏》文标起止"上九何校至不明也"，云："故《象》云'聪不明也'"，则其所见本有"也"字，检敦煌残卷伯二五三〇《易·噬嗑》经文有"也"字，古本误脱也。

59 页十三左 小利有攸往

按：足利本、八行本、十行本、刘本（元）、永乐本、闽本、明监本、毛本、抚本、建本、岳本、唐石经、白文本皆同，《要义》所引亦同。阮记云："岳本、闽、监、毛本同，石经'利'下旁添'贞'字。"卢记同。诸本皆同，单疏本《疏》文标起止"贲亨小利有攸往"，云："故云'小利有攸往'也"，则其所见本同，检敦煌残卷伯二五三〇《易·贲》经文作"小利有攸往"，唐石经所注"贞"字，不明何义。

60 页十四右 居坤极

按："居"，十行本、刘本（嘉靖）、永乐本、闽本、明监本、毛本同；单疏本作"上居"，足利本、八行本同，《要义》所引亦同。阮记云："闽、监、毛本同，钱本、宋本上有'上'字。"卢记同。单疏本《疏》文云"乾性刚亢，故以己九二上居坤极"，贲卦上九，此上九，乃乾卦九二，上居坤卦之上六，由二至上，故谓之上，"上"字不可阙，当从单疏本等。

61 页十四右 不为顺首

按："顺"，十行本、刘本（嘉靖）、永乐本、闽本、明监本、毛本同；单疏本作"物"，足利本、八行本同，《要义》所引亦同。阮记云："闽、监、毛本同，钱本、宋本'顺'作'物'。"卢记同。单疏本《疏》文云"坤性柔顺，不为物首"，若作"顺首"，不惟义不可知，两"顺"亦涉重复，揆诸文义，作"物"是也，当从单疏本等。

62 页十四左 观天之文则时变可知也观人之文则化成可为也

按：刘本（嘉靖）、永乐本、闽本、明监本、毛本同；足利本作"解天之文则时变可知也解人之文则化成可为也"，八行本、十行本、抚本、建本、岳本同。阮记云："闽、监、毛本同，岳本、宋本、古本、足利本，二'观'字作'解'，古本'为'作'知'，《释文》出'解天'，音蟹，下同。"卢记同。检敦煌残卷伯二五三〇《易·贲》注文作"解天之文则时变可知也解人之文则化成可为者也"，则当从抚本作二"解"字。

63 页十四左 齐麦生也

按："齐"，十行本、刘本（嘉靖）、永乐本、闽本、明监本、毛本同；单疏本作"荠"，足利本、八行本同，《要义》所引亦同。阮记云："闽、监、毛本同，钱本、宋本'齐'作'荠'，是也。"卢记同。齐麦，不知何物，作"荠"是也，当从单疏本等。《正字》云："'荠'，误'齐'。"是也，或为阮记所本。

64 页十四左 君子以明庶政

按："明"，足利本、八行本、十行本、刘本（嘉靖）、永乐本、闽本、明监本、毛本、抚本、建本、岳本、唐石经、白文本皆同。阮记云："石经、岳本、闽、监、毛本同，《释文》：'明'，蜀才本作'命'。"卢记同。诸本皆同，单疏本《疏》文云"'以明庶政'者"，则其所见本作"明"，检敦煌残卷伯二五三〇《易·贲》经文作"明"，则《释文》所引或为别本也。

65 页十四左 而无敢折狱

按：足利本、八行本、十行本、刘本（嘉靖）、永乐本、闽本、明监本、毛本、抚本、建本、岳本皆同。阮记云："岳本、闽、监、毛本同，古本下有'也'字。"卢记同。诸本皆同，检敦煌残卷伯二五三〇《易·贲》注文有"也"字，有"也"字者，或为别本也。

66 页十四左 贲其趾舍车而徒

按：足利本、八行本、十行本、刘本（嘉靖）、永乐本、闽本、明监本、毛本、抚本、建本、岳本、唐石经、白文本皆同，《要义》所引亦同。阮记云："石经、岳本、闽、监、毛本同，《释文》：'趾'，一本作'止'，'车'，郑、张本作'舆'。"卢记同。诸本皆同，单疏本《疏》文云"'贲其趾舍车而徒'者"，则其所见本同，检敦煌残卷伯二五三〇《易·贲》经文作"贲其趾舍车而徒"，则《释文》所引或为别本也。

67 页十五右 贲如皤如

按："皤"，足利本、八行本、十行本、刘本（嘉靖）、永乐本、闽本、明监本、毛本、抚本、建本、岳本、唐石经、白文本皆同，《要义》所引亦同。阮记云："石经、岳本、闽、监、毛本同，《释文》：'皤'，郑、陆作'燔'，荀作'波'。"卢记同。诸本皆同，单疏本《疏》文云"'贲如皤如'者"，则其所见本作"皤"，检敦煌残卷伯二五三〇《易·贲》经文作"皤"，则《释文》所引或为别本也。

68 页十五右 欲静则疑初之应

按："疑"，十行本、刘本（嘉靖）、永乐本、闽本、明监本、毛本同，《要义》所引亦同；足利本作"钦"，八行本、抚本、建本、岳本同。阮记云："闽、监、毛本同，《集解》'疑'作'失'，岳本、宋本、古本、足利本作'钦'。"卢记同。钦者，思望也，抚本王注云"有应在初，而阂于三，为己寇难，二志相感，不获通亨，欲静则钦初之应，欲进则惧三之难"，有应在初，谓六四有初九之应，然隔于九三，故欲进而惧九三，欲静又思初九，此其大义也。《井》卦爻辞九三，王注云"既嘉其行，又钦其用"，其用法与此处同，又检敦煌残卷伯二五三〇《易·贲》注文正作"钦"，则作"钦"是也。

69 页十五左 贲于丘园束帛戋戋

按：足利本、八行本、十行本、刘本（嘉靖）、永乐本、闽本、明监本、毛本、抚本、建本、岳本、唐石经、白文本皆同，《要义》所引亦同。阮记云："石经、岳本、闽、监、毛本同，《释文》：黄本'贲'作'世'，'戋戋'，子夏《传》作'残残'。"卢记同。诸本皆同，检敦煌残卷伯二五三〇《易·贲》经文作"贲于丘园束帛戋戋"，则《释文》所引或为别本也。

70 页十五左 贲于丘园帛乃戋戋

按：八行本、十行本、刘本（嘉靖）、永乐本、闽本、明监本、毛本、抚本、建本、岳本同，《要义》所引亦同；足利本作"贲于丘束帛乃戋戋"。阮记云："岳本、闽、监、毛本同，宋本'园'作'束'，古本、足利本'帛'上有'束'字。"卢记同。诸本皆同，丘字单辞不成义，"丘园"是也，单疏本《疏》文云"'贲于丘园帛乃戋戋'者"，则其所见本同，检敦煌残卷伯二五三〇《易·贲》注文作"贲于丘园帛乃戋戋"，亦可为证，足利本似误。阮记所引宋本与足利本合，则其所谓宋本实谓足利本也。内阁文库藏八行抄本《周易注疏》则"贲于丘园帛乃戋戋"，则其底本似非足利本也。

71 页十六右 用不士费财物

按："用不士"，刘本（嘉靖）同；单疏本作"则不縻"，十行本、永乐本、闽本同；足利本作"则不靡"，八行本同，《要义》所引亦同；明监本作"则不糜"，毛本同。阮记云："宋本'用不士'作'则不靡'，闽本作'则不縻'，监、毛本作'则不糜'。"卢记同。縻费，为辞，縻、靡、糜可通，然当从单疏本等。

72 页十六右 不困聘上则丘园之上乃落也

按：刘本（嘉靖）同；单疏本作"不用聘士则丘园之士乃落也"，足利本、八行本、十行本、永乐本、闽本、明监本、毛本同，《要义》所引亦同。阮记无说，卢记补云："毛本'不困'作'不用'，二'上'字并作'士'。"考单疏本《疏》文云"诸儒以为若贲饰束帛，不用聘士，则丘园之士乃落也，若贲饰丘园之士"，以后例前，作"士"是也，当从单疏本等。

73 页十六右 故在其质素

按："在"，十行本、刘本（嘉靖）、永乐本、闽本、明监本、毛本同；足利本作"任"，八行本、抚本、建本、岳本同。阮记云："闽、监、毛本同，岳本、宋本、古本、足利本'在'作'任'，是也。《疏》引亦当依宋本作'任'。"卢记同。单疏本《疏》文云"'故任其质素'"，则其所见本作"任"，检敦煌残卷伯二五三〇《易·贲》注文作"任"，作"任"是也，当从抚本等。

74 页十六左 道消之时

按："道"，单疏本、足利本、八行本、十行本、刘本（嘉靖）、永乐本、闽本同；明监本作"在"，毛本同。阮记云："钱本、宋本、闽本同，监、毛本

'道'作'在',下'道息之时'同。"卢记同。在消,不辞,作"道"是也,当从单疏本等。

77　75 页十六左 道息之时

按:"道",单疏本、足利本、八行本、十行本、刘本(嘉靖)、永乐本、闽本同;明监本作"在",毛本同。阮记、卢记皆无说。在息,不辞,作"道"是也,当从单疏本等。

76 页十六左 行盈道也

按:十行本、刘本(嘉靖)、永乐本、闽本同;单疏本作"行息道也在盈之时行盈道也",足利本、八行本、明监本、毛本同。阮记云:"闽本同,监、毛本上有'行息道也在盈之时'八字。"卢记同。单疏本《疏》文云"君子通达物理,贵尚消息盈虚,道消之时,行消道也,道息之时,行息道也,在盈之时,行盈道也,在虚之时,行虚道也",前言"贵尚消息盈虚",后分别解释所谓消、息、盈、虚,可谓前后呼应,丝丝入扣,若无此八字,则语意横断,显然有误,当从单疏本等也。

77 页十七右 蔑贞凶

按:"蔑",足利本、八行本、十行本、刘本(嘉靖)、永乐本、闽本、明监本、毛本、抚本、建本、岳本、唐石经、白文本皆同,《要义》所引亦同。阮记云:"石经、岳本、闽、监、毛本同,《释文》:'蔑',荀作'灭'。"卢记同。诸本皆同,单疏本《疏》文云"'蔑贞凶'者",则其所见本作"蔑",检敦煌残卷伯二五三〇《易·剥》经文亦作"蔑",则《释文》所引或为别本也。

78 页十七右 犹削也

按:"削",足利本、八行本、十行本、刘本(嘉靖)、永乐本、闽本、明监本、毛本、抚本、建本、岳本皆同,《要义》所引亦同。阮记云:"岳本、闽、监、毛本同,《释文》:'削'或作'消',此从荀本也,下皆然。"卢记同。诸本皆同,单疏本《疏》文云"故以蔑为削",则其所见本作"削",检敦煌残卷伯二五三〇《易·剥》注文亦作"削",则《释文》所引或为别本也,当从抚本等。

79 页十七左 转欲蔑物之处

按:十行本、刘本(嘉靖)、永乐本、闽本、明监本、毛本同;单疏本作"转欲灭物之所处",足利本、八行本同。阮记云:"闽本、监、毛本同,宋本

'蔑'作'灭','处'上有'所'字。"卢记同。考王注"稍近于牀转欲灭物之所处",单疏本《疏》文云"'稍近于牀转欲灭物之所处'者",乃引注文以释,则当从单疏本等。《正字》云:"脱,'所'字。"是也。

80 页十七左 剥之无咎

按:足利本、八行本、十行本、刘本(嘉靖)、闽本、明监本、毛本、抚本、建本、岳本、唐石经、白文本皆同,《要义》所引亦同;永乐本作"剥之無咎"。阮记云:"石经、岳本、闽、监、毛本同,《释文》出'剥无咎',云:一本作'剥之无咎',非。"卢记同。单疏本《疏》文标起止云"六三剥之至上下",则其所见本有"之"字,检敦煌残卷伯二五三○《易·剥》经文作"剥无咎",有无"之"字,乃别本之异,《释文》以无者为是,未见其必也。

81 页十七左 剥牀以肤凶

按:"肤",足利本、八行本、十行本、刘本(嘉靖)、永乐本、闽本、明监本、毛本、抚本、建本、岳本、唐石经、白文本皆同。阮记云:"石经、岳本、闽、监、毛本同,《释文》:'肤',京作'簠'。"卢记同。诸本皆同,单疏本《疏》文云"'剥牀以肤'者",则其所见本作"肤",检敦煌残卷伯二五三○《易·剥》经文亦作"肤",则《释文》所引或为别本也。

82 页十八右 君子得舆

按:足利本、八行本、十行本、刘本(嘉靖)、永乐本、闽本、明监本、毛本、抚本、建本、岳本、唐石经、白文本皆同,《要义》所引亦同。阮记云:"石经'舆'字漫漶,岳本、闽、监、毛本同,《释文》:'得舆',京作'德舆',董作'得车'。"卢记同。诸本皆同,单疏本《疏》文云"'君子得舆'者",则其所见本作"得舆",检敦煌残卷伯二五三○《易·剥》经文亦作"得舆",则《释文》所引或为别本也。

83 页十八左 养育其民

按:单疏本、十行本、刘本(嘉靖)、永乐本、闽本、明监本、毛本同,《要义》所引亦同;足利本作"养育其口民",八行本同。阮记云:"闽本、监、毛本同,宋本'其民'间阙一字。"卢记同。单疏本"其""民"之间不空格,《要义》所引同,非有阙字也。

84 页十八左 朋来无咎

按:"朋",足利本、八行本、十行本、刘本(嘉靖)、永乐本、闽本、明监本、毛本、抚本、建本、岳本、唐石经、白文本皆同，《要义》所引亦同。阮记云："石经、岳本、闽、监、毛本同，《释文》：'朋来'，京作'崩'。"卢记同。诸本皆同，单疏本《疏》文云"'朋来无咎'者"，则其所见本作"朋"，检敦煌残卷伯二五三〇《易·复》经文亦作"朋"，则《释文》所引或为别本也。

85 页十八左 反复其道

按："复"，足利本、八行本、十行本、刘本（嘉靖）、永乐本、闽本、明监本、毛本、抚本、建本、岳本、唐石经、白文本皆同，《要义》所引亦同。阮记云："石经、岳本、闽、监、毛本同，《释文》：'反复'，本又作'覆'，《象》并注'反复'皆同。"卢记同。诸本皆同，单疏本《疏》文云"'反复其道七日来复'者"，则其所见本作"复"，检敦煌残卷伯二五三〇《易·复》经文亦作"复"，则《释文》所引或为别本也。

86 页十八左 欲速反之与复

按："速"，十行本、刘本（嘉靖）、永乐本、闽本、明监本、毛本同，《要义》所引亦同；单疏本作"使"，足利本、八行本同。阮记云："闽本、监、毛本同，宋本'速'作'使'。"卢记同。单疏本《疏》文云"欲使反之与复而得其道，不可过远，唯七日则来复，乃合于道也"，若作"速"，则显与"七日而返"相悖，揆诸文义，作"使"是也，当从单疏本等。

87 页十九右 正义曰阳气始剥尽

按：十行本、刘本（嘉靖）、永乐本、闽本、明监本、毛本同；单疏本作"注阳气至凡七日正义曰阳气始剥尽"，足利本、八行本同。阮记云："闽本、监、毛本同，案：此《疏》系释注，在释经后，钱本上标'注阳气至凡七日'是也。"卢记同。阮记是也，此段《疏》文乃释注文，七字不可或缺，当从单疏本等。

88 页十九右 反覆不过七日

按："覆"，足利本、八行本、十行本、刘本（嘉靖）、永乐本同，《要义》所引亦同；闽本作"复"，明监本、毛本、抚本、建本、岳本同。阮记云："钱本同，岳本、闽、监、毛本'覆'作'复'。"卢记同。检敦煌残卷伯二五三〇《易·复》注文作"覆"，则覆、复或为别本之异，然作"覆"似胜。

89 页十九左 复见天地之心乎

按："复"，十行本、刘本（嘉靖）、永乐本、闽本同；明监本作"复其"，毛本同。阮记云："闽本同监，毛本'复'下有'其'字。"卢记同。此"其"字似监本等所增，不知其依据为何，似误。

90 页二十右 闭塞其关也商旅不行于道路也

按："也"，单疏本、足利本、八行本、十行本、刘本（元）、永乐本、闽本、明监本、毛本皆同。阮记云："卢文弨云上'也'字当作'使'，属下句。"卢记同。诸本皆同，卢说不知何据，纯属猜测，不可信从，当从单疏本等。缪记云"此二事分释，故各用也字"，是也。《举正》谓卢说失之，亦是。

91 页二十左 无祇悔

按："祇"，十行本、刘本（元）、永乐本、闽本、明监本、毛本、建本、岳本、白文本同，《要义》所引亦同；足利本作"祇"、八行本、抚本、唐石经同。阮记云："岳本、闽、监、毛本同，石经'祇'作'祇'，《释文》：王肃作'禔'，九家本作'㩻'。"卢记同。单疏本《疏》文云"'无祇悔元吉'者"，则其所见本作"祇"，检敦煌残卷伯二五三〇《易·复》经文亦作"祇"，《释文》出字"无祇"，云："音支"，则其字似当写作"祇"，而与后世读祁之"祇"，有别也。

92 页二十左 遂至迷凶

按："迷"，十行本、刘本（元）、永乐本、闽本、明监本、毛本、抚本、建本、岳本同，《要义》所引亦同；足利本作"远"、八行本同。阮记云："岳本、闽、监、毛本同，宋本'迷'作'远'。"卢记同。抚本王注云"复之不速，遂至迷凶"，迷凶，沉迷于凶也，沉迷于兄乃因复之不速，若作远，则语意正相悖离，作"迷"是也，检敦煌残卷伯二五三〇《易·复》注文亦作"迷"，亦可为证，当从抚本等。

93 页二十左 频复

按："频"，足利本、八行本、十行本、刘本（元）、永乐本、闽本、明监本、毛本、抚本、建本、岳本、唐石经、白文本皆同，《要义》所引亦同。阮记云："石经、岳本、闽、监、毛本同，《释文》：本又作'嚬'，郑作'颦'。"卢记同。诸本皆同，单疏本《疏》文云"'频复'者"，则其所见本作"频"，检敦煌残卷伯二五三〇《易·复》经文亦作"频"，作"频"是也，则《释文》

所引或为别本也。

94 页二十左 频蹙之貌也

按："蹙"，足利本、八行本、十行本、刘本（元）、永乐本、闽本、明监本、毛本、抚本、建本、岳本皆同，《要义》所引亦同。阮记云："岳本、闽、监、毛本同，《释文》出'频戚'：于寂反，下同。"卢记同。诸本皆同，检敦煌残卷伯二五三〇《易·复》注文作"慼"，则蹙、慼、戚互为别本也。

95 页二十一右 已失复远矣

按："失"，足利本、八行本、十行本、刘本（元）、永乐本、闽本、明监本、毛本、抚本、建本同，《要义》所引亦同；岳本作"去"。阮记云："闽、监、毛本同，岳本'失'作'去'。"卢记同。检敦煌残卷伯二五三〇《易·复》注文亦作"失"，似当作"失"，然单疏本《疏》文云"去复未甚大远"，则其所见本或作"去"也。

96 页二十一左 能自考其身

按："考"，十行本、刘本（元）、永乐本、闽本、明监本、毛本同；单疏本作"考成"，足利本、八行本同。阮记云："闽、监、毛本同，钱本、宋本'考'下有'成'字。"卢记同。单疏本《疏》文云"既能履中，又能自考成其行……以其处中，能自考成其身"，"考成"为《疏》文成语，前后呼应可证，则"成"字不可阙，当从单疏本等。

97 页二十一左 有災

按："災"，足利本、八行本、十行本、刘本（元）、永乐本、闽本、明监本、毛本、抚本、建本、岳本、唐石经、白文本皆同，《要义》所引亦同。阮记云："石经、岳本、闽、监、毛本同，《释文》出'有灾'，云：本又作'災'，郑作'裁'。"卢记同。诸本皆同，单疏本《疏》文云"'有災眚'者"，则其所见本作"災"，检敦煌残卷伯二五三〇《易·复》经文作"灾"，则"災""灾"或为别本之异。

98 页二十二右 无妄之道成

按："道"，足利本、八行本、十行本、刘本（元）、永乐本、闽本、明监本、毛本、抚本、建本、岳本皆同。阮记云："岳本、闽、监、毛本同，古本'道'作'德'。"卢记同。诸本皆同，单疏本《疏》文云"云'使有妄之道灭，无妄之道成'者"，则其所见本作"道"，检敦煌残卷伯二五三〇《易·无妄》

注文作"道"，则作"道"是也。

99 页二十二左　天命不祐

按："祐"，足利本、八行本、十行本、刘本（元）、永乐本、闽本、明监本、毛本、抚本、建本、岳本、唐石经、白文本皆同。阮记云："石经、岳本、闽、监、毛本同，《释文》出'不祐'，本又作'祐'，马作'右'。"卢记同。诸本皆同，单疏本《疏》文云"'天命不祐'"，则其所见本作"祐"，检敦煌残卷伯二五三〇《易·无妄》经文作"祜"，则"祐""祜"或为别本之异。

100 页二十二左　身既非正在无妄之世

按："非"，单疏本、足利本、八行本、十行本、刘本（元）、永乐本、闽本同；明监本作"匪"，毛本同。阮记云："钱本、闽本同，监、毛本'非'作'匪'。"卢记无。宋元诸本皆作"非"，下文"身既非正欲有所往"，明监本、毛本皆作"非"不作"匪"，则作"非"是也，当从单疏本等。

101 页二十三右　唯王者其德乃耳

按："耳"，单疏本、足利本、八行本、十行本、刘本（嘉靖）、永乐本、闽本同；明监本作"尔"，毛本同。阮记云："钱本、宋本、闽本同，监、毛本'耳'作'尔'。〇按：监、毛本是也。"卢记同。宋元诸本皆作"耳"，明监本等改作"尔"，不知所据，岂可信从，阮记按语是之，亦非，当从单疏本等。

102 页二十三右　不敢菑发新田

按："菑"，单疏本、足利本、八行本、十行本、刘本（嘉靖）、永乐本、闽本同，《要义》所引亦同；明监本作"首"，毛本同。阮记云："宋本、闽本同，钱本、监、毛本'菑'作'首'。〇按：卢文弨云：首发新田，正谓菑也，钱本是。"卢记同。宋元诸本皆作"菑"，此处之"菑"正本经文之"菑"，明监本等改作"首"，不知所据，岂可信从，卢氏是之，亦非，当从单疏本等。《举正》谓钱本非是，卢说失之，是也。

103 页二十三右　唯治其菑熟之地皆是不为其始

按："菑"，十行本、刘本（嘉靖）、永乐本、闽本、明监本、毛本同；单疏本作"畬"，足利本、八行本同，《要义》所引亦同。"始"，刘本（嘉靖）、闽本、明监本、毛本同；单疏本作"初"，足利本、八行本、十行本、永乐本同，《要义》所引亦同。阮记云："钱本、闽、监、毛本同，宋本'菑'作'畬'，'始'作'初'。〇按：卢文弨云：菑熟之地，正谓畬也，钱本是。"卢记同。考经云"不耕获，不菑畬"，注云"不耕而获，不菑而畬"，则耕、菑一事，皆谓始发新田而稼之；获、畬一事，皆谓待彼禾熟而穑之，故《疏》文本注释经云："不敢菑发新田"，此解"菑"；"唯治其畬熟之地"，此解"畬"；此句若作"菑"，菑者方耕，岂可与禾熟并列？阮记上条按语引卢文弨语，云"首发新田正谓菑"，此处又云"畬熟之地"，二者岂非前后矛盾乎？作"畬"是也，当从单疏本等，卢说大谬，不可信从。"不为其初"，正是始义，宋元诸本皆同，作"初"是也，当从单疏本等。

104 页二十三右 象曰不耕获

按：足利本、八行本、十行本、刘本（嘉靖）、永乐本、闽本、明监本、毛本、抚本、建本、岳本、唐石经、白文本皆同。阮记云："岳本、闽、监、毛本同，古本'获'上有'而'字，石经初刻亦有'而'字，后改删去，故此行止九字。"卢记同。诸本皆同，单疏本《疏》文云"'象曰不耕获未富也'者"，则其所见本无"而"字，检敦煌残卷伯二五三〇《易·无妄》经文作"而获"，则有无"而"字或为别本之异。

105 页二十三左 六二阴居阳位

按："二"，刘本（嘉靖）、闽本、明监本、毛本同；单疏本作"三"，足利本、八行本、永乐本同，《要义》所引亦同；十行本作"二"。阮记云："闽、监、毛本同，钱本、宋本'二'作'三'，是也。"卢记同。此处《疏》文本释六三爻辞，则作"二"显误，十行本作"二"，似"三"阙去最下一横，后世各本承之，遂讹为"二"，其变迁之迹显然，作"三"是也，当从单疏本等。瞿记云"三不误二"，则其家藏十行本不误，与刘本、阮本之底本不同。

106 页二十三左 行唱始之道

按："唱"，单疏本、足利本、八行本、十行本、刘本（嘉靖）、永乐本、闽本同，《要义》所引亦同；明监本作"创"，毛本同。阮记云："宋本、闽本同，监、毛本'唱'改'创'。"卢记同。宋元诸本皆作"唱"，明监本等改作"创"，不知所据，岂可信从，当从单疏本等。

107 页二十四左 大畜

按：足利本、八行本、十行本、刘本（嘉靖）、永乐本、闽本、明监本、毛本、抚本、建本、岳本、唐石经、白文本皆同，《要义》所引亦同。阮记云："石经、岳本、闽、监、毛本同，《释文》：本又作'蓄'。"卢记同。诸本皆同，单疏本《疏》文云"'大畜利贞至大川'",则其所见本作"大畜",检敦煌残卷伯二五三〇《易·大畜》经文作"大畜",则作"蓄"或为别本之异。

108 页二十四左　当须养顺贤人

按："顺",十行本、刘本（嘉靖）、永乐本、闽本、明监本、毛本同；单疏本作"赡",足利本、八行本同,《要义》所引亦同。阮记云："闽、监、毛本同,钱本、宋本'顺'作'赡',是也。"卢记同。养顺,不辞,单疏本《疏》文云："当须养赡贤人,不使贤人在家自食","赡"、"食"前后相对,作"赡"是也,当从单疏本等。

109 页二十四左　丰则养贤

按："则",十行本、刘本（嘉靖）、永乐本、闽本、明监本、毛本同；单疏本作"财",足利本、八行本同,《要义》所引亦同。阮记云："闽、监、毛本同,钱本、宋本'则'作'财'。"卢记同。所丰者财也,以财养贤,作"财"是也,当从单疏本等。

110 页二十四左　刚健笃实辉光

按："辉",十行本、刘本（嘉靖）、永乐本、闽本、明监本、毛本同；足利本作"煇",八行本、抚本、建本、岳本、白文本、唐石经同,《要义》所引亦同。阮记云："闽、监、毛本同,岳本、钱本'辉'作'煇',《释文》：煇音辉。石经'煇'旁'火',系磨改,当是初刻'辉'后改煇。"卢记同。单疏本《疏》文云"'辉光日新其德'者",则其所见本作"辉",检敦煌残卷伯二五三〇《易·大畜》经文作"煇",则作"煇""辉"或为别本之异。

111 页二十五右　而即损落

按："损",刘本（嘉靖）同；单疏本作"陨",足利本、八行本、十行本、永乐本、闽本、明监本、毛本同。阮记无说,卢记补云："案：'损'当作'陨',上'既荣而陨者'可证,下'不有损落'同。"损落,不辞,作"损"显误,当从单疏本等。唯有刘本与阮本同,可见二者关系实为密切。

112 页二十五右　既见乾来而不距逆

按："见",单疏本、足利本、八行本、十行本、刘本（嘉靖）、永乐本同；闽本作"是",明监本、毛本同。阮记云："宋本同,闽、监、毛本'见'作'是'。"卢记同。既是,不辞,作"见"是也,当从单疏本等。

113 页二十五左　君子以多识前言往行

按："识"，足利本、八行本、十行本、刘本（嘉靖）、永乐本、闽本、明监本、毛本、抚本、建本、岳本、唐石经、白文本皆同，《要义》所引亦同。阮记云："岳本、闽、监、毛本同，《释文》：'识'，刘作'志'。石经'以多'字漫漶，'识'字存下半。"卢记同。诸本皆同，单疏本《疏》文云"'君子以多识前言往行以畜其德'者"，则其所见本作"识"，检敦煌残卷伯二五三○《易·大畜》经文作"识"，则作"志"或为别本之异。

114 页二十五左　有厉利巳

按："巳"，足利本、八行本、十行本、刘本（嘉靖）、永乐本、闽本、明监本、毛本、抚本、建本、岳本、唐石经、白文本皆同，《要义》所引亦同。阮记云："岳本、闽、监、毛本同，《释文》：'利巳'，夷止反，或音纪，姚同，案：音纪则字当作'己'，石经作'巳'。"卢记同。诸本皆同，单疏本《疏》文云"'有厉利巳'者"，则其所见本作"巳"，检敦煌残卷伯二五三○《易·大畜》经文作"巳"，古代经典"巳""己""已"往往不分，唯以音声相别也。

115 页二十六右　故能利巳

按：足利本、八行本、十行本、刘本（嘉靖）、永乐本、闽本、明监本、毛本、抚本、岳本、唐石经、白文本同；建本作"固能利巳"。阮记云："岳本、闽、监、毛本同，案：《释文》：'己利'下云注'能己'同，此文作'能利己'与《释文》不合，古本下有'也'字。"卢记同。检敦煌残卷伯二五三○《易·大畜》注文作"故能巳也"，有无"利"字或为别本之异。

116 页二十六右　舆说輹

按：足利本、八行本、十行本、刘本（嘉靖）、永乐本、闽本、明监本、毛本、抚本、建本、岳本、唐石经、白文本皆同。阮记云："石经、岳本、闽、监、毛本同，《释文》：'舆'本或作'轝'，'輹'蜀才本同，或作'辐'。○按：作'輹'是也。"卢记同。诸本皆同，单疏本《疏》文云"则舆说其辐车破败也"，则其所见本或作"舆说辐"，检敦煌残卷伯二五三○《易·大畜》经文作"舆说輹"，"舆""轝""輹""辐"或为别本之异。

117 页二十六右　良马逐

按：足利本、八行本、十行本、刘本（嘉靖）、永乐本、闽本、明监本、毛本、抚本、建本、岳本、唐石经、白文本皆同，《要义》所引亦同。阮记云：

"石经、岳本、闽、监、毛本同,《释文》:郑本作'逐逐'。"卢记同。诸本皆同,单疏本《疏》文云"'良马逐'者",则其所见本作"逐",检敦煌残卷伯二五三〇《易·大畜》经文作"良马逐","马逐""逐逐"或为别本之异。

118 页二十六右 曰闲舆衡

按:"曰",足利本、八行本、十行本、刘本(嘉靖)、永乐本、闽本、明监本、毛本、抚本、建本、岳本、唐石经、白文本皆同,《要义》所引亦同。阮记云:"石经、岳本、闽、监、毛本同,《释文》:'曰'音越,郑人实反。〇按:'人实反'则当为日月字。"卢记同。诸本皆同,单疏本《疏》文云"'曰闲舆衡'者",则其所见本作"曰",检敦煌残卷伯二五三〇《易·大畜》经文作"曰",作"曰"是也。

119 页二十六右 不忧险厄

按:"厄",单疏本、足利本、八行本、十行本、刘本(嘉靖)、永乐本、闽本、明监本、毛本皆同。阮记云:"闽、监、毛本同,岳本'厄'作'阨'。《释文》出'险阨',云本亦作'厄'。"卢记同。阮本圈字在《疏》文"不忧险厄",而据阮记、卢记所云则是为王注"不忧险厄"而发,疑阮本圈字时误置于《疏》也。注文"不忧险厄"之"厄",足利本、八行本、十行本、刘本(嘉靖)、永乐本、闽本、明监本、毛本、抚本同;建本作"巳";岳本作"阨",《要义》所引同。检敦煌残卷伯二五三〇《易·大畜》注文作"厄","厄""阨"或为别本之异,作"巳"似误。

120 页二十六左 童牛之牿

按:"牿",足利本、八行本、十行本、刘本(嘉靖)、永乐本、闽本、明监本、毛本、抚本、建本、岳本、唐石经、白文本皆同。阮记云:"石经、岳本、闽、监、毛本同,《释文》:'牿',九家作'告'。"卢记同。诸本皆同,单疏本《疏》文云"'童牛之牿'者",则其所见本作"牿",检敦煌残卷伯二五三〇《易·大畜》经文作"牿","牿""告"或为别本之异。

121 页二十六左 刚暴难制之物

按:"暴",足利本、八行本、十行本、刘本(嘉靖)、永乐本、闽本、明监本、毛本、抚本、建本、岳本皆同。阮记云:"岳本、闽、监、毛本同,《释文》:'刚暴'一本作'刚突'。"卢记同。诸本皆同,检敦煌残卷伯二五三〇《易·大畜》注文作"暴","暴""突"或为别本之异。

122 页二十六左 象曰至犓豕之牙吉

按：十行本、刘本（嘉靖）、永乐本同；单疏本作“六五犓豕至有庆也”；闽本作“六五犓豕之牙吉”，明监本、毛本同。阮记、卢记皆无说。此为标起止之语，此段《疏》文云“犓豕之牙者……故象云六五之吉有庆也”，而十行本、刘本（嘉靖）、永乐本、闽本、明监本、毛本皆将此段《疏》文系于“六五犓豕之牙吉”之下，而足利本、八行本则系于“象曰六五之吉有庆也”之下，由此正可见八行本、十行本合刻经注疏文时插入方式不同所致也，八行本似完全依照单疏本《疏》文标起止之提示，将经注文字插入至《疏》文之中，故删去原来标起止文字，而十行本则是肢解《疏》文，分别将之插入经注本，因为单疏本《疏》文往往先释经文，将整段经文全部解释以后，再来解释注文，而十行本为了配合经注本，经注经注的文本次序，不得不割裂《疏》文，打乱原先顺序，故需另拟标起止文字以作提示，此处八行本正是将经注本插入《疏》文，故位置正确，亦无矛盾可言，而十行本则因为，经文“六五犓豕之牙吉”下，紧接注文“豕牙横滑……”，然后才是经文“象曰六五之吉有庆也”，为了照顾释注《疏》文的位置，不得不将本来通释“六五犓豕之牙吉象曰六五之吉有庆也”的《疏》文和解释王注的《疏》文一并系于王注之下，而后接经文“象曰六五之吉有庆也”，此十行本与八行本《疏》文位置相异之根本原因。而此处标起止，因“六五犓豕之牙吉”上文为“象曰六四元吉有喜也”，而十行本重拟标起止文字时，因为疏忽遂写作“象曰至犓豕之牙吉”，而实际上此下《疏》文与“象曰六四元吉有喜也”毫无关涉也，或许因为意识至此，闽本遂改作“六五犓豕之牙吉”，而删去“象曰至”三字，然此段《疏》文实连下文“象曰六五之吉有庆也”一并解释，故无论如何修改皆与实际情况不符，然限于十行本合刻体例，又不得不尔也。

123 页二十七右 颐贞吉观颐自求口实

按：“实”，足利本、八行本、十行本、刘本（嘉靖）、永乐本、闽本、明监本、毛本、抚本、建本、岳本、唐石经、白文本皆同，《要义》所引亦同。阮记引文作“自求口食”，云：“闽、监、毛本同，石经、岳本、宋本、古本、足利本‘食’作‘实’，是也。”卢记引文作“自求口实”，补云：“石经、岳本、宋本、古本、足利本同，闽、监、毛本‘实’作‘食’，非也。”此处之“实”诸本皆同，阮记、卢记谓敏本等作“食”，不知所据何本。又检阮本经文“自求口实观其自养也"之"实",足利本、八行本、十行本、永乐本、抚本、建本、岳本、白文本、唐石经同;刘本(嘉靖)作"食",闽本、明监本、毛本同。单疏本《疏》文云"'自求口实观其自养'者",则其所见本作"实",诸本皆同,检敦煌残卷伯二五三〇《易·颐》经文作"实",作"实"是也。阮本应于此句之"实"加圈,而非与彼处,显为疏忽也。又阮记引文与阮本相异,疑阮本重刊时改"食"为"实",故卢记又修改阮记,以贴合前文也。

124 页二十七左 言饮食犹慎

按:"言",十行本、刘本(嘉靖)、永乐本同;足利本作"言语",八行本、闽本、明监本、毛本、抚本、建本、岳本同。阮记无说,卢记补云:"案:'言'下当有'语'字。"言饮食,不辞,此王注,经云:"君子以慎言语,节饮食",王注之"言语饮食"正本经文也,检敦煌残卷伯二五三〇《易·颐》注文作"言语",亦可为证,作"言语"是也,当从抚本等。

125 页二十七左 观我朵颐

按:"朵",足利本、八行本、十行本、刘本(嘉靖)、永乐本、闽本、明监本、毛本、抚本、建本、岳本、唐石经、白文本皆同,《要义》所引亦同。阮记云:"石经、闽、监、毛本同,《释文》:'朵',郑同,京作'揣'。"卢记同。诸本皆同,单疏本《疏》文云"观我朵颐而躁求",则其所见本作"朵",检敦煌残卷伯二五三〇《易·颐》经文作"朵","朵""揣"或为别本之异。

126 页二十八右 离其致养之至道阑我宠禄而竞进

按:"阑",足利本、八行本、十行本、刘本(嘉靖)、永乐本、闽本、明监本、毛本、抚本、建本、岳本皆同,《要义》所引亦同。阮记云:"岳本、闽、监、毛本同,《释文》出'而阑',则其本上有'而'字。"卢记同。诸本皆同,单疏本《疏》文云"'离其致养之致道阑我宠?而竞进'者",则其所见本作"阑",检敦煌残卷伯二五三〇《易·颐》注文作"阑",上添一"而"字,则有无"而"字或为别本之异。

127 页二十八右 拂经于丘

按:"拂",足利本、八行本、十行本、刘本(嘉靖)、永乐本、闽本、明监本、毛本、抚本、建本、岳本、唐石经、白文本皆同,《要义》所引亦同。阮记云:"石经、岳本、闽、监、毛本同,《释文》:'拂',《子夏传》作'弗'。"卢记同。诸本皆同,单疏本《疏》文云"故云'拂经于丘'也",则其所见本作"拂"，检敦煌残卷伯二五三〇《易·颐》经文作"拂"，"拂""弗"或为别本之异。

128 页二十八左 其欲逐逐

按："逐逐"，足利本、八行本、十行本、刘本（嘉靖）、永乐本、闽本、明监本、毛本、抚本、建本、岳本、唐石经、白文本皆同，《要义》所引亦同。阮记云："石经下二字漫漶，岳本、闽、监、毛本同，《释文》：'逐逐'，《子夏传》作'攸攸'，荀作'悠悠'，刘作'跾'。"卢记同。诸本皆同，单疏本《疏》文云"'其欲逐逐'者"，则其所见本作"逐逐"，检敦煌残卷伯二五三〇《易·颐》经文作"逐逐"，"逐逐""悠悠"等或为别本之异。

129 页二十九右 观其自养则履正察其所养则养阳

按：足利本、八行本、十行本、刘本（嘉靖）、永乐本、闽本、明监本、毛本、抚本、建本、岳本皆同，《要义》所引亦同。阮记云："岳本、闽、监、毛本同，《集解》'履'作'养'，'阳'作'贤'，案：《疏》云'初是阳爻则能养阳也'，是《正义》本自作'阳'。"卢记同。诸本皆同，单疏本《疏》文云"'观其自养则履正'者……'察其所养则养阳'者"，则其所见本作"观其自养则履正察其所养则养阳"，检敦煌残卷伯二五三〇《易·颐》注文作"观其自养则履正察其所养则养阳"，《集解》所引或为别本。

130 页二十九右 故可守贞从上得颐之吉

按：足利本、八行本、十行本、刘本（嘉靖）、永乐本、闽本、明监本、毛本、建本、岳本同；抚本作"故可守贞从上得顺之吉"。阮记云："岳本、闽、监、毛本同，《释文》：'得颐'一本作'得顺'，《集解》作'故宜居贞顺而从上则吉'，古本下有'也'字。"卢记同。此王注，抚本注云"故可守贞，从上得顺之吉"，此注解经"居贞吉"之义，象曰"居贞之吉，顺以从上也"，王注正本之为说，故云"从上得顺"，从上则顺，顺则得吉也，检敦煌残卷伯二五三〇《易·颐》注文作"故可守贞从上得顺之吉也"，正可为证，则当从抚本也。

131 页二十九左 大过

按：十行本、刘本（嘉靖）、永乐本、闽本、明监本、毛本同；足利本下有"注云音相过之过"，八行本同；抚本下有小注"音相过之过"五字，建本、岳本同，《要义》所引亦同。阮记云："岳本、钱本、宋本、足利本此下有注文'音相过之过'五字，古本'之过'下有'也'字，《释文》出'相过之过'，十行本、闽、监、毛本并脱去。"卢记同。单疏本《疏》文标起止云"注音相过之过",则其所见本有小注,检敦煌残卷伯二五三〇《易·大过》经文"大过"下有注文"音相过之过也"六字,皆可为证,此五字不可阙也,当从抚本等。

132 页二十九左 唯阳爻

按:"阳",单疏本、足利本、八行本、十行本、刘本(嘉靖)、永乐本同,《要义》所引亦同;闽本作"昜";明监本作"易",毛本同。阮记云:"宋本同,闽本'阳'作'昜',监、毛本作'易'。"卢记同。昜爻、易爻,皆不辞,不知所指,显当作"阳",闽本讹"阳"为"昜",明监本又讹"昜"为"易",其舛乱变迁之迹甚明,皆误也,当从单疏本等,《正字》云"'易爻',当'阳爻'之误",是也。

133 页三十右 栋挠利有攸往

按:"挠",足利本、八行本、十行本、刘本(嘉靖)、永乐本、闽本、明监本、毛本、抚本、建本、岳本、唐石经、白文本皆同。阮记无说,卢记补云:"'挠',各本皆作作'桡',是'挠'字误也,《正义》同。〇案:九三爻辞以下,经文、《正义》亦并作'桡',则此特写者误耳。"诸本皆同,单疏本《疏》文标起止云"大过栋桡至往亨",则其所见本作"桡",检敦煌残卷伯二五三〇《易·大过》经文作"桡",则作"桡"是也。

134 页三十右 拯弱兴衰

按:"弱",足利本、八行本、十行本、刘本(嘉靖)、永乐本、闽本、明监本、毛本、抚本、建本、岳本皆同。阮记云:"岳本、闽、监、毛本同,《释文》:'弱',本亦作'溺',下'救其弱'、'拯弱'皆同。"卢记同。诸本皆同,下九二注云"拯弱兴衰",又检敦煌残卷伯二五三〇《易·大过》注文作"弱",则作"溺"者或为别本也。

135 页三十左 遯世无闷

按:"遯",足利本、八行本、十行本、刘本(嘉靖)、永乐本、闽本、明监本、毛本、抚本、建本、岳本、唐石经、白文本皆同。阮记云:"石经、岳本、闽、监、毛本同,《释文》:'遯',本又作'遁'。"卢记同。诸本皆同,单疏本《疏》文云:"'遯世无闷'者",则其所见本作"遯",检敦煌残卷伯二五三〇《易·大过》经文作"遯",则作"遁"者或为别本也。

136 页三十左 枯杨生稊

按："稊"，足利本、八行本、十行本、刘本（嘉靖）、永乐本、闽本、明监本、毛本、抚本、建本、岳本、唐石经、白文本皆同，《要义》所引亦同。阮记云："石经、岳本、闽、监、毛本同，《释文》：'稊'，郑作'荑'。"卢记同。诸本皆同，单疏本《疏》文云："'枯杨生稊'者"，则其所见本作"稊"，检敦煌残卷伯二五三〇《易·大过》经文作"稊"，则作"荑"者或为别本也。

137 页三十左 心无持吝

按："持"，刘本（嘉靖）同；足利本作"特"，八行本、十行本、永乐本、闽本、明监本、毛本、抚本、建本、岳本同，《要义》所引亦同。阮记云："岳本、闽、监、毛本'持'作'特'，《释文》：'特'，或作'持'。"卢记同。检敦煌残卷伯二五三〇《易·大过》注文作"持"，则作"特"者或为别本也。瞿记云"特不作持"，则其家藏十行本与刘本、阮本之底本不同，而与元刊十行本同。

138 页三十一右 拯救阴弱也

按："阴弱"，十行本、刘本（元）、永乐本、闽本、明监本、毛本同；单疏本作"弱阴"，足利本、八行本同。阮记云："闽、监、毛本同，钱本、宋本'阴弱'作'弱阴'。"卢记同。弱阴者，衰弱之阴也，阳所救者乃阴也，则作"弱阴"是也，当从单疏本等。

139 页三十一左 宜其淹弱而凶衰也

按："弱"，十行本、刘本（元）、永乐本、闽本、明监本、毛本同；足利本作"溺"，八行本、抚本、建本、岳本同。阮记云："闽、监、毛本同，岳本、宋本、古本、足利本'弱'作'溺'，《释文》出'淹溺'，'乃历反'。"卢记同。淹弱，不辞，淹没乃为溺水，淹溺是也，当从抚本等，检敦煌残卷伯二五三〇《易·大过》注文作"溺"，正可为证，《正字》云"'溺'，误'弱'"，是也。

140 页三十二右 若何得之不被桡乎在下

按：刘本（嘉靖）同；单疏本作"弱何得之不被桡乎在下"，足利本、十行本、永乐本、闽本同；八行本作"弱何得云不被桡乎在下"，明监本、毛本同，《要义》所引亦同。阮记云："闽本'若'作'弱'，监、毛本'若何得之'作'弱何得云'，宋本作'之'。"卢记同。考前《疏》云"故屋栋桡弱"，则

"桡弱"为辞，此处单疏本《疏》文云："下得其拯，犹若所居屋栋隆起，下必不桡弱，何得之？不被桡乎在下。""弱"字属上读，作"弱"是也，当从单疏本等。瞿记云"弱不误若"，则其家藏十行本不误，与刘本、阮本之底本不同，而与元刊十行本同。

141 页三十二右 柱为本

按："柱"，单疏本、足利本、八行本、十行本、刘本（嘉靖）、永乐本、闽本、明监本、毛本皆同，《要义》所引亦同。阮记云："卢文弨云当作'栋为本'。"卢记同。诸本皆同，考单疏本《疏》文云："以屋栋桡弱而偏，则屋下榱柱亦先弱，柱为本，榱为末。""柱为本"之"柱"，正承上文而来，作"柱"是也，卢说绝不可信。

142 页三十二右 栋为末

按："栋"，刘本（嘉靖）、闽本、明监本、毛本同；十行本作"桡"，永乐本同；单疏本作"榱"，足利本、八行本同，《要义》所引亦同。阮记云："闽、监、毛本同，钱本、宋本'栋'作'榱'，卢文弨云'榱是也'。"卢记同。考单疏本《疏》文云："以屋栋桡弱而偏，则屋下榱柱亦先弱，柱为本，榱为末。""榱为末"之"榱"，正承上文而来，作"榱"是也，当从单疏本等。

143 页三十二右 不能生稊也

按："能"，十行本、刘本（嘉靖）、永乐本、闽本、明监本、毛本同；单疏本作"能使之"，足利本、八行本同。阮记云："闽、监、毛本同，宋本'能'下有'使之'二字。"卢记同。诸本皆同，考单疏本《疏》文云："但使枯杨生华，不能使之生稊也。"前文有"但使"，后文若无"使之"二字，则文义不通，故"二字"不可阙，当从单疏本等。

144 页三十二左 不能使女妻

按："使"，刘本（嘉靖）、闽本同；单疏本作"得"，足利本、八行本、十行本、永乐本同；明监本作"使老夫得"，毛本同，《要义》所引亦同。阮记云："闽本同，宋本'使'作'得'，监、毛本'使'下有'老夫得'三字。"卢记同。考此处《疏》文释注，经云"老妇得其士夫"，注云"能得夫，不能得妻"，单疏本《疏》文云："'能得夫不能得妻'者，若拯难功阔，则老夫得其女妻……今既拯难功狭，但能使老妇得士夫而已，不能得女妻。"功阔，则老夫得女妻，功狭，则老妇得士夫，而老夫不能得女妻也，故《疏》文之"得"

字正本注文之"得"字，注文之"得"字乃本经文之"得"字，作"得"是也，当从单疏本等。瞿记云"得不误使"，则其家藏十行本不误，与刘本、阮本之底本不同，而与元刊十行本同。《举正》谓各本脱"老夫得"三字，误矣。

145 页三十三右 案诸卦之名

按：阮记云："案，自此至'故云习也'，钱本在'行有尚也'下。"卢记同。阮本"案诸卦之名"至"故云习也"，在"故云习坎也"之后，十行本、永乐本、刘本（嘉靖）、闽本、明监本、毛本同；单疏本如阮记所云，足利本、八行本同。《疏》文位置不同，正反映出八行本、十行本合刻方式不同，八行本乃将经注文本打散，按照单疏本《周易正义》标起止文字插入到《疏》文中，保持了单疏本《疏》文原有的文字顺序，而十行本则是将单疏本《疏》文打散，分别插入到经注本文本中，具体到此例，"案诸卦之名"至"故云习也"一段乃《疏》文释注，单疏本《疏》文先通释经文再释注文，故此段文字在"行有尚也"之下，足利本、八行本将经注文字插入单疏本《疏》文，故保留了《疏》文原貌，十行本等则因此处经文下紧接注文，故将释注之《疏》文提前至此，以与经注文字保持高度一致，遂导致如许差异。

146 页三十三右 一者人之行

按："一"，刘本（嘉靖）、闽本、明监本、毛本同；单疏本作"二"，足利本、八行本、十行本、永乐本同。阮记云："闽、监、毛本同，钱本、宋本'一'作'二'，是也。"卢记同。考单疏本《疏》文云："习有二义，一者习重也……二者人之行险，先须便习其事"，则"二"字乃承上文"二义"而来，作"二"是也，当从单疏本等，阮记是也。瞿记云"二不误一"，则其家藏十行本不误，与刘本、阮本之底本不同，而与元刊十行本同。

147 页三十三右 因心刚正

按："因"，刘本（嘉靖）、闽本、明监本、毛本同；单疏本作"内"，足利本、八行本、十行本、永乐本同。阮记云："闽、监、毛本同，钱本、宋本'因'作'内'。"卢记同。因心，不辞，内心刚正，字确义明，且此处《疏》文释注，注云"刚正在内"，则"内"字本此，作"内"是也，当从单疏本等，作"因"者或因形近而讹。瞿记云"内不误因"，则其家藏十行本不误，与刘本、阮本之底本不同，而与元刊十行本同。

148 页三十三右 故云刚正在内有孚者也

按："也"，单疏本、十行本、足利本、八行本、刘本（嘉靖）、永乐本同；闽本作"内"，明监本、毛本同。阮记云："闽、监本同，毛本'也'作'内'。"卢记同。此处《疏》文引注，注云"有孚者也"，则作"也"是也，当从单疏本等，《正字》云"'也'，毛本误'内'。"是也。

149 页三十三右 言习坎者习重乎险也

按："重乎"，十行本、刘本（嘉靖）、永乐本、闽本、明监本、毛本同；足利本作"乎重"，八行本、抚本、建本、岳本同。阮记云："闽、监、毛本同，岳本、宋本、古本、足利本'重乎'作'乎重'。"卢记同。考彖辞云"习坎，重险也"，则"重险"为辞，又单疏本《疏》文云"'言习坎者习乎重险也'"，则其所见本作"乎重"，检敦煌残卷伯二五三〇《易·习坎》注文正文无此数字，下补抄作"乎重"，正可为证，则作"乎重"是也，当从抚本等。

150 页三十三左 险陷之释

按："释"，刘本（嘉靖）同；足利本作"极"，八行本、十行本、永乐本、闽本、明监本、毛本、抚本、建本、岳本同。阮记云："岳本、闽、监、毛本'释'作'极'，是也，古本下有'也'字。"卢记同。险陷之释，不知何义，考单疏本《疏》文云"'险陷之极'"，则其所见本作"极"，检敦煌残卷伯二五三〇《易·习坎》注文作"极"，则作"极"是也，当从抚本等。瞿记云"极不误释"，则其家藏十行本不误，与刘本、阮本之底本不同，而与元刊十行本同。

151 页三十三左 习坎之谓也

按：十行本、刘本（嘉靖）、永乐本、闽本、明监本、毛本同；足利本作"习险之谓也"，八行本、抚本、建本、岳本同。阮记云："闽、监、毛本同，岳本、宋本'坎'作'险'，古一本作'其信习险谓也'，一本作'信习险之谓也'。"卢记同。考注云"处至险而不失刚中，行险而不失其信者，习险之谓也"，因"习险"故处险、行险皆能不失，作"险"是也，检敦煌残卷伯二五三〇《易·习坎》注文作'其信习险之谓也'，则作"险"是也，当从抚本等。

152 页三十四右 故物得以保全也

按："以"，足利本、八行本、十行本、刘本（嘉靖）、永乐本、明监本、毛本、抚本、建本、岳本皆同，闽本此页阙，检东京大学东洋文化研究所藏闽本作"以"，此下阙页者皆据此本。阮记云："岳本、闽、监、毛本同，足利本'以'作'其'。"卢记同。得以成辞，检敦煌残卷伯二五三〇《易·习坎》注文作"以"，则作"以"是也，当从抚本等，作"其"者非也。

153 页三十四右 险虽有时而用

按："虽"，闽本、明监本、毛本同；单疏本作"难"，十行本、足利本、八行本、刘本（嘉靖）、永乐本同。阮记云："闽、监、毛本同，宋本'虽'作'难'，是也。"卢记同。考下《疏》云"若国家有虞，须设险防难"，设险防难，即此处之"险难"也，又《象辞》云："王公设险以守其国，险之时用大矣哉"，《疏》文释之故曰"险难有时而用"也，作"难"无可置疑，当从单疏本等，阮记是也。瞿记云"难不误虽"，则其家藏十行本不误，与阮本之底本不同，而与元刊十行本同。刘本之"难"字已颇难辨识，闽本以下或误认"难"为"虽"而致误也。

154 页三十四右 水洊至

按："洊"，足利本、八行本、十行本、刘本（嘉靖）、永乐本、闽本、明监本、毛本、抚本、建本、岳本、唐石经、白文本皆同。阮记云："石经、岳本、闽、监、毛本同，《释文》：'洊'，京作'臻'，干作'荐'。"卢记同。考单疏本《疏》文标起止云"象曰水洊至教事"，又云"'水洊至习坎'者"，则其所见本作"洊"，检敦煌残卷伯二五三〇《易·习坎》经文作"洊"，则作"洊"是也，《释文》所载或别本也。

155 页三十四左 最处坎底

按："坎"，足利本、八行本、闽本、十行本、刘本（嘉靖）、永乐本、明监本、毛本、抚本、建本、岳本皆同。阮记云："岳本、闽、监、毛本同，《释文》出'处歆'，云：亦作'坎'字。"卢记同。诸本皆同，检敦煌残卷伯二五三〇《易·习坎》注文作"歆"，则"坎""歆"乃别本之异也。

156 页三十四左 而复入坎底其道凶也

按："坎底"，足利本、八行本、闽本、十行本、刘本（嘉靖）、永乐本、明监本、毛本、抚本、建本、岳本皆同。阮记云："岳本、闽、监、毛本同，古本'坎'作'歆'，其上有'失'字，足利本亦有'失'字。"卢记同。检敦煌残卷伯二五三〇《易·习坎》注文作"歆底"，则"坎底""歆底"乃别本之异也。

157 页三十四左 初三未足以为援故曰小得也

按：足利本、八行本、闽本、十行本、刘本（嘉靖）、永乐本、明监本、毛本、抚本、建本、岳本皆同。阮记云："岳本、闽、监、毛本同，古本、足利本'援'上有'大'字，'小'上有'求'字。"卢记同。诸本皆同，检敦煌残卷伯二五三〇《易·习坎》注文作"初三未足以为援故曰小得也"，原文不误，阮记所引诸本异文，实不可信，当从抚本等。

158 页三十四左 险且枕

按：足利本、八行本、十行本、刘本（嘉靖）、永乐本、闽本、明监本、毛本、抚本、建本、岳本、唐石经、白文本皆同，《要义》所引亦同。阮记云："石经、岳本、闽、监、毛本同，《释文》：'险且'，古文及郑向本作'检'；'枕'，九家作'坫'，古文作'沈'。"卢记同。考单疏本《疏》文云"'险且枕'者"，则其所见本作"险且枕"，检敦煌残卷伯二五三〇《易·习坎》经文作"险且枕"，则作"险且枕"是也，《释文》所载或别本也。

159 页三十四左 出则之坎

按：足利本、八行本、闽本、十行本、刘本（嘉靖）、永乐本、明监本、毛本、抚本、建本、岳本皆同，《要义》所引亦同。阮记云："岳本、闽、监、毛本同，《释文》：'出则之坎'，一本作'出则亦坎'，误。"卢记同。检敦煌残卷伯二五三〇《易·习坎》注文作"出则亦坎"，则"之坎"、"亦坎"乃别本之异也，陆德明谓后者误，不可信从。

160 页三十四左 居则亦坎

按：足利本、八行本、闽本、十行本、刘本（嘉靖）、永乐本、明监本、毛本、抚本、建本、岳本皆同，《要义》所引亦同。阮记云："岳本、闽、监、毛本同，古二本'亦'作'之'，一本'亦'下有'之'字，足利本与一本同。"卢记同。检敦煌残卷伯二五三〇《易·习坎》注文作"居则亦坎"，则作"居则亦坎"是也，阮记所引诸本异文，不可信从，当从抚本等。

161 页三十五右 枕者枕枝而不安之谓也

按："枕"，闽本、十行本、刘本（嘉靖）、永乐本、明监本、毛本同，《要义》所引亦同；足利本无，八行本、抚本、建本、岳本同。阮记云："闽、监、毛本同，岳本、宋本、古本、足利本无'枕'字。"卢记同。枕者枕枝云云，显然重复，检敦煌残卷伯二五三〇《易·习坎》注文无'枕'字，可证无者是也，当从抚本等。

162 页三十五右　勿用者不出行

按："不"，十行本、刘本（嘉靖）、永乐本、闽本、明监本、毛本同；单疏本作"不可"，足利本、八行本同。阮记云："闽、监本同，毛本同，钱本、宋本'不'下有'可'字。"卢记同。考单疏本《疏》文云"'勿用'者，不可出行，若其出行，终必无功徒劳而已"，若无"可"字，文气顿滞，有者是也，当从单疏本等。

163 页三十五右　象曰樽酒簋贰刚柔际也

按："贰"，足利本、八行本、十行本、刘本（嘉靖）、永乐本、闽本、明监本、毛本、抚本、建本、岳本、唐石经、白文本皆同，《要义》所引亦同。阮记云："石经、岳本、闽、监、毛本同，《释文》出'象曰樽酒簋'五字，云一本更有'贰'字，按：此则《释文》与石经不合。"卢记同。考单疏本《疏》文云"'象曰樽酒簋贰刚柔际'者"，则其所见本有"贰"字，检敦煌残卷伯二五三〇《易·习坎》经文无'贰'字，无者或别本也。

164 页三十五左　衹既平

按："衹"，十行本、刘本（嘉靖）、闽本、明监本、毛本同，《要义》所引亦同；足利本作"祇"，八行本、永乐本、抚本、建本、岳本、白文本同；唐石经作"只"。阮记云："闽、监、毛本同，石经、岳本'衹'作'祇'，是也，《释文》：'衹'，京作'禔'。"卢记同。考单疏本《疏》文云"'只既平无咎'者"，则其所见本作"只"，检敦煌残卷伯二五三〇《易·习坎》经文作"只"字，则作"只"是也，阮记非也，《释文》所引或别本也。

165 页三十五左　说既平乃无咎

按："说"，足利本、八行本、十行本、刘本（嘉靖）、永乐本、闽本、明监本、毛本、抚本、建本、岳本同，《要义》所引亦同。阮记云："岳本、闽、监、毛本同，古本'说'作'谓'。"卢记同。诸本皆同，检敦煌残卷伯二五三〇《易·习坎》注文作"说"，则作"说"是也，当从抚本等，古本作"谓"，未知所本。

166 页三十五左　中未大也

按："大"，足利本、八行本、十行本、刘本（嘉靖）、永乐本、闽本、明监本、毛本、抚本、建本、岳本、唐石经、白文本皆同。阮记云："石经、岳本、闽、监、毛本同，《集解》‘大’上有‘光’字，案：《疏》亦云‘未得光大’。”卢记同。诸本皆无“光”字，单疏本《疏》文标起止云“九五坎不至未大”，又云“‘坎不盈中未大’者”，则其所见本无“光”字，检敦煌残卷伯二五三〇《易·习坎》经文亦无“光”字，则无者是也，有者非也，阮记以《疏》文为说，独不见其所引乎？误甚！

167 页三十五左　寘于丛棘

按：“寘”，足利本、八行本、十行本、刘本（嘉靖）、永乐本、闽本、明监本、毛本、抚本、建本、岳本、唐石经、白文本皆同。阮记云：“石经、岳本、闽、监、毛本同，《释文》：‘寘’，刘作‘示’，《子夏传》作‘湜’，姚作‘寔’，张作‘置’。”卢记同。诸本皆同，考单疏本《疏》文云“‘寘于丛棘’者”，则其所见本作“寘”，检敦煌残卷伯二五三〇《易·习坎》经文作“寘”，作“寘”是也，《释文》所引或别本也。

168 页三十五左　险陷之极

按：“陷”，足利本、八行本、十行本、刘本（嘉靖）、永乐本、闽本、明监本、毛本、抚本、建本、岳本同。阮记云：“岳本、闽、监、毛本同，古本‘陷’作‘歓’字。”卢记同。诸本皆同，考单疏本《疏》文云“险陷之极不可升”，正引王注以释经也，则其所见注文作“陷”，检敦煌残卷伯二五三〇《易·习坎》注文作“陷”，作“陷”是也，当从抚本等。

169 页三十六右　似妇人而预外事

按：单疏本、足利本、八行本、十行本、刘本（嘉靖）、永乐本同，《要义》所引亦同；闽本作“似妇人而预外事也”；明监本作“以妇人而预外事也”，毛本同。阮记云：“闽本下衍‘也’字，监、毛本亦有‘也’字，‘似’作‘以’，宋本作‘似’，钱本作‘以’。”卢记同。考单疏本《疏》文云“若柔不处于内，似妇人而预外事”，妇人即喻柔也，又宋元诸本皆作“似妇人而预外事”，《要义》所引亦同，则闽本等皆误也。

170 页三十六左　丽乎土

按：“土”，足利本、八行本、十行本、刘本（嘉靖）、永乐本、闽本、明监本、毛本、抚本、建本、岳本、唐石经同；白文本此字漫漶。阮记云：“石经、岳本、闽、监、毛本同，《释文》‘乎土’，王肃本作‘地’。”卢记同。诸本皆同，考单疏本《疏》文云“‘日月丽乎天百谷草木丽乎土’者”，则其所见本作"土",检敦煌残卷伯二五三〇《易·离》经文作"坴","坴"即"土"也,作"土"是也,《释文》所引或别本也。

171 页三十六左　重明谓上下俱离丽乎正也者

按:"也",单疏本、足利本、八行本、十行本、刘本(嘉靖)、永乐本、闽本、明监本、毛本皆同。阮记云:"闽、监、毛同,浦镗云'也当衍字'。"卢记同。诸本皆同,浦说不可信从。

172 页三十七右　是以牝牛吉者

按:"者",单疏本、足利本、八行本、十行本、刘本(嘉靖)、永乐本同,《要义》所引亦同;闽本作"言",明监本、毛本同。阮记云:"钱本、宋本同,闽、监、毛本'者'误'言'。"卢记同。《正字》云:"'言',当'者'字误。"考单疏本《疏》文云"'柔丽乎中正故亨是以牝牛吉'者,释经亨义也",《疏》引王注而释其解经之义,作"者"是也,当从单疏本等,浦说是也。

173 页三十七右　故云柔丽乎中正

按:"云柔丽乎",刘本(正德十二年)同;单疏本作"万事亨以",足利本、八行本、十行本、永乐本、闽本、明监本、毛本同,《要义》所引亦同。阮记无说,卢记补云:"案:'云柔丽乎'四字,毛本作'万事亨以',是也"。考单疏本《疏》文云"以中正为德,故万事亨,以中正得通,故畜养牝牛而得吉也",文从字顺,阮本显误,此处唯阮本与刘本同,而刘本此页又为正德十二年补板印面,则阮本之底本当亦为正德十二年修板后之十行本也。

174 页三十七右　而柔顺故离之

按:"而柔顺故离",刘本(正德十二年)同;单疏本作"故也案诸卦",足利本、八行本、十行本、永乐本、闽本、明监本、毛本同,《要义》所引亦同。阮记无说,卢记补云:"案:'而柔顺故离'五字,毛本作'故也案诸卦',是也"。考单疏本《疏》文云"以牝牛有中正故也,案诸卦之象,释卦名之下",文从字顺,阮本显误,此处唯阮本与刘本同,而刘本此页又为正德十二年补板印面,则阮本之底本当亦为正德十二年修板后之十行本也。

175 页三十七右　此象既释卦

按:"此象既释卦",单疏本、足利本、八行本、十行本、永乐本、闽本、明监本、毛本同,《要义》所引亦同;刘本(正德十二年)为墨块。阮记引文"此象既释卦",云:"十行本'此象既释卦'五字阙,闽、监、毛本如此,下

'例者此'三字，'丽因广说日月草木所丽'十字，'义更无义例'五字，并同。"卢记前文同，又补云："今并依挍补栞。"又，"例者此"，单疏本、足利本、八行本、十行本、永乐本、闽本、明监本、毛本同，《要义》所引亦同；刘本（正德十二年）为墨块。"丽因广说日月草木所丽"，单疏本、足利本、八行本、十行本、永乐本、闽本、明监本、毛本同，《要义》所引亦同；刘本（正德十二年）为墨块。"义更无义例"，单疏本、足利本、八行本、十行本、永乐本、闽本、明监本、毛本同，《要义》所引亦同；刘本（正德十二年）为墨块。则阮记所言诸处，诸本文字皆同，唯刘本为长条墨块，此与阮记所云十行本阙者合，而刘本此页又为正德十二年补板印面，则阮本之底本当亦为正德十二年修板后之十行本也。又据卢记，可知阮本确非忠实依照底本，于其文字实多有改动也。

176 页三十七右 继谓不绝也明照相继不绝旷也

按：足利本、八行本、十行本、永乐本、闽本、明监本、毛本、抚本、建本、岳本同；刘本（正德十二年）大段墨块，唯有"也明照……也"四字。阮记云："此注十行本止有'也明照也'四字，余并阙，岳本如此，闽、监、毛本同，《释文》：'明照相继'，一本无'明照'二字。"卢记前文同，又补云："今并依挍补栞。"检敦煌残卷伯二五三〇《易·离》注文作"继谓不绝也明照相机不绝旷者也"，其"者"字似为后来添写，则当从抚本等。唯刘本与阮记所云十行本阙者合，而刘本此页又为正德十二年补板印面，则阮本之底本当亦为正德十二年修板后之十行本也。

177 页三十七右 今有上下二体故云明两作离也

按：闽本、明监本、毛本同；单疏本作"今有上下二离故云明两作离也"，足利本、八行本、十行本、永乐本同，《要义》所引亦同；刘本（正德十二年）大段墨块，唯有"今……明两作离也"六字。阮记云："钱本、宋本'体'作'离'，案：十行本此文'有上'至'故云'七字缺，闽、监、毛本如此，下'体事义随文而发'七字，'揔称'二字，'取连续相因'五字，'随风巽'三字，'两物'二字，'积聚两明'四字，并同。"卢记前文同，又补云："今并依挍补栞。"此"离"卦上离下离，此即所谓"上下二离"也，因有上下二离，故明两作离也，作"离"是也，当从单疏本等。又，"体事义随文而发"，单疏本、足利本、八行本、十行本、永乐本、闽本、明监本、毛本同，《要义》所引亦同；刘本（正德十二年）为墨块。"總称"，足利本、八行本、十行本、永乐本、闽本同；单疏本作"揔称"；明监本作"总称"，毛本同，《要义》所引亦同；刘本（正德十二年）为墨块。"取连续相因"，单疏本、足利本、八行本、十行本、永乐本、闽本、明监本、毛本同，《要义》所引亦同；刘本（正德十二年）为墨块。"随风巽"，单疏本、足利本、八行本、十行本、永乐本、闽本、明监本、毛本同，《要义》所引亦同；刘本（正德十二年）为墨块。"两物"，单疏本、足利本、八行本、十行本、永乐本、闽本、明监本、毛本同，《要义》所引亦同；刘本（正德十二年）为墨块。"积聚两明"，单疏本、足利本、八行本、十行本、永乐本、闽本、明监本、毛本同，《要义》所引亦同；刘本（正德十二年）为墨块。则阮记所言诸处，诸本文字皆同，唯刘本为长条墨块，此与阮记所云十行本阙者合，而刘本此页又为正德十二年补板印面，则阮本之底本当亦为正德十二年修板后之十行本也。又据卢记，可知阮本确非忠实依照底本，于其文字实多有改动也。

178 页三十七左　警慎之貌也

按："警"，足利本、八行本、十行本、永乐本、闽本、明监本、毛本、抚本、建本、岳本皆同。阮记云："岳本、闽、监、毛本同，《集解》'警'作'敬'。"卢记同。《正字》云："'敬'，误'警'。"考单疏本《疏》文云："'错然者警慎之貌'者"，则其所见本作"警"，检敦煌残卷伯二五三〇《易·离》注文作"警"，则作"警"是也，当从抚本等，《集解》所引，或别本也，浦说误也。

179 页三十七左　是警惧之状

按："是"，十行本、永乐本、闽本、明监本、毛本同；单疏本作"错是"，足利本、八行本同。阮记云："闽、监、毛本同，宋本上有'错'字。"卢记同。考单疏本《疏》文云："'错然者警慎之貌'者，错是警惧之状，其心未宁，故错然也"，警惧之状，乃释错也，故云"故错然也"，前后相应，"错"字不可阙，当从单疏本等。

180 页三十七左　日昃之离不鼓缶而歌则大耋之嗟凶

按：刘本（正德十二年）、闽本、明监本、毛本同；足利本作"日昃之离不鼓缶而歌则大耋之嗟凶"，八行本、抚本、建本、岳本同；十行本作"日昃之离不鼓缶而歌则大耋之嗟凶"，永乐本、白文本同。阮记云："闽、监、毛本同，石经'戾'作'昊','蓥'作'盉',岳本同,《释文》:'日昊',王嗣宗本作'仄';'鼓',郑本作'击';'大蓥',京作'缀',蜀才作'咥';'之嗟',荀作'差',下'嗟若'亦尔;'凶',古文及郑无'凶'字。"卢记前文同,又补云:"今并依挍补枀。"考单疏本《疏》文云"'日昊之离'者……'不鼓缶而歌则大蓥之嗟凶'者",则其所见本作"日昊之离不鼓缶而歌则大蓥之嗟凶",检敦煌残卷伯二五三〇《易·离》经文作"日昊之离不鼓缶而歌则大蓥之嗟凶",则作"日昊之离不鼓缶而歌则大蓥之嗟凶"是也,"戾"显为"昊"之误字,"蓥""盉"可通,《释文》所引,或别本也。

181 页三十七左 有嗟凶矣

按:足利本、八行本、十行本、刘本(正德十二年)、永乐本、抚本、建本、岳本同;闽本作"而有嗟凶",明监本、毛本同。阮记云:"岳本、宋本、古本、足利本同,闽、监、毛本作'而有嗟凶'。"卢记同。宋元刊本皆作"有嗟凶矣",检敦煌残卷伯二五三〇《易·离》注文作"有嗟凶矣",亦可为证,作"有嗟凶矣"是也,则当从抚本等。

182 页三十八右 大蓥之嗟凶者

按:"大",十行本、刘本(嘉靖)、永乐本同;单疏本作"则大",足利本、八行本、闽本、明监本、毛本同。阮记云:"闽、监、毛本'大'上有'则'字。"卢记同。考单疏本《疏》文云"'不鼓缶而歌则大蓥之嗟凶'者",此引经文,经文有"则"字,故有者是也,当从单疏本等。

183 页三十八右 棄如

按:"棄",足利本、八行本、十行本、刘本(嘉靖)、永乐本、闽本、明监本、毛本、抚本、建本、岳本、白文本同;唐石经作"弃"。阮记云:"岳本、闽、监、毛本同,石经作'弃如'。"卢记同。考单疏本《疏》文云"'棄如'者",则其所见本作"棄",检敦煌残卷伯二五三〇《易·离》经文作"棄",作"棄"是也,则当从抚本等,石经作"弃",乃别本也。

184 页三十八右 出涕沱若戚嗟若

按:足利本、八行本、十行本、刘本(嘉靖)、永乐本、闽本、明监本、毛本、抚本、建本、岳本、唐石经、白文本皆同,《要义》所引亦同。阮记云:"石经、岳本、闽、监、毛本同,《释文》:'沱',荀作'池',一本作'沲';'㷀',古文'若'皆如此;'戚',《子夏传》作'嘁'。"卢记同。检敦煌残卷伯二五三〇《易·离》经文作"出涕沱若戚嗟若吉"，诸本皆同，则当从抚本等，《释文》所引，或为别本也。

185 页三十八右　四为逆首

按："首"，足利本、八行本、十行本、刘本（嘉靖）、永乐本、闽本、明监本、毛本、抚本、建本、岳本同，《要义》所引亦同。阮记云："岳本、闽、监、毛本同，《释文》：'逆首'本又作'逆道'，两得。"卢记同。考单疏本《疏》文云"'四为逆首'"，则其所见本作"首"，检敦煌残卷伯二五三〇《易·离》注文作"首"，作"首"是也，则当从抚本等，《释文》所引，或为别本也。

186 页三十八左　离王公也

按："离"，足利本、八行本、十行本、刘本（嘉靖）、永乐本、闽本、明监本、毛本、抚本、建本、岳本、唐石经、白文本皆同。阮记云："石经、岳本、闽、监、毛本同，《释文》：'离'，郑作'丽'。"卢记同。考单疏本《疏》文云"'象曰六五之吉离王公'者"，则其所见本作"离"，检敦煌残卷伯二五三〇《易·离》经文作"离"，诸本皆同，作"离"是也，则当从抚本等，《释文》所引，或为别本也。

187 页三十八左　此释六五吉义也

按："此"，十行本、刘本（嘉靖）、永乐本、闽本、明监本、毛本同；单疏本作"象曰六五之吉离王公者此"，足利本、八行本同，《要义》所引亦同。阮记云："闽、监、毛本同，钱本上有'象曰六五之吉离王公者'十字。"卢记同。卢记同。考单疏本《疏》文云"'象曰六五之吉离王公'者，此释六五吉义也"，此引经文而释之，"象曰六五之吉离王公者"十字不可阙也，当从单疏本等。

卷 四

1 页一右 取女吉
　　按："取"，足利本、八行本、十行本、刘本（嘉靖）、永乐本、闽本、明监本、毛本、抚本、建本、岳本、唐石经、白文本皆同，《要义》所引亦同。阮记云："石经、岳本、闽、监、毛本同，《释文》：'取'，本亦作'娶'。○按：'娶'正字，'取'假借字。"卢记同。考单疏本《疏》文云"'取女吉'"，则其所见本作"取"，检敦煌残卷斯六一六二《易·咸》经文作"娶"，伯二六一七《释文》出字"娶女"，云"七具反，又取"，传世本《释文》出字"取"，云"七具反，本亦作'娶'，音同"，则"取"、"娶"乃别本之异，阮记按语云有正、借之分，岂可信从？

2 页二右 以其各亢所处也
　　按："亢"，足利本、八行本、十行本、刘本（嘉靖）、永乐本、闽本、明监本、毛本、抚本、建本、岳本皆同，《要义》所引亦同。阮记云："岳本、闽、监、毛本同，《释文》：'亢'，本或作'有'。"卢记同。检敦煌残卷斯六一六二《易·咸》注文作"亢"，则作"亢"是也，《释文》所引，或别本也。

3 页二右 初六咸其拇
　　按："拇"，足利本、八行本、十行本、刘本（嘉靖）、永乐本、闽本、明监本、毛本、抚本、建本、岳本、唐石经、白文本皆同，《要义》所引亦同。阮记云："石经、岳本、闽、监、毛本同，《释文》：'拇'，子夏作'蹯'，荀作'母'。"卢记同。考单疏本《疏》文云"'咸其拇'"者，则其所见本作"拇"，检敦煌残卷斯六一六二《易·咸》经文作"拇"，伯二六一七《释文》出字"拇"，则作"拇"是也，《释文》所引，或别本也。

4 页二左　四属外也
　　　　　　　·

按："也"，十行本同；足利本作"卦"，八行本、刘本（嘉靖）、永乐本、闽本、明监本、毛本、抚本、建本、岳本同。阮记云："岳本、闽、监、毛本'也'作'卦'，古本上有'卦'字。"卢记同。初六在下卦，九四在上卦，此王注释初六，则九四为外卦也，检敦煌残卷斯六一六二《易·咸》注文正作"卦"，则作"卦"是也，阮本与十行本皆作"也"，可见二者关系非常密切，所谓古本，实不足据。

5 页二左　六二咸其腓
　　　　　　　　·

按："腓"，足利本、八行本、十行本、刘本（嘉靖）、永乐本、闽本、明监本、毛本、抚本、建本、岳本、唐石经、白文本皆同，《要义》所引亦同。阮记云："石经、岳本、闽、监、毛本同，《释文》：'腓'，荀作'肥'。"卢记同。考单疏本《疏》文云"'咸其腓'"，则其所见本作"腓"，检敦煌残卷斯六一六二《易·咸》经文作"腓"，伯二六一一七《释文》出字"腓"，则作"腓"是也，《释文》所引，或别本也。

6 页二左　退不能静处
　　　　　　　　·

按："静处"，足利本、八行本、十行本、刘本（嘉靖）、永乐本、闽本、明监本、毛本、抚本、建本、岳本、唐石经、白文本皆同，《要义》所引亦同。阮记云："岳本、闽、监、毛本同，古本、足利本'静处'作'处静'，案：《疏》云'静守其处'，作'处静'非。"卢记同。考单疏本《疏》文云"退亦不能静处"，则其所见本作"静处"，检敦煌残卷斯六一六二《易·咸》注文作"静处"，则作"静处"是也，古本等不足据也。

7 页三右　吝其宜也
　　　　　　·

按：十行本、刘本（嘉靖）、永乐本、闽本、明监本、毛本同。阮记云："此下十行本、闽、监、毛本并脱去《正义》一段，今据钱本宋本录之于下：正义曰咸其股执其随往吝者九三处二之上转高至股股之为体动静随足进不能制足之动退不能静守其处股是可动之物足动则随不能自处常执其随足之志故云咸其股执其随施之于人自无操持志在随人所执卑下以斯而往鄙吝之道故言往吝。"卢记同。考单疏本《疏》文有此段，足利本、八行本同，注疏合刻时，十行本乃将单疏本打乱拆开分别插入经注本，故《疏》文偶有遗漏，而八行本则是将经注本打乱拆开按照单疏本标起止提示分别插入，故《疏》文无有遗漏，于此可见二者合刻方式之异也。

8 页三右　憧憧往来

按："憧憧"，足利本、八行本、十行本、刘本（嘉靖）、永乐本、闽本、明监本、毛本、抚本、建本、岳本、唐石经、白文本皆同，《要义》所引亦同。阮记云："石经、岳本、闽、监、毛本同，《释文》：'憧憧'，京作'懂'。"卢记同。考单疏本《疏》文云"'憧憧往来'"，则其所见本作"憧憧"，检敦煌残卷斯六一六二《易·咸》经文作"恼 ="，伯二六一七《释文》出字"憧 ="，则作"憧憧"是也，《释文》所引，或别本也。

9 页三右　正而故得悔无也

按："而"，足利本、八行本、十行本、刘本（嘉靖）、永乐本、闽本、明监本、毛本、抚本、建本、岳本、唐石经、白文本皆同，《要义》所引亦同。阮记云："闽、监、毛本同，浦镗云'而下当脱吉字'。"卢记同。诸本皆同，原文不误，浦说不可信也。

10 页三左　上六咸辅颊舌

按："辅颊"，足利本、八行本、十行本、刘本（嘉靖）、永乐本、闽本、明监本、毛本、抚本、建本、岳本、唐石经、白文本皆同，《要义》所引亦同。阮记云："石经、岳本、闽、监、毛本同，《释文》：'辅'，虞作'　'。'颊'，孟作'侠'。"卢记同。考单疏本《疏》文云"'咸其辅颊舌者'"，则其所见本作"辅颊"，检敦煌残卷斯六一六二《易·咸》经文作"辅颊"，伯二六一七《释文》出字"辅"、"颊"，则作"辅颊"是也，《释文》所引，或别本也。

11 页三左　滕口说也

按："滕"，足利本、八行本、十行本、刘本（嘉靖）、永乐本、闽本、明监本、毛本、抚本、建本、岳本、唐石经、白文本皆同，《要义》所引亦同。阮记云："石经、岳本、闽、监、毛本同，《释文》：'滕'，九家作'乘'，虞作'媵'。"卢记同。考单疏本《疏》文云"'滕口说也'"，则其所见本作"滕"，检敦煌残卷斯六一六二《易·咸》经文作"腾"，伯二六一七《释文》出字"滕"，则作"滕"是也，《释文》所引，或别本也。

12 页三左 滕徒登反

按：十行本、刘本（嘉靖）、闽本、明监本、毛本同，《要义》所引亦同；单疏本作"滕^{徒登}_反"，足利本、八行本同；永乐本作"滕走登"。阮记云："此三字，钱本、宋本并作双行小注。"卢记无说。单疏本《疏》文"徒登反"三字正为双行小注，阮记是也。

13 页四右 郑玄又作滕口送也

按："滕口"，单疏本作"媵媵"，足利本、八行本、十行本、刘本（嘉靖）、永乐本、闽本、明监本、毛本同，《要义》所引亦同。阮记无说，卢记云："毛本作'媵媵送也'，案：经'滕'字虞本作'媵'，是'滕口'二字当'媵媵'之讹。"考阮本《疏》文云："故云滕口说也，郑玄又作滕口说也。"叠言"滕口"，显然重复，当从单疏本等，卢记是也。此例唯阮本误作"滕口"，与诸本皆异，足见阮本非善本也。

14 页四右 无疑亨在三事之中

按："中"，单疏本、足利本、八行本、十行本、刘本（嘉靖）、永乐本、闽本、明监本、毛本皆同，《要义》所引亦同。阮记云："浦镗云'中'当作'外'。"卢记同。考注云"恒而亨以济三事也"，若亨在三事之外，如何济之？作"中"是也，当从单疏本等。《举正》谓"中"字不误，是也。

15 页四左 释训卦名也

按："释训"，十行本、刘本（嘉靖）、永乐本、闽本、明监本、毛本同，《要义》所引亦同；单疏本作"训释"，足利本、八行本同。阮记云："钱本、闽、监、毛本同，宋本'释训'作'训释'。"卢记同。下《疏》明云"既训恒为久"，揆诸文义，则作"训释"似胜也。

16 页四左 因名此卦得其恒名

按："名"，十行本、刘本（嘉靖）、永乐本、闽本、明监本、毛本同；单疏本作"明"，足利本、八行本同，《要义》所引亦同。阮记云："闽、监、毛本同，宋本'名'作'明'。"卢记同。阮本《疏》文云"因名此卦得其恒名"，显然前后重复，揆诸文义，作"明"是也，当从单疏本等。

17 页五右 故终则复始往无穷也

按："也"，十行本、刘本（嘉靖）、永乐本、闽本、明监本、毛本同；足利本作"极"，八行本、抚本、建本、岳本同。阮记云："闽、监、毛本同，岳本、宋本、古本、足利本'也'作'极'。"卢记同。考单疏本《疏》文云"'故终则复始往无穷极'",则其所见本作"极",则作"极"是也,当从抚本等。

　　18 页五左 初六浚恒

　　按:"浚",足利本、八行本、十行本、刘本(嘉靖)、永乐本、闽本、明监本、毛本、抚本、建本、岳本、唐石经、白文本皆同,《要义》所引亦同。阮记云:"石经、岳本、闽、监、毛本同,《释文》:'浚',郑作'濬'。"卢记同。考单疏本《疏》文标起止云"初六浚恒至求深也",则其所见本作"浚",检敦煌残卷伯二六一七《释文》出字"浚",则作"浚"是也,《释文》所引,或别本也。

　　19 页五左 令物无余缊

　　按:"缊",足利本、八行本、十行本、刘本(嘉靖)、永乐本、闽本、明监本、毛本、抚本同;建本作"蕴",岳本同,《要义》所引亦同。阮记云:"闽、监、毛本同,岳本、钱本'缊'作'蕴',《释文》出'余缊'。"卢记同。"蕴"、"缊"互为别本也。又,《释文》出"余绵",注云"纡粉反,《广雅》云积也",检敦煌残卷伯二六一七《释文》出字"缊",注云"纡粉反,积也",则刊本《释文》之"绵"字显误,当作"缊"也。

　　20 页六右 或承之羞

　　按:"或承",足利本、八行本、十行本、刘本(嘉靖)、永乐本、闽本、明监本、毛本、抚本、建本、岳本、唐石经、白文本皆同。阮记云:"石经、岳本、闽、监、毛本同,《释文》:'或承',郑本作'咸承'。"卢记同。考单疏本《疏》文云"'或承之羞'",则其所见本作"或承",检敦煌残卷伯二六一七《释文》出字"或承",则作"或承"是也,《释文》所引,或别本也。

　　21 页六左 振恒凶

　　按:"振",足利本、八行本、十行本、刘本(嘉靖)、永乐本、闽本、明监本、毛本、抚本、建本、岳本、唐石经、白文本皆同,《要义》所引亦同。阮记云:"石经、岳本、闽、监、毛本同,《释文》:'振',张作'震'。"卢记同。考单疏本《疏》文云"'振恒凶'者",则其所见本作"振",《释文》出字"振恒",检敦煌残卷伯二六一七《释文》出字"振恤","恤"字显为"恒"字之讹,作"振"是也,《释文》所引,或别本也。

22 页七左 危至而后未行

按:"未",十行本同;足利本作"求",八行本、刘本(嘉靖)、永乐本、闽本、明监本、毛本、抚本、建本、岳本同,《要义》所引亦同。阮记无说,卢记补云:"毛本'未'作'求',案:'未'字宜衍,《正义》是'遯之为后也',可证。"考抚本王注云"处遯之时,不往何灾而为遯尾,祸所及也,危至而后求行,难可免乎?"文从字顺,危险已至,然后求行,大势已去,为时已晚,祸难岂可得免?"求"字不可阙,诸本唯十行本作"未",显误,卢记仅据《疏》文谓"未"为衍,而置"求"字不论,疏漏甚矣。

23 页七左 虽可免乎

按:"虽",十行本、刘本(嘉靖)、闽本同;足利本作"难",八行本、永乐本、明监本、毛本、抚本、建本、岳本同,《要义》所引亦同。阮记云:"闽本同,监、毛本'虽'作'难',不误,《释文》出'难可'。"卢记同。考抚本王注云"处遯之时,不往何灾而为遯尾,祸所及也,危至而后求行,难可免乎?"文从字顺,危险已至,然后求行,大势已去,为时已晚,祸难岂可得免?检敦煌残卷伯二六一七《释文》出字"难",亦可为证,作"难"是也,阮记是也。

24 页七左 物皆遯巳何以固之

按:"巳",足利本、八行本、十行本、刘本(嘉靖)、永乐本、闽本、明监本、毛本、抚本、建本、岳本皆同。阮记云:"岳本、闽、监、毛本同,《释文》:巳,音以,或音纪,案:音纪则当作人己字,《疏》云'物皆弃己而遯',则《正义》本作'己',与或音合。"卢记同。巳、己、巳三字古人雕版往往不加区分,此处已属两可,而以作"己"为长。

25 页八右 九三係遯

按:"係",足利本、八行本、十行本、刘本(嘉靖)、永乐本、闽本、明监本、毛本、抚本、建本、岳本、唐石经、白文本皆同,《要义》所引亦同。阮记云:"石经、岳本、闽、监、毛本同,《释文》:本或作'繫'。按:凡相连属谓之係,此'係遯'是也。"卢记同。考单疏本《疏》文云"'係遯'者",则其所见本作"係",检敦煌残卷伯二六一七《释文》出字"係",则作"係"是也,《释文》所引,或别本也。

26 页八右　宜遯而繫
·

按："繫"，足利本、八行本、十行本、刘本（嘉靖）、永乐本、建本同，
《要义》所引亦同；闽本作"係"，明监本、毛本、抚本、岳本同。阮记云：
"钱本、宋本、古本同，岳本、闽、监、毛本'繫'作'係'，下'繫遯'、'繫
于所在不能远害'同。"卢记同。"繫"、"係"互为别本，无有深意也。

27 页八右　有疾惫也
·

按："惫"，足利本、八行本、十行本、刘本（嘉靖）、永乐本、闽本、明
监本、毛本、抚本、建本、岳本、唐石经、白文本皆同。阮记云："石经、岳
本、闽、监、毛本同，《释文》：'惫'，王肃作'毙'，荀作'备'。"卢记同。
检敦煌残卷伯二六一七《释文》出字"惫"，则作"惫"是也，《释文》所引，
或别本也。

28 页八左　矰缴不能及
·

按："矰"，足利本、八行本、十行本、刘本（嘉靖）、永乐本、闽本、明
监本、毛本、抚本、岳本同，《要义》所引亦同；建本作"缯"。阮记云："岳
本、闽、监、毛本同，《释文》出'缯缴'。按：'矰'正字，'缯'假借字。"
卢记同。考单疏本《疏》文云"谓之矰缴"，则其所见本作"矰"，作"矰"是
也，"缯"为别本也，所谓正字、假借字之说，绝不可信。

29 页九右　一者谓阳爻
·

按："一"，十行本同；足利本作"大"，八行本、刘本（嘉靖）永乐本、
闽本、明监本、毛本、抚本、建本、岳本同。阮记云："岳本、闽、监、毛本
'一'作'大'，古本下有'也'字。"卢记补云："案：'大'字是也，《正义》
标起止可证。"考此王注释《象》辞，《象》云"大壮大者壮也"，并无"一"
字，显为"大"字之讹，当从抚本等，卢记是也。

30 页九右　遂广美正人之义
·

按："人"，十行本、永乐本同；单疏本作"大"，足利本、八行本、刘本
（嘉靖）、闽本、明监本、毛本同，《要义》所引亦同。阮记无说，卢记补云：
"案：'人'当作'大'。"考《象》云"正大而天地之情可见矣"，《疏》文释
之，故云"遂广美正大之义"，《疏》文之"正大"正本经文之"正大"也，作
"大"是也，当从单疏本等。

31 页九右 故正大则见天地之情

按："则"，刘本（嘉靖）、闽本、明监本、毛本同；单疏本作"即"，足利本、八行本、十行本、永乐本同。阮记云："闽、监、毛本同，钱本、宋本'则'作'即'。"卢记同。宋元刊本皆作"即"，作"即"是也，当从单疏本等，作"则"者，或因形近而讹也。

32 页九右 义归天极

按："极"，单疏本作"地"，足利本、八行本、十行本、刘本（嘉靖）、永乐本、闽本、明监本、毛本同，《要义》所引亦同。阮记无说，卢记补云："案：毛本'极'作'大'。"考《象》云"正大而天地之情可见矣"，《疏》文释之，故云"壮大之名义归天地"，《疏》文之"天地"正本经文之"天地"也，作"地"是也，当从单疏本等。唯阮本作"极"，显误。

33 页九左 君子以大壮而顺体也

按："顺体"，足利本作"顺礼"，八行本、十行本、刘本（嘉靖）永乐本、闽本、明监本、毛本、抚本、建本、岳本同，《要义》所引亦同。阮记云："岳本、钱本、闽、监、毛本'体'作'礼'，《释文》'而慎礼也'，'慎'或作'顺'。"卢记同。考此王注释《象》辞，《象》云"君子以非礼弗履"，故君子当顺礼，而非非礼也，"体"显为"礼"字之讹，作"顺礼"是也，当从抚本等，诸本皆同，唯阮本作"顺体"，可见其非善本也。又检敦煌残卷伯二六一七《释文》出字"慎礼"，注云"或作'顺'，义二通"，则"慎"字或为别本也。瞿记云"礼不误体"，则其家藏十行本不误，与阮本之底本不同，而与元刊十行本同。

34 页九左 其人信其穷凶也

按："其"，十行本、刘本（嘉靖）、永乐本、闽本、明监本、毛本同；单疏本作"有"，足利本、八行本同。阮记云："闽、监、毛本同，钱本、宋本'其'作'有'。"卢记同。其人信其，明显不通，作"有"是也，当从单疏本等。

35 页九左 羸其角

按："羸"，足利本、八行本、十行本、刘本（嘉靖）、永乐本、闽本、明监本、毛本、抚本、建本、岳本、唐石经、白文本皆同，《要义》所引亦同。阮记云："石经、岳本、闽、监、毛本同，《释文》：'羸'，王肃作'缧'，郑、虞作'累'，蜀才作'累'，张作'虆'。"卢记同。考单疏本《疏》文云"虆其角矣"，则其所见本作"虆"，检敦煌残卷伯二六一七《释文》出字"虆"，则作"虆"是也，《释文》所引，或别本也。

36 页十右 用之以为网罗于己

按："以"，单疏本、十行本、刘本（嘉靖）、永乐本、闽本、明监本、毛本同；足利本无，八行本同。阮记云："闽、监、毛本同，宋本无'以'字。"卢记同。考王注云"君子用之以为罗己者也"，《疏》文本注释经，"用之以为"正本注文，"以"字不可阙，当从单疏本等。足利本"用之"二字正处行末，"为网"则是另行起首，颇疑写手上板时因另行而书，偶脱"以"字也。

37 页十右 君子罔也

按："罔"，足利本、八行本、十行本、刘本（嘉靖）、永乐本、闽本、明监本、毛本、抚本、建本、岳本、唐石经、白文本皆同。阮记云："石经、岳本、闽、监、毛本同，古本'罔'上有'用'字，非。"卢记同。诸本皆同，阮记云古本作"用罔"非，是也。

38 页十右 大舆之輹

按："輹"，足利本、八行本、十行本、刘本（嘉靖）、永乐本、闽本、明监本、毛本、抚本、建本、岳本、唐石经、白文本皆同。阮记云："石经、岳本、闽、监、毛本同，《释文》：'輹'，本又作'辐'。"卢记同。考单疏本《疏》文云"大舆之輹"，则其所见本作"輹"，检敦煌残卷伯二六一七《释文》出字"輹"，则作"輹"是也，《释文》所引，或别本也。

39 页十左 二理自为矛揗

按："揗"，十行本、永乐本同；单疏本作"楯"，足利本、八行本同；刘本（嘉靖）作"盾"，闽本、明监本、毛本同，《要义》所引亦同。阮记引文"二理自为矛楯"，云："钱本、宋本同，闽、监、毛本'楯'作'盾'。"卢记同。矛楯成辞，作楯是也，当从单疏本等。

40 页十左 持疑犹豫

按："豫"，足利本、八行本、十行本、刘本（嘉靖）、永乐本、闽本、明监本、毛本、抚本、岳本同；建本作"与"。阮记云："岳本、闽、监、毛本同，《释文》：'犹与'，一本作'预'。按：'与'，'豫'之假借字，'预'又'豫'之俗字。"卢记同。考单疏本《疏》文云"持疑犹豫"，则其所见本作"豫"，作"豫"是也。

41 页十一右 固志在一

按："一"，足利本、八行本、十行本、永乐本、抚本、建本、岳本同；刘本（嘉靖）作"三"，闽本、明监本、毛本同。阮记云："岳本、宋本、古本、足利本同，闽、监、毛本'一'作'三'。"卢记云："岳本、闽本、古本、足利本同，闽、监、毛本'一'作'三'。"此王注，前云"志无所定，以斯决事，未见所利"，据此，则固志在一，即志有所定之义，所定于一也，作"一"是也，当从抚本等，刘本等改作"三"，皆误。卢记前后皆言闽本，显误，阮记不误也。

42 页十一右 疑之不已

按："疑"，十行本、刘本（嘉靖）、永乐本、闽本、明监本、毛本同；单疏本作"钦"，足利本、八行本同。阮记引文云："闽、监、毛本同，钱本、宋本'疑'作'钦'。"卢记同。考单疏本《疏》文云"有应于三，钦之不已，故不能退避"，此"钦"乃思望之义，《诗·秦风·晨风》"忧心钦钦"，《传》云"思望之"，则作"钦"是也，当从单疏本等。"疑"字或因形近而讹。

43 页十一右 不详也

按："详"，足利本、八行本、十行本、刘本（嘉靖）、永乐本、闽本、明监本、毛本、抚本、建本、岳本、唐石经、白文本皆同。阮记云："石经、岳本、宋本、闽、监、毛本同，古本、足利本'详'作'祥'，《释文》：'不详'，郑、王肃作'祥'。案：此则王弼本自作'详'，古本、足利本，非也。"卢记同。检敦煌残卷伯二六一七《释文》出字"详"，则作"详"是也，《释文》所引，或别本也。

44 页十一右 不详也

按："详"，十行本、刘本（嘉靖）、永乐本、闽本、明监本、毛本同；单疏本作"祥"，足利本、八行本同。阮记云："闽、监、毛本同，钱本、宋本'详'作'祥'。"卢记同，又补云："案：下并同。"单疏本《疏》文云"'不祥也'者"，则其所见本经文或作"不祥也"，由上条校记可知，今日所见各本经文皆作"详"，于此可见，足利本乃将经注本插入单疏本，而未改动原文，故有此龃龉也。

45 页十一右　晋

按：足利本、八行本、十行本、刘本（嘉靖）、永乐本、闽本、明监本、毛本、抚本、建本、岳本、唐石经、白文本皆同，《要义》所引亦同。阮记引文"晋"，云："石经、岳本、闽、监、毛本同，《释文》：孟作'齐'。"卢记引文"晋"，所云同。考单疏本《疏》文云"'晋'者卦名也"，则其所见本作"晋"，检敦煌残卷伯二六一七《释文》出字"晋"，则作"晋"是也，《释文》所引，或别本也。阮本此"晋"右旁未加圈，而所附卢记引文"晋"旁竟加圈，显由疏忽所致，可谓舛乱殊甚也。

46 页十一左　凡言上行者所以在贵也

按："以"，十行本、刘本（嘉靖）、永乐本、闽本、明监本、毛本同；足利本作"之"，八行本、抚本、建本、岳本同。阮记云："闽、监、毛本同，岳本、宋本、古本、足利本'以'作'之'。案：《噬嗑》注皆'所之在贵也'，足证此文'以'字为'之'字之误。"卢记同。经云"大明柔进而上行"，进者，之也，故注云"所之在贵也"，作"之"是也，当从抚本等，阮记是也。

47 页十二右　进之初

按："进"，十行本、刘本（嘉靖）、永乐本、闽本、明监本、毛本同；单疏本作"处进"，足利本、八行本同，《要义》所引亦同。阮记云："闽、监、毛本同，钱本、宋本上有'处'字。"卢记同。考王注云"处顺之初""处卦之始"，单疏本《疏》文云"处进之初"，正仿其语气，"处"字不可阙也，当从单疏本等。

48 页十二左　而回其志

按："回"，足利本、八行本、十行本、刘本（嘉靖）、永乐本、闽本、明监本、毛本、抚本、建本、岳本皆同。阮记云："岳本、闽、监、毛本同，古本'回'误'曲'。下'履贞不回'同。"卢记同。诸本皆同，注云"不以无应而回其志"，正与前文"进而无应，其德不昭"，前后相应，作"回"是也，当从抚本等，古本不可从。

49 页十二左　处晦能致其诚者也

按："晦"，足利本、八行本、十行本、刘本（嘉靖）、永乐本、闽本、明监本、毛本、抚本、建本同；岳本作"悔"。阮记云："闽、监、毛本同，岳本'晦'作'悔'。"卢记同。抚本注云"处晦能致其诚者也，修德以斯，闻乎幽昧",处晦、幽昧,前后相应,作"晦"是也,当从抚本等,岳本不可从。

50 页十二左 修德以斯间乎幽昧

按:"间",十行本、刘本(嘉靖)、永乐本、闽本、明监本、毛本同;足利本作"闻",八行本、抚本、建本、岳本同。阮记云:"闽、监、毛本同,岳本、宋本、古本、足利本'间'作'闻'。《释文》出'闻乎'。"卢记同。间乎幽晦,不辞,"闻乎幽晦"者,为幽晦所闻也,作"闻"是也,当从抚本等。《正字》云:"'闻',误'间'。"是也。

51 页十二左 故曰进如愁如

按:"进",单疏本、足利本、八行本、十行本、刘本(嘉靖)、永乐本、闽本、明监本同;毛本作"晋"。阮记云:"闽、监本同,毛本'进'作'晋',是也。"卢记同。考经文云"晋如愁如",《疏》文引经,当作"晋"也,毛本改之,是也,然无版本依据,存疑可也。

52 页十二左 故得其悔亡

按:"其",十行本、刘本(嘉靖)、永乐本、闽本、明监本、毛本同;单疏本无,足利本、八行本同。阮记云:"闽、监、毛本同,钱本、宋本上无'其'字。"卢记同。考王注云"故得悔亡",《疏》文本之,应无"其"字,当从单疏本等。

53 页十二左 九四晋如鼫鼠

按:"鼫",足利本、八行本、十行本、刘本(嘉靖)、永乐本、闽本、明监本、毛本、抚本、建本、岳本、唐石经、白文本皆同,《要义》所引亦同。阮记云:"石经、岳本、闽、监、毛本同,《释文》:'鼫',《子夏传》作'硕'。"卢记同。考单疏本《疏》文云"'九四晋如鼫鼠'者",则其所见本作"鼫",检敦煌残卷伯二六一七《释文》出字"鼫",则作"鼫"是也,《释文》所引,或别本也。

54 页十三右 正之厄也

按:"厄",十行本、永乐本同;足利本作"危",八行本、刘本(嘉靖)、闽本、明监本、毛本、抚本、建本、岳本同,《要义》所引亦同。阮记无说,卢记补云:"案:'厄'当'危'字之讹,《正义》'正之危也'可证,毛本作'危'。"考抚本王注云"志无所据,以斯为进,正之危也",揆诸文义,作"危"是也,宋刊注疏本、经注本皆可为证,卢记是也。

55 页十三右 鼫鼠五能不成一伎王

按："王"，十行本、刘本（嘉靖）、永乐本、闽本、明监本、毛本同；单疏本作"术"，足利本、八行本同，《要义》所引亦同。阮记云："闽、监、毛本同，钱本、宋本'王'作'术'。按：卢文弨云：《颜氏家训》作'不成枝术'，知'王'字误也。"卢记同。伎王，不辞，伎术与五能，正前后相应，作"术"是也，当从单疏本等。

56 页十三右 能游不能度谷能穴不能掩身

按："度"，刘本（嘉靖）、闽本、明监本、毛本同；单疏本作"渡"，足利本、八行本、十行本、永乐本同，《要义》所引亦同。阮记云："闽、监、毛本同，钱本、宋本'度'作'渡'。按：《诗疏》亦作'渡'。"卢记同。"掩"，单疏本、足利本、八行本、刘本（嘉靖）、闽本、明监本、毛本同，《要义》所引亦同；十行本作"淹"，永乐本同。阮记云："《诗疏》'掩'作'覆'。"卢记同。揆诸文义，作"渡""掩"是也，"掩""覆"字义相通，古人引文不必完全一致，然作"淹"显误也。瞿记云"渡不作度"，则其家藏十行本不误，与刘本、阮本之底本不同，而与元刊十行本同。

57 页十三右 六五悔亡失

按："失"，足利本、八行本、十行本、刘本（嘉靖）、永乐本、闽本、明监本、毛本、抚本、建本、岳本、唐石经、白文本皆同，《要义》所引亦同。阮记云："石经、岳本、闽、监、毛本同，《释文》：'失'，孟、马、郑、虞、王肃本作'矢'。"卢记同。考单疏本《疏》文云"'悔亡失'"，则其所见本作"失"，作"失"是也，《释文》所引，或别本也。

58 页十三右 能不用柔不代下任也

按："柔"，足利本作"察"，八行本、十行本、刘本（嘉靖）、永乐本、闽本、明监本、毛本、抚本、建本、岳本同。阮记无说，卢记补云："毛本'柔'作'察'。"此王注，考单疏本《疏》文云"能不自用其明，委任于下"，正本注释经也，不用其明，即不用察之意，若作"柔"，则句义不可晓，作"察"是也，当从抚本等。此字唯有阮本作"柔"，诸本皆不误，可见阮本实非善本也。

59 页十三右 正义曰有庆者委任得人

按："正义曰有"，十行本、刘本（嘉靖）、永乐本、闽本、明监本、毛本同；单疏本作"象口有"，足利本、八行本同。阮记云："卢文弨云：《疏》读'失得勿恤往'为句，故此上无'往'字。"卢记同。此处十行本系统《疏》文为新起，与上文隔断，八行本系统《疏》文则与上《疏》前后相连，与单疏本一致，于此可见，二者合刻注疏插入方式不同也，无论八行本、十行本此处皆无"往"字，阮本于此加圈，实属无谓也。

60 页十四右 文王以之

按："以"，足利本、八行本、十行本、刘本（嘉靖）、永乐本、闽本、明监本、毛本、抚本、建本、岳本、唐石经、白文本皆同，《要义》所引亦同。阮记云："石经、岳本、闽、监、毛本同，《释文》：'郑、荀、向作'似之'，下亦然。'"卢记同。考单疏本《疏》文云"'文王以之'者"，则其所见本作"以"，作"以"是也，《释文》所引，或别本也。

61 页十四右 不为邪千

按："千"，单疏本作"谄"，足利本、八行本、刘本（嘉靖）、永乐本、闽本、明监本、毛本同，《要义》所引亦同；十行本作"一"。阮记无说，卢记补云："毛本'千'作'谄'。"邪千，不辞，揆诸文义，作"谄"是也，当从单疏本等。此字阮本作"千"，十行本作"一"，皆非。

62 页十四右 蔽伪百姓者也

按："蔽"，足利本、八行本、十行本、刘本（嘉靖）、永乐本、闽本、明监本、毛本、抚本、建本、岳本皆同。阮记云："岳本、闽、监、毛本同。《释文》：蔽伪'，本或作'獘伪'。"卢记同。此王注，考单疏本《疏》文云"蔽伪百姓者也"，正本注释经也，则其所见本作"蔽"，作"蔽"是也，当从抚本等，《释文》所引，或别本也。

63 页十四左 巧所辟也

按：足利本、八行本、十行本、刘本（嘉靖）、永乐本、闽本、明监本、毛本、岳本同；抚本作"乃所辟也"，建本同。阮记无说，卢记补云："岳本、毛本同，古本、足利本'巧'作'乃'，闽本、明监本'辟'作'避'。"此王注，抚本王注云"藏明于内，乃得明也，显明于外，乃所辟也"，"乃"字前后相承，作"乃"是也，当从抚本等。闽本、明监本皆作"辟"，卢记谓其作"避"，不知所据何本。

64 页十四左　初处卦之始最远于难也

　　按：足利本、八行本、十行本、刘本（嘉靖）、永乐本、闽本、明监本、毛本、抚本、建本、岳本皆同。阮记云："岳本、闽、监、毛本同。古本'初'下有'九'字，'也'上有'者'字。"卢记同。此王注，诸本皆同，当从抚本等，所谓古本，不可信从。

65 页十四左　六二明夷

　　按：足利本、八行本、十行本、刘本（嘉靖）、永乐本、闽本、明监本、毛本、抚本、建本、岳本、唐石经、白文本皆同。阮记、卢记皆无说。考单疏本《疏》文标起止云"六二明夷夷至以则也"，则其所见本作"夷"，检敦煌残卷伯二六一七《释文》出字"夷"，则作"夷"是也，不知阮本为何于此加圈。

66 页十四左　夷于左股用拯马壮吉

　　按：足利本、八行本、十行本、刘本（嘉靖）、永乐本、闽本、明监本、毛本、抚本、建本、岳本、唐石经、白文本皆同。阮记云："岳本、闽、监、毛本同，石经'股用拯'三字漫漶，《释文》：'夷'，子夏作'睇'，京作'睼'，'左股'，姚作'右盘'，'拯'，子夏作'抍'。"卢记同。考单疏本《疏》文云"'夷于左股'者""故曰'用拯马壮吉'"，则其所见本作"夷于左股用拯马壮吉"，检敦煌残卷伯二六一七《释文》出字"左股""用承"，则《释文》所引，或别本也。

67 页十四左　是行不能壮也

　　按："是"，十行本、刘本（嘉靖）、闽本、明监本、毛本同；足利本作"示"，八行本、永乐本、抚本、建本、岳本同。阮记云："闽、监、毛本同。岳本、宋本、古本、足利本'是'作'示'，《释文》出'示行'。"卢记同。此王注，是行，不辞，检敦煌残卷伯二六一七《释文》出字"示行"，则作"示"是也，当从抚本等。

68 页十五右　然后乃免也

　　按："乃"，足利本、八行本、十行本、刘本（嘉靖）、永乐本、闽本、明监本、毛本、抚本、建本、岳本皆同。阮记云："岳本、闽、监、毛本同，《释文》：'然后而免也'，一本作'然后乃获免也'，古本'乃'作'获'。"卢记同。诸本皆同，作"乃"是也，当从抚本等，《释文》所引，或别本也。

69 页十五右 九三明夷于南狩

按："狩"，足利本、八行本、十行本、刘本（嘉靖）、永乐本、闽本、明监本、毛本、抚本、建本、岳本、唐石经、白文本皆同。阮记云："石经、岳本、闽、监、毛本同，《释文》：'狩'，本亦作'守'。"卢记同。考单疏本《疏》文云"'明夷于南狩得其大首'者"，则其所见本作"狩"，检敦煌残卷伯二六一七《释文》出字"狩"，作"狩"是也，则《释文》所引，或别本也。

70 页十五右 乃得大也

按："得大"，十行本、永乐本同；足利本作"大得"，八行本、刘本（嘉靖）、闽本、明监本、毛本、抚本、建本、岳本、唐石经、白文本同。阮记云："石经、岳本、闽、监、毛本作'乃大得也'，《疏》亦云'是其志大得也'。"卢记补云："案：大得，是也，误倒耳。"考单疏本《疏》文云"'南狩之志乃大得'者"，则其所见本作"大得"，则作"大得"是也，当从抚本等，十行本等作"得大"，显误，卢记是也。

71 页十五左 随时辟难

按："随"，刘本（嘉靖）、闽本、明监本、毛本同，《要义》所引亦同；足利本作"虽"，八行本、十行本、永乐本、抚本、建本、岳本同。阮记云："钱本、闽、监、毛本同，岳本、宋本、古本、足利本'随'作'虽'。"卢记同。王注云"故虽近不危，随时辟难"，虽时，不辞，揆诸文义，作"随"是也，单疏本《疏》文云"'随时辟难'"，则其所见本作"随"，亦可为证。瞿记云"虽不作随"，则其家藏十行本不误，与刘本、阮本之底本不同，而与元刊十行本同。

72 页十五左 腹者事情之地

按："事"，单疏本作"怀"，足利本、八行本、十行本、刘本（嘉靖）、永乐本、闽本、明监本、毛本同。阮记无说，卢记补云："毛本'事'作'怀'。"腹者，如何事情？揆诸文义，作"怀"是也，当从单疏本等。此字唯阮本作"事"，可见其非善本也。

73 页十五左 获心意也

按："也"，足利本、八行本、十行本、刘本（嘉靖）、永乐本、闽本、明监本、毛本、抚本、建本、岳本、唐石经、白文本皆同。阮记云："石经、岳本、闽、监、毛本同，古本'也'误'者'。"卢记同。考单疏本《疏》文云

"故曰'获心意也'",则其所见本作"也",诸本皆同,作"也"是也,阮记是也。

74 页十五左　六五箕子之明夷

按:"箕",足利本、八行本、十行本、刘本(嘉靖)、永乐本、闽本、明监本、毛本、抚本、建本、岳本、唐石经、白文本皆同。阮记云:"石经、岳本、闽、监、毛本同,《释文》:蜀才'箕'作'其',刘向云:今易箕子作荄滋。"卢记同。考单疏本《疏》文标起止云"六五箕子至可息也",又云"故曰'箕子之明夷'也",则其所见本作"箕",检敦煌残卷伯二六一七《释文》出字"箕子",作"箕"是也,则《释文》所引,或别本也。

75 页十六左　即入不失父道

按:"入",十行本同;单疏本作"父",足利本、八行本、刘本(嘉靖)、永乐本、闽本、明监本、毛本同。阮记无说,卢记补云:"毛本'入'作'父'。"考单疏本《疏》文云"即父不失父道,乃至妇不失妇道",以后况前,作"入"显误,作"父"是也,当从单疏本等。

76 页十七右　发迩化远

按:"化",单疏本、足利本、八行本、十行本、刘本(嘉靖)、永乐本、闽本同;明监本作"见",毛本同。阮记云:"宋本、闽本同,监、毛本'化'作'见'。"卢记同。宋元诸本皆作"化",发于进而化在远也,作"化"是也,当从单疏本等。

77 页十七右　则悔矣

按:足利本、八行本、十行本、刘本(嘉靖)、永乐本、闽本、明监本、毛本、抚本、建本、岳本皆同,《要义》所引亦同。阮记云:"岳本、闽、监、毛本同,古本作'则悔成矣',足利本作'则悔生矣'。"卢记同。诸本皆同,古本、足利本皆不可信从也。

78 页十七右　志未变也

按:"也",足利本、八行本、十行本、刘本(嘉靖)、永乐本、闽本、明监本、毛本、抚本、建本、岳本、唐石经、白文本皆同。阮记云:"石经、岳本、闽、监、毛本同,古本'也'上衍'之'字。"卢记同。考单疏本《疏》文云"'志未变也'者",则其所见本作"也",诸本皆同,作"也"是也,阮记是也。

79 页十七右 九三家人嗃嗃

按:"嗃嗃",足利本、八行本、十行本、刘本(嘉靖)、永乐本、闽本、明监本、毛本、抚本、建本、岳本、唐石经、白文本皆同,《要义》所引亦同。阮记云:"石经、岳本、闽、监、毛本同,《释文》:'嗃嗃',荀作'确确',刘作'熇熇'。"卢记同。考单疏本《疏》文云"'家人嗃嗃'",则其所见本作"嗃嗃",检敦煌残卷伯二六一七《释文》出字"嗃＝",作"嗃嗃"是也,则《释文》所引,或别本也。

80 页十七右 妇子嘻嘻终吝

按:"嘻嘻",足利本、八行本、十行本、刘本(嘉靖)、永乐本、闽本、明监本、毛本、抚本、建本、岳本、唐石经、白文本皆同,《要义》所引亦同。阮记云:"石经、岳本、闽、监、毛本同,古本'终'下衍'之'字,《释文》:'嘻嘻',张作'嬉嬉',陆作'喜喜'。"卢记同。考单疏本《疏》文云"'妇子嘻嘻终吝'者",则其所见本作"嘻嘻",检敦煌残卷伯二六一七《释文》出字"嘻＝",作"嘻嘻"是也,则《释文》所引,或别本也。

81 页十七左 犹得其道

按:足利本、八行本、十行本、刘本(嘉靖)、永乐本、闽本、明监本、毛本、抚本、建本、岳本皆同。阮记云:"岳本、闽、监、毛本同,《集解》作'犹得吉也',古本无'犹'字。"卢记同。诸本皆同,《集解》所引,或别本也。

82 页十八右 上得终于家道

按:"上",单疏本作"乃",足利本、八行本、刘本(嘉靖)、永乐本、闽本、明监本、毛本同;十行本作"三"。阮记无说,卢记补云:"毛本'上'作'乃'。"考单疏本《疏》文云"威、信并立,乃得终于家道",揆诸文义,作"上"显误,作"乃"是也,当从单疏本等。似"乃"字讹作"三","三"又讹作"上",故唯有十行本、阮本字误也。

83 页十九右 与人合志

按:"人",十行本、刘本(嘉靖)、永乐本、闽本、明监本、毛本同;足利本作"四",八行本、抚本、建本、岳本同。阮记云:"闽、监、毛本同,岳本、宋本、古本、足利本'人'作'四'。"卢记同。与人之人,所指不明,考单疏本《疏》文云"四亦处下,无应独立,不乖于己,与己合志",乃本注释经，四与己合志，即己与四合志之义，检敦煌残卷伯二六三八《易·睽》注文正作"四"，作"四"是也，当从抚本等。

84 页十九右　马者必显之物

按："显"，足利本、八行本、十行本、刘本（嘉靖）、永乐本、闽本、明监本、毛本、抚本、建本、岳本皆同。阮记云："岳本、闽、监、毛本同，古本下有'也'字，《释文》：'必显'一本作'必类'，下'相显'亦然。"卢记同。考单疏本《疏》文云"马之为物，难可隐藏"，正本注释经，难可隐藏，即"必显"之意也，检敦煌残卷伯二六三八《易·睽》注文正作"显"，又伯二六一七《释文》出字"必显"，作"显"是也，则《释文》所引，或别本也。

85 页十九左　见谓逊接之也

按："见"，单疏本、足利本、八行本、十行本、刘本（嘉靖）、永乐本、闽本、明监本、毛本皆同。阮记云："闽、监、毛本同，钱本、宋本无'见'字。"卢记同。考单疏本《疏》文云"故曰'见恶人无咎'，'见'谓逊接之也"，"见"字显不可阙，当从单疏本等，诸本皆同，阮记谓宋本无"见"字，误甚。《举正》谓无"见"字者脱也，诸本皆有"见"字，何来无者？盖亦误信阮记之说也。

86 页十九左　象曰见恶人以辟咎也

按："辟"，十行本、刘本（嘉靖）、永乐本、闽本、明监本、毛本同。阮记云："闽、监、毛本同，宋本'辟'作'避'。"卢记同。此十行本标起止，无有作"避"者，且单疏本、八行本皆无此句，阮记所谓宋本作"避"，不知何据也。

87 页十九左　六三见舆曳其牛掣其人天且劓

按："掣"，足利本、八行本、十行本、刘本（嘉靖）、永乐本、闽本、明监本、毛本、抚本、建本、岳本、唐石经、白文本皆同，《要义》所引亦同。"劓"，足利本、十行本、八行本、刘本（嘉靖）、永乐本、闽本、明监本、毛本、抚本、建本、岳本、唐石经、白文本皆同，《要义》所引亦同。阮记云："石经、岳本、闽、监、毛本同，《释文》：'掣'，郑读作'挈'，子夏作'挈'，荀作'觭'，刘本从《说文》作'挈'，'劓'，王肃作'劓劓'。"卢记唯"劓劓"作"劓"，余同。考单疏本《疏》文云"'见舆曳其牛掣'者"，"'其人天且劓'"，则其所见本作"六三见舆曳其牛掣其人天且劓"，检敦煌残卷伯二六三八《易·暌》经文作"六三见舆曳其牛掣其人天且劓",又伯二六一七《释文》出字"掣""劓",则《释文》所引,或别本也。检《释文》出字"劓",小注云"王肃作'劓',劓,鱼一反",则阮记误引,卢记删之,是也。

88 页二十左 有应故亡

按:"亡",足利本、八行本、十行本、刘本(嘉靖)、永乐本、闽本、明监本、毛本、抚本、建本、岳本皆同。阮记云:"岳本、闽、监、毛本同,古本、足利本'亡'上有'悔'字。按:《集解》有'悔'字,《正义》本同,是古本之所据也。"卢记同。诸本皆同,考王注云"悔也,有应故亡",若作"悔也有应故悔亡",岂非前后重复?"悔"字绝不应有,阮记按语误甚。

89 页二十左 后说之弧

按:"弧",足利本、八行本、十行本、刘本(嘉靖)、永乐本、闽本、明监本、毛本、抚本、建本、岳本、唐石经、白文本皆同,《要义》所引亦同。阮记云:"石经、岳本、闽、监、毛本同,《释文》:'弧',本亦作'壶',京、马、郑、王肃、翟子元作'壶'。"卢记同。考单疏本《疏》文云"'后说之弧'者",则其所见本作"弧",检敦煌残卷伯二六一七《释文》出字"之弧",云"京、马、郑、肃作'胡'",则作"弧"是也,传世本《释文》下"壶",显为"胡"字之讹也,其所引,或别本也。

90 页二十左 豕失负涂秽莫过焉

按:"失",十行本、刘本(嘉靖)、永乐本、闽本同;足利本作"而",八行本、抚本、建本、岳本同,《要义》所引亦同;明监本作"之",毛本同。阮记云:"闽本同,岳本、钱本、宋本、古本'失'作'而',监、毛本作'之',足利本作'也',案:'而'是。"卢记同。考单疏本《疏》文云"豕而失负涂泥",正本注释经,作"而"是也,阮记是也。

91 页二十左 恢诡谲怪道

按:"谲",足利本、八行本、十行本、刘本(嘉靖)、永乐本、闽本、明监本、毛本、抚本、建本、岳本皆同,《要义》所引亦同。阮记云:"岳本、闽、监、毛本同,《释文》:'谲',本亦作'决'。"卢记同。考单疏本《疏》文标起止云"注恢诡谲怪道将为一",则其所见本作"谲",检敦煌残卷伯二六一七《释文》出字"诡谲",作"谲"是也,则《释文》所引,或别本也。

92 页二十左 未至于治先见殊怪

按："治先"，十行本、刘本（嘉靖）、永乐本、闽本、明监本、毛本同；足利本作"洽先"，八行本、抚本、岳本同；建本作"合先"，《要义》所引亦同。阮记云："闽、监、毛本同，岳本、钱本、宋本、足利本'治'作'洽'，古本'治先'作'合志'，一本'治'作'合志'二字。"卢记同。考单疏本《疏》文云"未至于洽先见殊怪"，则其所见本作"洽先"，作"洽先"是也，"治先""合先"皆非也。孟记以为当作"合先"，误矣。

93 页二十左 故见豕负涂

按："故"，足利本、八行本、十行本、刘本（嘉靖）、永乐本、闽本、明监本、毛本、抚本、建本、岳本皆同，《要义》所引亦同。阮记云："岳本、闽、监、毛本同，古本'故'下有'曰'字。"卢记同。诸本皆同，古本非也。

94 页二十左 四剥其应

按："剥"，十行本、刘本（嘉靖）、永乐本、闽本、明监本、毛本、抚本、建本、岳本同，《要义》所引亦同；足利本作"刺"，八行本同。阮记云："岳本、闽、监、毛本同，钱本、宋本、古本'剥'作'刺'，《释文》出'四剥'。"卢记同。考单疏本《疏》文云"四剥其应"，则其所见本作"剥"，检敦煌残卷伯二六一七《释文》出字"剥"，作"剥"是也，足利本等作"刺"，显误。

95 页二十一右 未至于治先见殊怪

按："治"，十行本、刘本（嘉靖）、永乐本、闽本、明监本、毛本同；单疏本作"洽"，足利本、八行本同。阮记云："闽、监、毛本同，宋本'治'作'洽'。"卢记同。考抚本王注云"未至于洽先见殊怪"，《疏》文本之，作"洽"是也，当从单疏本等。

96 页二十一右 乃得与二为婚媾矣

按："二"，十行本、刘本（嘉靖）、永乐本、闽本、明监本、毛本同；单疏本作"三"，足利本、八行本同。阮记云："闽、监、毛本同，钱本、宋本'二'作'三'。"卢记同。考单疏本《疏》文云"'匪寇婚媾'者，'四剥其应'，故谓四为寇，睽志既通，匪能为寇，乃得与三为婚媾矣"，"匪能为寇"者，谓九四也，九四，王注云"五自应二，三与己睽"，则二与五应，四与三睽为婚媾也，作"三"是也，当从单疏本等。

97 页二十一右 故为举筵

按:"为",单疏本、足利本、八行本、十行本、刘本(嘉靖)、永乐本、闽本、明监本、毛本皆同。阮记云:"孙志祖云:今本《庄子》'故为'下有'是'字。"卢记同。诸本皆同,孔颖达所见本不必与传世本完全一致也。

98 页二十一左 利西南不利东北

按:"利",足利本、八行本、十行本、刘本(嘉靖)、永乐本、闽本、明监本、毛本、抚本、建本、岳本、唐石经、白文本皆同,《要义》所引亦同。阮记、卢记皆无说。又阮记引文"利西南",云:"石经、岳本、闽、监、毛本同,古本'利'下衍'也'字。"卢记同。考单疏本《疏》文云"'利西南不利东北'者",则其所见本作"利",诸本皆同,作"利"是也,古本非也。阮本于"不利东北"之"利"旁加圈,显为疏漏。

99 页二十一左 西南险位平易之方

按:"险",十行本、刘本(嘉靖)、永乐本、闽本同;单疏本作"地",足利本、八行本同;明监本作"顺",毛本同。阮记云:"闽本同,宋本'险'作'地',监、毛本作'顺'。"卢记同。考单疏本《疏》文云"西南地位平易之方,东北险位阻碍之所",既是平易之方,如何又为险位?作"险"显非,作"地"是也,当从单疏本等,明监本等改作"顺",亦非。

100 页二十一左 遇难失正吉可得乎

按:"吉",足利本、八行本、十行本、刘本(嘉靖)、永乐本、闽本、明监本、毛本、抚本、建本、岳本皆同。阮记云:"岳本、闽、监、毛本同,古本'吉'下有'何'字,一本作'吉何可得也',足利本上有'何'字。"卢记同。诸本皆同,古本等皆非也。

101 页二十一左 以正邦也

按:"邦",足利本、八行本、十行本、刘本(嘉靖)、永乐本、闽本、明监本、毛本、抚本、建本、岳本、唐石经、白文本皆同。阮记云:"石经、岳本、闽、监、毛本同,《释文》:'正邦',荀、陆本作'正国',为汉朝讳。"卢记同。考单疏本《疏》文云"故曰'以正邦也'",则其所见本作"邦",检敦煌残卷伯二六一七《释文》出字"正邦",作"邦"是也,《释文》所云或是。

102 页二十二左 宜待也

按:"宜待",足利本、八行本、十行本、刘本(嘉靖)、永乐本、闽本、明监本、毛本、抚本、建本、岳本、唐石经、白文本皆同。阮记云："岳本、闽、监、毛本同，石经'待也'二字漫漶，《释文》：张本作'宜时也'，郑本'宜待时也'。"卢记同。考单疏本《疏》文云"'宜待'者"，则其所见本作"宜待"，检敦煌残卷伯二六一七《释文》出字"宜待"，作"宜待"是也，《释文》所引，或为别本。

103 页二十二左　处难之时

按："之"，十行本、刘本（嘉靖）、永乐本、闽本、明监本、毛本、抚本、建本、岳本同，《要义》所引亦同；足利本作"穷"，八行本同。阮记云："岳本、闽、监、毛本同，钱本、宋本、古本'之'作'穷'。"卢记同。处难穷时，不知何义，作"之"是也，《要义》所引，亦可为证，当从抚本等。

104 页二十二左　处蹇以比

按："比"，足利本作"此"，八行本、十行本、刘本（嘉靖）、永乐本、闽本、明监本、毛本、抚本、建本、岳本同，《要义》所引亦同。阮记无说，卢记补云："毛本'比'作'此'。"考抚本王注云"屡中行义，以存其上，处蹇以此，未见其尤也"，处蹇以此之此，正指"屡中行义，以存其上"，作"比"则不知何义，作"此"是也，《要义》所引，亦可为证，诸本皆同，唯阮本作"比"，可见其实非善本也。

105 页二十二左　九五居于王位而在难中

按："而"，单疏本、足利本、八行本、十行本、刘本（嘉靖）、永乐本、闽本、明监本同；毛本作"尚"。阮记云："钱本、闽、监本同，毛本'而'作'尚'。"卢记同。"居于王位"，与"在难中"，前后恰成转折关系，故作"而"是也，当从单疏本等，作"尚"显误。

106 页二十三左　往则失之

按：十行本、刘本（嘉靖）、永乐本、闽本、明监本、毛本、抚本、岳本同；足利本作"往之则失"，八行本、建本同。阮记云："岳本、闽、监、毛本同，钱本、宋本、古本作'往之则失'。"卢记同。考抚本王注云"往则失之，来则志获"，"往则"对"来则"，当从抚本等也。

107 页二十三左　以从阳

按："以"，刘本（嘉靖）、闽本、明监本、毛本同；单疏本作"以阴"，足利本、八行本、十行本、永乐本同。阮记云："闽、监、毛本同，宋本'以'下有'阴'字。"卢记同。考单疏本《疏》文云"以从贵者，贵谓阳也，以阴从阳，故云以从贵也"，若阙"阴"字，则不知从阳者为谁，"阴"字不可阙，当从单疏本等。

108 页二十三左 遇难不困于东北

按：足利本作"也亦不因于东北"，八行本同；十行本作"也亦不困于东北"，刘本（嘉靖）、永乐本、闽本、明监本、毛本、抚本、建本、岳本同，《要义》所引亦同。阮记云："岳本、闽、监、毛本'遇难'作'也亦'，宋本'难不困于东北'作'亦不因于东北'。"卢记同。考经云"解利西南"，抚本王注云"西南，众也，解难济险，利施于众也，亦不困于东北，故不言不利东北也"，因不困故不言不利，当从抚本等也，"也亦"唯阮本作"遇难"，可见其实非善本也。

109 页二十四右 解难而济厄者也

按：足利本、八行本、十行本、刘本（嘉靖）、永乐本、闽本、明监本、毛本、抚本、建本、岳本同，《要义》所引亦同。阮记引文"解难而济厄者也"，云："十行本'难'字阙，岳本如此，闽、监、毛本同，古本、足利本'厄'作'危'，下放此，《释文》：'厄'或作'危'。"卢记同，又补云："'难'字今依校补梀。"考抚本王注云"无难可往以解""有难则能济其厄"，此正对前文"解难而济厄者也"而言，检敦煌残卷伯二六一七《释文》出字"解""难""济厄"，亦可为证，当从抚本等也。

110 页二十四右 则以速为吉者

按："者"，十行本、刘本（嘉靖）、永乐本、闽本、明监本、毛本同；足利本作"也"，八行本、抚本、建本、岳本同，《要义》所引亦同。阮记云："闽、监、毛本同，岳本、宋本、古本、足利本'者'作'也'。"卢记同。考抚本王注云"无难可往以解来复则不失中，有难而往则以速为吉也；无难则能复其中，有难则能济其厄也"，前后两"也"字，皆为句末结语之辞，作"也"是也，当从抚本等也。

111 页二十四右 即见免说于险

按：单疏本、足利本、八行本、十行本、永乐本同；刘本（嘉靖）作"即是免脱于险"，闽本、明监本、毛本同。阮记云："宋本同，闽、监、毛本'见'作'是'，'说'作'脱'。"卢记同。检《说文》卷三"言"部云"说，释"，则"免说"者免释也，"见免说于险"，即为脱险之义，作"说"是也，当从单疏本等，刘本等误改，非是。

112 页二十四右　草木皆甲坼也

按："坼"，足利本作"拆"，八行本、十行本、永乐本、抚本、建本、岳本、唐石经同；刘本（嘉靖）作"拆"，闽本、明监本、毛本、白文本同。阮记云："石经、岳本、钱本'坼'作'拆'，是也，闽、监、毛本作'拆'，非，宋本注疏皆作'甲坼'，经文'坼'字不明，当亦作'坼'，《释文》：'坼'，马、陆作'宅'。"卢记同。考单疏本《疏》文云"'草木皆甲坼'者"，则其所见本作"坼"，检敦煌残卷伯二五二三《易·解》经文作"坼"，又伯二六一七《释文》出字"坼"，作"坼"是也，"拆""坼"皆非也，《释文》所引，或为别本。

113 页二十四左　无坼而不释也

按："坼"，足利本作"所"，八行本、十行本、刘本（嘉靖）、永乐本、闽本、明监本、毛本、抚本、建本、岳本同。阮记无说，卢记补云："案：'坼'当作'坼'，毛本作'所'，非也。"考经文云"解之时大矣哉"，抚本王注云"无所而不释也"，解之大，正在无所不释，检敦煌残卷伯二五二三《易·解》注文正作"所"，作"所"是也，当从抚本等也，诸本皆同，阮本作"坼"，显误，卢记谓之当作"坼"，误甚！

114 页二十四左　君子以赦过宥罪

按："宥"，足利本、八行本、十行本、刘本（嘉靖）、永乐本、闽本、明监本、毛本、抚本、建本、岳本、唐石经、白文本皆同。阮记云："石经、岳本、闽、监、毛本同，《释文》：'宥'，京作'尤'。"卢记同。考单疏本《疏》文标起止云"象曰雷雨至宥罪"，则其所见本作"宥"，检敦煌残卷伯二五二三《易·解》经文作"宥"，又伯二六一七《释文》出字"宥"，作"宥"是也，《释文》所引，或为别本。

115 页二十四左　或有过咎非其理也

按："过"，足利本、八行本、十行本、刘本（嘉靖）、永乐本、闽本、明监本、毛本、抚本、建本、岳本皆同。阮记引文"或有过咎非其理也"，云："岳本、闽、监、毛本同，《释文》：'遇'或作'过'，一本无此八字，古本亦无此八字。"卢记同。考单疏本《疏》文标起止云"注或有过咎非其理也"，则其所见本作"过"，诸本皆同，检敦煌残卷伯二五二三《易·解》注文正作"过"，作"过"是也，当从抚本等也。

117 页二十五右 以容其为

按："当"，十行本同；单疏本作"常"，足利本、八行本、刘本（嘉靖）、永乐本、闽本、明监本、毛本同。阮记无说，卢记补云："毛本'当'作'常'。"考单疏本《疏》文云"刚柔既散，理必无咎，或有过咎，非理之常也"，既必无咎，若有过，则非常理也，作"常"是也，当从单疏本等。

117 页二十五右 以容其为

按："为"，足利本作"身"，八行本、十行本、刘本（嘉靖）、永乐本、闽本、明监本、毛本、抚本、建本、岳本同，《要义》所引亦同。阮记无说，卢记补云："毛本'为'作'身'。"以容其为，不知何义，检敦煌残卷伯二五二三《易·解》注文正作"身"，作"身"是也，当从抚本等也，诸本皆同，唯阮本作"为"，显误。

118 页二十五左 自我致戎

按："戎"，足利本、八行本、十行本、刘本（嘉靖）、永乐本、闽本、明监本、毛本、抚本、建本、岳本、唐石经、白文本皆同。阮记云："石经、岳本、闽、监、毛本同，《释文》：本又作'致寇'。"卢记同。考单疏本《疏》文标起止云"自我致戎"，则其所见本作"戎"，检敦煌残卷伯二五二三《易·解》经文作"戎"，又伯二六一七《释文》出字"戎"，作"戎"是也，《释文》所引，或为别本。

119 页二十五左 言此寇虽由己之招

按："虽"，十行本、刘本（嘉靖）、永乐本、闽本、明监本、毛本同；单疏本作"难"，足利本、八行本同，《要义》所引亦同。阮记云："闽、监、毛本同，钱本、宋本'虽'作'难'。"卢记同，又补云："案：所改是也。"所招者，寇难也，作"难"是也，当从单疏本等。

120 页二十五左 九四解而拇朋至斯孚

按："拇"，足利本、八行本、十行本、刘本（嘉靖）、永乐本、闽本、明监本、毛本、抚本、建本、岳本、唐石经、白文本皆同。阮记云："石经、岳本、闽、监、毛本同，《释文》：'拇'，荀作'母'。"卢记同。考单疏本《疏》文云"'解而拇'"，则其所见本作"拇"，检敦煌残卷伯二五二三《易·解》经文作"搔"，又伯二六一七《释文》出字"搔"，作"搔"是也，《释文》所引，或为别本。

121 页二十六右 极则后动成而后举

按："则"，十行本、刘本（嘉靖）、永乐本、闽本同；足利本作"而"，八行本、明监本、毛本、抚本、建本、岳本，《要义》所引亦同。阮记云："闽本同，岳本、监、毛本'则'作'而'。"卢记补云："案：'而'字是也，《正义》可证。""极而后动""成而后举"，前后二"而"字相应为文，考单疏本《疏》文云"'极而后动成而后举'"，则其所见本作"而"，检敦煌残卷伯二五二三《易·解》注文正作"而"，作"而"是也，当从抚本等也。

122 页二十六右 隼于人家高墉

按："隼"，单疏本、足利本、八行本、十行本、刘本（嘉靖）、永乐本、闽本、明监本、毛本同；《要义》所引作"集"。阮记无说，卢记补云："案：'隼'当作'集'，因上'隼'之为鸟隼字而误。"考王注云"墉非隼之所处，高非三之所履"，《疏》文本注释经，故曰"隼于人家高墉"，诸本皆同，作"隼"是也，《要义》所引非是，卢记亦非。

123 页二十六左 二簋可用享

按："簋"，足利本、八行本、十行本、刘本（嘉靖）、永乐本、闽本、明监本、毛本、抚本、建本、岳本、唐石经、白文本皆同，《要义》所引亦同。阮记云："石经、岳本、闽、监、毛本同，《释文》：'二簋'，蜀才作'轨'。"卢记同。考单疏本《疏》文云"'二簋可用享'"，则其所见本作"簋"，检敦煌残卷伯二五二三《易·解》经文作"簋"，又伯二六一七《释文》出字"簋"，作"簋"是也，《释文》所引，或为别本。

124 页二十六左 準下王注

按："準"，十行本、刘本（嘉靖）、永乐本、闽本、明监本、毛本同，《要义》所引亦同；单疏本作"准"，足利本、八行本同。阮记云："闽、监、毛本同，钱本'準'作'准'。"卢记同。"準""准"本自可通，何必强分彼此？

125 页二十六左 损下而不为邪

按："下"，单疏本、足利本、八行本、十行本、刘本（嘉靖）、永乐本、闽本、明监本、毛本皆同，《要义》所引亦同。阮记云："按：'下'，注作'损刚'。"卢记同。诸本皆同，作"下"是也。

126 页二十六左 无咎可正

按："咎"，十行本、刘本（嘉靖）、永乐本、闽本、明监本、毛本同；单疏本作"过"，足利本、八行本同，《要义》所引亦同。阮记云："钱本、闽、监、毛本同，宋本'咎'作'过'。"卢记同。考单疏本《疏》文云"若行损有咎，则须补过以正其失"，无过可正，正承上文而来，则作"过"是也，当从单疏本等。

127 页二十六左 得正旨矣

按："正"，十行本、刘本（嘉靖）、永乐本、闽本、明监本、毛本同，《要义》所引亦同；单疏本作"王"，足利本、八行本同。阮记云："闽、监、毛本同，钱本、宋本'正'作'王'，卢文弨云：王谓王弼也。"卢记同。考单疏本《疏》文云"王意以无咎可贞共成一义，故庄氏云……无过可正故云无咎可贞，窃谓庄氏之言，得王旨矣"，揆诸文义，王意、王旨前后相应，作"王"是也，当从单疏本等，阮记所引卢说是也。

128 页二十七左 君子以惩忿窒欲

按：足利本、八行本、十行本、刘本（嘉靖）、永乐本、闽本、明监本、毛本、抚本、建本、岳本、唐石经、白文本皆同，《要义》所引亦同。阮记云："石经、岳本、闽、监、毛本同，《释文》：'征'，刘作'惩'，蜀才作'澄'，'窒'，郑、刘作'懫'，孟作'恎'，陆作'睿'，'欲'，孟作'浴'。"卢记同。检敦煌残卷伯二五二三《易·损》经文作"君子以惩忿窒欲"，又伯二六一七《释文》出字"惩""窒""欲"，作"君子以惩忿窒欲"是也，《释文》所引，或为别本。

129 页二十七左 莫善忿欲也

按："善"，足利本、八行本、十行本、刘本（嘉靖）、永乐本、闽本、明监本、毛本、抚本、建本、岳本同，《要义》所引亦同。阮记云："岳本、闽、监、毛本同，古本、足利本'善'下有'损'字。"卢记同。诸本皆同，检敦煌残卷伯二五二三《易·损》注文作"善"，作"善"是也，当从抚本等也，古本等皆不可信也。

130 页二十七左 巳事遄

按：足利本、八行本、十行本、刘本（嘉靖）、永乐本、闽本、明监本、毛本、抚本、建本、岳本、唐石经、白文本皆同。阮记云："石经、岳本、闽、监、毛本同，《释文》：'巳'，本亦作'以'，虞作'祀'，'遄'，苟作'颛'。"卢记同。考单疏本《疏》文云"'巳事遄'"，则其所见本作"巳事遄"，检敦煌残卷伯二五二三《易·损》经文作"巳事遄"，又伯二六一七《释文》出字"巳""遄"，作"巳事遄"是也，《释文》所引，或为别本。

131 页二十七左　不敢宴安

按："敢"，足利本、八行本、十行本、刘本（嘉靖）、永乐本、闽本、明监本、毛本、抚本同；建本作"可"，岳本同。阮记云："闽、监、毛本同，岳本、古本、足利本'敢'作'可'。"卢记同。检敦煌残卷伯二五二三《易·损》注文作"敢"，作"敢"是也，当从抚本等也，作"可"者，或为别本也。

132 页二十八右　利贞征凶

按："征"，足利本、八行本、十行本、刘本（嘉靖）、永乐本、闽本、明监本、毛本、抚本、建本、岳本、唐石经、白文本皆同。阮记云："石经、岳本、闽、监、毛本同，古本'征'作'往'，注同。"卢记同。考单疏本《疏》文云"故曰'利贞征凶'"，则其所见本作"征"，检敦煌残卷伯二五二三《易·损》经文作"征"，作"征"是也，古本不可信从。

133 页二十八右　柔下可全益刚不可全削

按："下"，十行本同；足利本作"不"，八行本、刘本（嘉靖）、永乐本、闽本、明监本、毛本、抚本、建本、岳本同。阮记云："'下'，'不'之误，岳本、闽、监、毛本不误，古本'全'上并有'以'字。"卢记同。考单疏本《疏》文云"柔不可以全益刚不可以全削"，则其所见本作"不"，检敦煌残卷伯二五二三《易·损》注文作"不"，作"下"显误，作"不"是也，当从抚本等也。此则唯阮本与十行本有误，可见阮本之底本与十行本关系极为密切。

134 页二十八右　自六三已上三阴也

按："巳"，足利本、八行本、十行本、刘本（嘉靖）、永乐本、闽本、明监本、毛本、抚本、建本、岳本同，《要义》所引亦同。阮记云："岳本、闽、监、毛本同，《释文》出'以上'，按：'以'、'巳'古多通用。"卢记同。检敦煌残卷伯二五二三《易·损》注文作"以"，则"巳""以"乃别本之异也。

135 页二十八右　天地相应乃得化醇

按："醇"，刘本（嘉靖）、闽本、明监本、毛本同，《要义》所引亦同；足利本作"淳"，八行本、十行本、永乐本、抚本、建本、岳本同。阮记云："岳本、闽、监、毛本同，宋本、古本、足利本'醇'作'淳'，《疏》同，《释文》出'化淳'。"卢记同。考单疏本《疏》文云"万物化淳"，则其所见本作"淳"，检敦煌残卷伯二五二三《易·损》注文作"淳"，又伯二六一七《释文》出字"化淳"，作"淳"是也，当从抚本等也，作"醇"者，或为别本也。

136 页二十八左 無复企子之疾

按：单疏本作"无复企予之疾"，足利本、八行本、十行本、刘本（嘉靖）、闽本、明监本、毛本同；永乐本作"無复企予之疾"。阮记云："钱本、宋本'子'作'予'，闽、监、毛本'無'作'无'。"卢记同。企子，不辞，前《疏》云"疾者，相思之疾也"，"企予之疾"正与之相应，作"予"是也，当从单疏本等。瞿记云"无不误無"，则其家藏十行本与阮本之底本不同，而与元刊十行本同。

137 页二十九右 智者虑能

按："智"，刘本（嘉靖）、闽本、明监本、毛本同；足利本作"知"八行本、十行本、永乐本、建本、岳本、抚本同，《要义》所引亦同。阮记云："闽、监、毛本同，岳本'智'作'知'，《释文》出'知者'。"卢记同。考单疏本《疏》文云"智者虑能"，则其所见本作"智"，检敦煌残卷伯二五二三《易·损》注文作"智"，又伯二六一七《释文》出字"知者"，则"智""知"乃别本之异也。

138 页二十九右 则众才之用事矣

按："事"，足利本作"尽"，八行本、十行本、刘本（嘉靖）、永乐本、闽本、明监本、毛本、抚本、建本、岳本同，《要义》所引亦同。阮记无说，卢记补云："案：《正义》'事'当作'尽'，毛本不误。"考单疏本《疏》文云"则羣才之用尽矣"，则其所见本作"尽"，检敦煌残卷伯二五二三《易·损》注文作"尽"，作"尽"是也，当从抚本等。此字唯阮本误作"事"，可见其非善本也。

139 页二十九右 自上祐也

按："祐"，足利本、八行本、十行本、刘本（嘉靖）、永乐本、闽本、明监本、毛本、抚本、建本、岳本、唐石经、白文本皆同。阮记云："石经、岳本、闽、监、毛本同，《释文》：'祐'本亦作'佑'。"卢记同。考单疏本《疏》文云"'自上祐'者"，则其所见本作"祐"，检敦煌残卷伯二六一七《释文》

出字"上佑",作"佑"是也,《释文》所引,或为别本。

140 页二十九右 吉無不利义同也

按:"無",永乐本同;单疏本作"无",足利本、八行本、十行本、刘本(嘉靖)、闽本、明监本、毛本同。阮记云:"闽、监、毛本'無'作'无',钱本无'也'字。"卢记同。"無""无"乃别本之异也。

141 页二十九左 不制于柔

按:"不",足利本、八行本、十行本、刘本(嘉靖)、永乐本、闽本、明监本、毛本、抚本、建本、岳本皆同,《要义》所引亦同。阮记云:"岳本、闽、监、毛本同,《释文》:'不制'一本作'下制'。"卢记同。考王注云"不制于柔,刚德遂长",正因不为柔所制,故刚德得以长,若作"下制",前后文义显然矛盾,检敦煌残卷伯二五二三《易·损》注文作"不",又伯二六一七《释文》出字"不制",则作"不"是也,当从抚本等。《释文》所引,或为别本。

142 页二十九左 不利于柔

按:"不利",单疏本作"下制",足利本、八行本同;十行本作"不制",刘本(嘉靖)、永乐本、闽本、明监本、毛本同。阮记无说,卢记补云:"宋本'不利'作'下制',闽、监、毛本作'不制'。案:'不制',正与注同,然注'不'字,亦疑是'下'字之讹。"此处《疏》文正本王注,王注作"不制于柔",则此处显当作"不制"也,"下制"、"不利"皆非。

143 页三十右 损下益上

按:足利本作"损上益下",八行本、十行本、刘本(嘉靖)、永乐本、闽本、明监本、毛本、抚本、建本、岳本同,《要义》所引亦同。阮记云:"岳本、闽、监、毛本作'损上益下',是也。古本下有'也'字,下'必获大功'下,'兴益之宗'下,'救凶则免'下,并同。"卢记同。此王注,考本卦《象》云"益,损上益下",王注乃本之,检敦煌残卷伯二五二三《易·益》注文正作"损上益下",则作"损上益下"是也,当从抚本等。此处唯阮本误,可见其非善本也。瞿记云"不误损下益上",则其家藏十行本与阮本之底本不同,而与元刊十行本同。

144 页三十左 君子以见善

按:"善",足利本、八行本、十行本、刘本(嘉靖)、永乐本、闽本、明监本、毛本、抚本、建本、岳本、唐石经、白文本皆同,《要义》所引亦同。阮记云："岳本、闽、监、毛本同，石经'善'字磨改。"卢记同。考单疏本《疏》文云"故君子求益以见善"，则其所见本作"善"，检敦煌残卷伯二五二三《易·益》经文作"善"，作"善"是也。

145 页三十一右　又应刚能干

按："应"，刘本（嘉靖）、闽本、明监本、毛本同；单疏本作"体"，足利本、八行本、十行本、永乐本同。阮记云："闽、监、毛本同，钱本、宋本'应'作'体'。"卢记同，又补云："案：'体'字是也，注'体夫刚德'，可证。"此处《疏》文正本王注，王注作"体夫刚德以莅其事"，则作"体"是也，当从单疏本等，卢记是也。

146 页三十一右　王用享于帝吉

按："享"，足利本、八行本、十行本、刘本（嘉靖）、永乐本、闽本、明监本、毛本、抚本、建本、岳本、唐石经、白文本皆同，《要义》所引亦同。阮记云："岳本、闽、监、毛本同，石经下五字漫灭，《释文》出'用享'。案：此《释文》据宋本，通志堂本作'享'。"卢记同。考单疏本《疏》文云"故曰'王用享于帝吉'"，则其所见本作"享"，检敦煌残卷伯二五二三《易·益》经文作"享"，作"享"是也，又伯二六一七《释文》出字"用亨"，则作"亨"者乃别本也。

147 页三十一右　居益以中

按："中"，建本同；足利本作"冲"，八行本、明监本、毛本、抚本、岳本同；十行本作"冲"，刘本（嘉靖）、永乐本、闽本同，《要义》所引亦同。阮记无说，卢记补云："案：'中'当作'冲'，下《正义》'居益而能用谦冲者也'，可证。"检敦煌残卷伯二五二三《易·益》注文作"冲"，作"冲"是也，当从抚本等。作"中"显误。

148 页三十一右　不先不为

按："为"，足利本、八行本、十行本、刘本（嘉靖）、永乐本、闽本、明监本、毛本、抚本、建本、岳本皆同，《要义》所引亦同。阮记无说，卢记补云："案：'为'当作'违'。"检敦煌残卷伯二五二三《易·益》注文正作"为"，又伯二六一七《释文》出字"不为"，作"为"是也，当从抚本等。

149 页三十一右　出震而齐巽者也

按："齐"，足利本、八行本、十行本、刘本（嘉靖）、永乐本、闽本、明监本、毛本、抚本、建本、岳本皆同，《要义》所引亦同。阮记云："岳本、闽、监、毛本同，古本'齐'作'济'。"卢记同。检敦煌残卷伯二五二三《易·益》注文正作"齐"，则作"齐"是也，当从抚本等，古本非是。

150 页三十一左 告公用圭

按："圭"，足利本、八行本、十行本、刘本（嘉靖）、永乐本、闽本、明监本、毛本、抚本、建本、岳本、唐石经、白文本皆同。阮记云："石经、岳本、闽、监、毛本同，《释文》：'用圭'，王肃作'用桓圭'。"卢记同。考单疏本《疏》文云"'告公用圭'者"，则其所见本作"圭"，作"圭"是也，检敦煌残卷伯二五二三《易·益》经文作"珪"，则作"珪"者，乃别本也。

151 页三十一左 不失中行

按："不"，足利本、八行本、十行本、刘本（嘉靖）、永乐本、闽本、明监本、毛本、抚本、建本、岳本皆同。阮记云："岳本、闽、监、毛本同，古本上有'故'字。"卢记同。诸本皆同，检敦煌残卷伯二五二三《易·益》注文正作"不"，作"不"是也，当从抚本等，古本不可信从。

152 页三十二右 谁有不纳也

按："谁"，足利本、八行本、十行本、刘本（嘉靖）、永乐本、闽本、明监本、毛本、抚本、建本、岳本皆同。阮记云："岳本、闽、监、毛本同，古本、足利本'谁'作'何'。"卢记同。诸本皆同，检敦煌残卷伯二五二三《易·益》注文正作"谁"，作"谁"是也，当从抚本等，古本等不可信从。

153 页三十二右 固不待问而元吉有孚惠我德也

按：刘本（嘉靖）、闽本、明监本、毛本同；足利本作"故不待问而元吉有孚惠我德也"，八行本、十行本、永乐本、抚本、建本、岳本皆同，《要义》所引亦同。阮记云："闽、监、毛本同，岳本、宋本、古本、足利本'固'作'故'。浦镗云：下六字疑衍文。"卢记同。检敦煌残卷伯二五二三《易·益》注文作"故不得问而元吉也有孚惠我德也"，则作"故"是也，"有有孚惠我德也"六字诸本皆同，绝非衍文，浦说误甚，当从抚本等。瞿记云"故不作固"，则其家藏十行本不误，与刘本、阮本之底本不同，而与元刊十行本同。

154 页三十一右 兼张德义

按："张"，十行本、刘本（嘉靖）、永乐本、闽本、明监本、毛本同；单疏本作"弘"，足利本、八行本同。阮记云："闽、监、毛本同，钱本、宋本

'张'作'宏'。"卢记同。揆诸文义，弘字更胜，作"弘"是也，当从单疏本等，阮记谓宋本作"宏"，或因避讳而改字也。

155 页三十二左 无厌之求

按："无"，足利本、八行本、十行本、刘本（嘉靖）、闽本、明监本、毛本、抚本、建本、岳本皆同；永乐本作"無"，《要义》所引同。阮记云："岳本、闽、监、毛本同，《释文》出'無厌'。"卢记同。检敦煌残卷伯二五二三《易·益》注文正作"無"，又伯二六一七《释文》出字"无厌"，则"無""无"互为别本也。

156 页三十二左 偏辞也

按："偏"，足利本、八行本、十行本、刘本（嘉靖）、永乐本、闽本、明监本、毛本、抚本、建本、岳本、唐石经、白文本皆同。阮记云："石经、岳本、闽、监、毛本同，《释文》：'偏'，孟作'徧'。"卢记同。考单疏本《疏》文云"'偏辞'者"，则其所见本作"偏"，检敦煌残卷伯二五二三《易·益》经文作"徧"，伯三六四〇《易·益》经文作"偏"，又伯二六一七《释文》出字"偏辞"，则"偏""徧"互为别本也。

1 页一右　决断之事于王者之庭

按："之"，单疏本、足利本、八行本、十行本、刘本（嘉靖）、永乐本、闽本、明监本、毛本皆同。阮记云："孙志祖云：上'之'字当作'其'。"卢记同。诸本皆同，作"之"是也，当从单疏本等，孙说毫无依据，误甚。缪记、《举正》皆谓"之"字不误，是也。

2 页二右　刚夬柔者

按："夬"，单疏本作"决"，足利本、八行本、十行本、刘本（嘉靖）、永乐本、闽本、明监本、毛本皆同。阮记无说，卢记补云："案：'夬'当作'决'。"诸本皆同，作"决"是也，当从单疏本等，卢记是也。唯阮本误作"夬"，可见其非善本也。

3 页一左　则柔邪者危

按："柔"，足利本、八行本、十行本、刘本（嘉靖）、永乐本、闽本、明监本、毛本、抚本、建本、岳本皆同。阮记云："岳本、闽、监、毛本同，《释文》出'则邪'，是其本无'柔'字。"卢记同。诸本皆有"柔"字，检敦煌残卷伯三六四〇《易·夬》注文无"柔"字，又伯二六一七《释文》出字"则邪"，则有无"柔"字乃别本之异也。

4 页二右　正义曰道成也

按："道成也"，十行本、刘本（嘉靖）、永乐本、闽本同；单疏本作"终成也"，足利本、八行本同；明监本作"道成者"，毛本同。阮记云："闽本同，钱本、宋本'道'作'终'，是也，监、毛本作'道成者'，尤误。"卢记同。考经云"刚长乃终"，《疏》文释"终"，故云"终成也"，作"终"是也，当从单疏本等，阮记是也。

5 页二右 君子法此

按："此"，单疏本、足利本、八行本、十行本、刘本（嘉靖）、永乐本、闽本、明监本、毛本皆同，《要义》所引亦同。阮记、卢记皆无说。诸本皆同，作"此"是也，当从单疏本等，不知阮本为何于此加圈。

6 页二右 壮于前趾

按："趾"，足利本、八行本、十行本、刘本（嘉靖）、永乐本、闽本、明监本、毛本、抚本、建本、岳本、唐石经、白文本皆同，《要义》所引亦同。阮记云："石经、岳本、闽、监、毛本同，《释文》：'趾'，荀作'止'，按：《说文》有'止'无'趾'，古经多用'止'字，'止'者足也。"卢记同。考单疏本《疏》文云"故曰'初九壮于前趾'"，则其所见本作"趾"，检敦煌残卷伯二六一七《释文》出字"趾"，则作"趾"是也，《释文》所引，或为别本也，阮记所云，岂可信从。

7 页二左 九二惕号

按："惕"，足利本、八行本、十行本、刘本（嘉靖）、永乐本、闽本、明监本、毛本、抚本、建本、岳本、唐石经、白文本皆同。阮记云："石经、岳本、闽、监、毛本同，《释文》：'惕'，荀、翟作'锡'。"卢记同。考单疏本《疏》文标起止云"九二惕号至中道也"，则其所见本作"惕"，检敦煌残卷伯二六一七《释文》出字"惕"，则作"惕"是也，《释文》所引，或为别本也。

8 页二左 能审己度

按："能"，足利本、八行本、十行本、刘本（嘉靖）、永乐本、闽本、明监本、毛本、抚本、建本、岳本皆同。阮记云："岳本、闽、监、毛本同，古本无'能'字。"卢记同。诸本皆有"能"字，考单疏本《疏》文云"'能审己度'"，则其所见本有"能"字，检敦煌残卷伯三六四〇《易·夬》注文有"能"字，则有"能"字者是也，古本不可信从。

9 页二左 莫夜必有戎卒来害己

按："莫"，十行本、刘本（嘉靖）、永乐本、闽本、明监本、毛本同；单疏本作"暮"，足利本、八行本同。"卒"，刘本（嘉靖）、闽本、明监本、毛本同；单疏本作"寇"，足利本、八行本、十行本、永乐本同。阮记云："闽、监、毛本同，宋本'莫'作'暮'，'卒'作'寇'。"卢记同。"莫"、"暮"可通，戎者寇也，作"寇"是也，当从单疏本等。

10 页二左　能审己度

按："能"，单疏本、足利本、八行本、十行本、刘本（嘉靖）、永乐本、闽本、明监本、毛本皆同，《要义》所引亦同。阮记、卢记皆无说。诸本皆同，作"能"是也，当从单疏本等，不知阮本为何于此加圈。

11 页二左　九三壮于頄

按："頄"，足利本、八行本、十行本、刘本（嘉靖）、永乐本、闽本、明监本、毛本、抚本、建本、岳本、唐石经、白文本皆同，《要义》所引亦同。阮记云："石经、岳本、闽、监、毛本同，《释文》：'頄'，郑作'䪼'，蜀才作'仇'。"卢记同。考单疏本《疏》文云"'壮于頄有凶'者"，则其所见本作"頄"，检敦煌残卷伯三六四〇《易·夬》经文作"頄"，伯二六一七《释文》出字"頄"，则作"頄"是也，《释文》所引，或为别本也。

12 页二左　必能弃夫情累

按："夫"，足利本、八行本、十行本、刘本（嘉靖）、永乐本、闽本、明监本、毛本、抚本、建本、岳本皆同，《要义》所引亦同。阮记云："岳本、闽、监、毛本同，《释文》：'弃夫'，本亦作'去'。"卢记同。诸本皆同，检敦煌残卷伯三六四〇《易·夬》注文作"夫"，则作"夫"是也，当从抚本等。

13 页三右　若于此时

按："若"，刘本（嘉靖）、闽本、明监本、毛本同；单疏本作"居"，足利本、八行本、永乐本同；十行本作"苦"。阮记云："闽、监、毛本同，钱本、宋本'若'作'居'。"卢记同。揆诸文义，作"居"为长，当从单疏本等，或因形近，遂讹作"苦"，其后翻刻者，见"苦"字义不可通，遂改作"若"，变迁之迹，俨然可见。

14 页三右　臀无肤其行次且

按："次且"，足利本、八行本、十行本、刘本（嘉靖）、永乐本、闽本、明监本、毛本、抚本、建本、岳本、唐石经、白文本皆同，《要义》所引亦同。阮记云："石经、岳本、闽、监、毛本同，《释文》：'次'，本亦作'趑'，或作'跙'，郑作'趀'，'且'，本亦作'趄'，或作'跙'，下卦放此。"卢记同。考单疏本《疏》文云"故曰'臀无肤其行次且'也"，则其所见本作"次且"，检敦煌残卷伯三六四〇《易·夬》经文作"趑趄"，伯二六一七《释文》出字"次""且"，则作"次且"是也，"趑趄"及《释文》所引，皆为别本也。

15 页三右 必见侵伤

按："伤"，刘本（嘉靖）、闽本、明监本、毛本同，《要义》所引亦同；足利本作"食"，八行本、十行本、永乐本、抚本、建本、岳本同。阮记云："岳本、闽、监、毛本同，宋本、古本、足利本'伤'作'食'。按：《正义》本作'伤'。"卢记同。宋刊注疏本、经注本皆作"食"，又检敦煌残卷伯三六四〇《易·夬》注文作"食"，则作"食"是也，当从抚本等。瞿记云"食不误伤"，则其家藏十行本不误，与刘本、阮本之底本不同，而与元刊十行本同。

16 页三右 羊者抵狠难移之物

按："抵狠"，十行本、刘本（嘉靖）、永乐本、闽本、明监本、毛本同；足利本作"牴很"，八行本、岳本同；抚本作"牴很"，建本同；《要义》所引作"牴狠"。阮记云："闽、监、毛本同，岳本'牴狠'作'牴很'，古本亦作'牴'，《释文》出'牴很'，本又作'抵'，或作'羝'。"卢记同。考单疏本《疏》文云"羊者牴很难移之物"，则其所见本作"牴很"，与宋刊注疏本合，检敦煌残卷伯三六四〇《易·夬》注文作"牴很"，又伯二六一七《释文》出字"牴"，则"牴狠""牴很""抵很""牴狠""牴很"，皆为别本之异也。

17 页三左 九五苋陆

按："苋陆"，足利本、八行本、十行本、刘本（嘉靖）、永乐本、闽本、明监本、毛本、抚本、建本、岳本、唐石经、白文本皆同。阮记云："石经、岳本、闽、监、毛本同，《释文》：'苋'，一本作'莞'，'陆'，蜀才作'睦'。"卢记同。考单疏本《疏》文云"故曰'苋陆夬夬'也"，则其所见本作"苋陆"，检敦煌残卷伯二六一七《释文》出字"苋""陆"，则作"苋陆"是也，《释文》所引，或为别本也。

18 页三左 注苋陆草这柔脆者正义曰苋陆草之柔脆者

按："苋陆草之柔脆者"，十行本、刘本（嘉靖）、永乐本、闽本、明监本、毛本同；单疏本无，足利本、八行本同，《要义》所引亦同。阮记云："闽、监、毛本同，钱本、钱校本无下七字。案：此复上文，下皆放此。按：'脆'，俗'脃'字。"卢记同。此处显为重复，当从单疏本等。

19 页三左 草之柔脆者

按："者"，刘本（嘉靖）、闽本、明监本、毛本同；单疏本作"似"，足利本、八行本、十行本、永乐本同，《要义》所引亦同。阮记云："闽、监、毛本同，钱本、宋本'者'作'似'。"卢记同。考单疏本《疏》文标起止云"案：注直云草之柔脆，似亦以为一"，揆诸文义，作"似"为长，当从单疏本等。

20 页四右 姤女壮

按："姤"，足利本、八行本、十行本、刘本（嘉靖）、永乐本、闽本、明监本、毛本、抚本、建本、岳本、唐石经、白文本皆同，《要义》所引亦同。阮记云："石经、岳本、闽、监、毛本同，《释文》：古文作'遘'，郑同。"卢记同。考单疏本《疏》文标起止云"姤女壮勿用取女"，则其所见本作"姤"，检敦煌残卷伯二六一七《释文》出字"姤"，则作"姤"是也，《释文》所引，或为别本也。

21 页四右 勿用取女

按："取"，足利本、八行本、十行本、刘本（嘉靖）、永乐本、闽本、明监本、毛本、抚本、建本、岳本、唐石经、白文本皆同，《要义》所引亦同。阮记云："石经、岳本、闽、监、毛本同，《释文》出'娶女'，云：本亦作'取'，注及下同，古本作'娶'，采《音义》。"卢记同。考单疏本《疏》文标起止云"姤女壮勿用取女"，则其所见本作"取"，检敦煌残卷伯二六一七《释文》出字"娶女"，作"娶"者，当为别本也。

22 页四右 为壮至甚

按："为"，刘本（嘉靖）、闽本、明监本、毛本同；单疏本作"滛"，足利本、八行本、十行本、永乐本同，《要义》所引亦同。阮记云："闽、监、毛本同，钱本、宋本'为'作'淫'。"卢记同。考下《疏》云"淫壮若此"，据后证前，作"滛"是也，当单疏本等。

23 页四右 象曰

按：足利本、八行本、十行本、刘本（嘉靖）、永乐本、闽本、明监本、抚本、建本、岳本、唐石经、白文本皆同，《要义》所引亦同；毛本作"象"。阮记云："石经、岳本、宋本、闽、监本、古本、足利本同，毛本'象'误'象'。"卢记同。下文有"象曰"，则此处作"象"，无可疑也。

24 页四右 正乃功成也

按："正"，十行本、刘本（嘉靖）、永乐本、闽本、明监本、毛本、建本同；足利本作"匹"，八行本、抚本、岳本同。阮记云："闽、监、毛本同，岳本、宋本、古本、足利本'正'作'匹'。《释文》'正'亦作'匹'。"卢记同。此王注，经文云"勿用取女，不可与长也，天地相遇，品物咸章也"，男女相遇为匹，方得久长，作"匹"似胜，当从抚本等，又检敦煌残卷伯二六一七《释文》出字"正乃"，则作"正"者乃别本也。

25 页四左 诰四方

按："诰"，足利本、八行本、十行本、刘本（嘉靖）、永乐本、闽本、明监本、毛本、抚本、建本、岳本、唐石经、白文本皆同，《要义》所引亦同。阮记云："石经、岳本、闽、监、毛本同，《释文》：'诰'，郑作'诘'，王肃同。"卢记同。考单疏本《疏》文云"'诰四方'者"，则其所见本作"诰"，检敦煌残卷伯二六一七《释文》出字"诰"，则作"诰"是也，《释文》所引，或为别本也。

26 页四左 初六系于金柅

按："柅"，足利本、八行本、十行本、刘本（嘉靖）、永乐本、闽本、明监本、毛本、抚本、建本、岳本、唐石经、白文本皆同。阮记云："石经、岳本、闽、监、毛本同，《释文》：'柅'，王肃作'抳'，从手，子夏作'鑈'，蜀才作'尼'。"卢记同。考单疏本《疏》文云"系于金柅"，则其所见本作"柅"，检敦煌残卷伯二六一七《释文》出字"柅"，则作"柅"是也，《释文》所引，或为别本也。

27 页五右 踶躅

按：足利本、八行本、十行本、刘本（嘉靖）、永乐本、闽本、明监本、毛本、抚本、建本、岳本、唐石经、白文本皆同。阮记云："石经、岳本、闽、监、毛本同，《释文》：'踶'，一本作'掷'，古文作'蹢'，'躅'，本亦作'躧'，古文作'跾'。"卢记同。考单疏本《疏》文云"'踶躅'者"，则其所见本作"踶躅"，则作"踶躅"是也，检敦煌残卷伯二六一七《释文》出字"踶""躅"，《释文》所引，或为别本也。

28 页五左 不为己棄

按："棄"，十行本、刘本（嘉靖）、永乐本、闽本、明监本、毛本同；足利本作"乘"，八行本、抚本、建本、岳本同。阮记云："闽、监本同，毛本'棄'作'弃'岳本、宋本、古本、足利本'棄'作'乘'。"卢记同。己弃，不知何义，考抚本王注云"二据于初，不为己乘"，九二据于初六，而不为九三所乘也，作"乘"是也。

29 页五左 行为其应

按："为"，十行本、永乐本同；足利本作"无"，八行本、抚本、建本、岳本同；刘本（嘉靖）作"失"，闽本、明监本、毛本同。阮记云："闽、监、毛本'为'作'失'，岳本作'无'，古本作'無'。案：'为'乃'無'之误，'失'乃'无'之误。"卢记同。考抚本王注云"居不获安，行无其应"，《疏》云"居不获安，上又无应"，此正本注文释经也，作"无"是也，阮记谓之作"無"，非也。

30 页六右 以杞包瓜

按："包"，足利本、八行本、十行本、刘本（嘉靖）、永乐本、闽本、明监本、毛本、抚本、建本、岳本、唐石经、白文本皆同，《要义》所引亦同。阮记云："石经、岳本、闽、监、毛本同，《释文》：'包'，子夏作'苞'。"卢记同。检敦煌残卷伯二六一七《释文》出字"包瓜"，则作"包"是也，《释文》所引，或为别本也。

31 页六右 而不能改其操

按："不能"，十行本、刘本（嘉靖）、永乐本、闽本、明监本、毛本同；单疏本作"能不"，足利本、八行本同。阮记云："闽、监、毛本同，宋本'不能'作'能不'。"卢记同。考单疏本《疏》文云"命未流行，而能不改其操"，揆诸文义，作"能不"是也，当从单疏本等。

32 页六右 杞梓皮革自楚注

按："注"，十行本、刘本（嘉靖）、闽本、明监本、毛本同；单疏本作"往"，足利本、八行本、永乐本同，《要义》所引亦同。阮记云："闽、监、毛本同，钱本、宋本'注'作'往'。"卢记同。此引《左传》，检襄公二十六年《传》文，正作"往"，作"往"是也，当从单疏本等。

33 页六右 杞性柔刃宜屈

按："刃"，单疏本、足利本、八行本、十行本、刘本（嘉靖）、永乐本、闽本同；明监本作"韧"，毛本同；《要义》所引作"靫"。阮记云："宋本、闽本同，监、毛本'刃'作'韧'。按：卢文弨云：《礼记·月令》命泽人纳材苇，注'此时柔刃可取'，又《毛诗·抑》笺'柔忍之木'，《释文》云本亦作'刃'，知'刃'非误字。"卢记同。宋元刊本皆作"刃"，作"刃"是也，当从单疏本等，阮记所引卢说是也。

34 页六左萃亨

按："亨"，足利本、八行本、十行本、刘本（嘉靖）、永乐本、闽本、明监本、毛本、抚本、建本、岳本、唐石经、白文本皆同，《要义》所引亦同。阮记云："石经、岳本、闽、监、毛本同，《释文》：王肃本同，马、郑、陆、虞等并无'亨'字。"卢记同。考单疏本《疏》文标起止云"萃亨至有攸往"，则其所见本作"亨"，检敦煌残卷伯二六一七《释文》出字"亨"，则作"亨"是也，《释文》所引，或为别本也。

35 页六左 假至聚

按："聚"，足利本作"也"，八行本、十行本、刘本（嘉靖）、永乐本、闽本、明监本、毛本、抚本、建本、岳本同。阮记无说，卢记补云："案：'聚'当'也'字之讹，毛本正作'也'。"假至聚，不知何义，考单疏本《疏》文云"假至也"，此正本注释经，则作"也"是也，当从抚本等也。此字唯阮本误，可见其非善本也。

36 页七右 全乎聚道

按："乎"，刘本（嘉靖）、闽本、明监本、毛本同；足利本作"夫"，八行本、十行本、永乐本、抚本、建本、岳本同。阮记云："闽、监、毛本同，岳本、宋本、古本、足利本'乎'作'夫'。"卢记同。揆诸文义，作"夫"是也，当从抚本等也。瞿记云"夫不作乎"，则其家藏十行本不误，与刘本、阮本之底本不同，而与元刊十行本同。

37 页七右故聚也

按："也"，足利本、八行本、十行本、刘本（嘉靖）、永乐本、闽本、明监本、毛本、抚本、建本、岳本、唐石经、白文本皆同。阮记云："石经、岳本、闽、监、毛本同，古本无'也'字。"卢记同。诸本皆有"也"字，考单疏本《疏》文云"故曰'顺以说刚中而应故聚也'"，则其所见本有"也"字，有者是也，古本不可信从。

38 页七右 聚以正

按："聚"，足利本、八行本、十行本、刘本（嘉靖）、永乐本、闽本、明监本、毛本、抚本、建本、岳本、唐石经、白文本皆同。阮记云："石经、岳本、闽、监、毛本同，《释文》：'聚以正'，荀作'取以正'。"卢记同。考单疏本《疏》文云"故曰'聚以正也'"，则其所见本作"聚"，作"聚"是也，

《释文》所引，或为别本也。

40 页七右 通众以正

按："众"，十行本同；足利本作"聚"，八行本、刘本（嘉靖）、永乐本、闽本、明监本、毛本、抚本、建本、岳本同。阮记无说，卢记补云："毛本'众'作'聚'。"考经文云"聚以正"，则抚本王注云"通聚以正，聚乃得全也"，以聚为说，作"聚"是也，当从抚本等。

40 页七左 顺天则说

按："则"，足利本、八行本、十行本、刘本（嘉靖）、永乐本、闽本、明监本、毛本、抚本、建本、岳本皆同。阮记云："岳本、闽、监、毛本同，钱本'则'作'而'。"卢记同。诸本皆同，作"则"是也，当从抚本等也，钱本不可信从。

41 页七左 君子以除戎器

按："除"，足利本、八行本、十行本、刘本（嘉靖）、永乐本、闽本、明监本、毛本、抚本、建本、岳本、唐石经、白文本皆同。阮记云："石经、岳本、闽、监、毛本同，《释文》：'除'，本亦作'储'，又作'治'，荀作'虑'。"卢记同。考单疏本《疏》文云"除者治也"，则其所见本作"除"，检敦煌残卷伯二六一七《释文》出字"除戎"，则作"除"是也，《释文》所引，或为别本也。

42 页七左 则众心生

按："心生"，十行本、刘本（嘉靖）、永乐本、闽本、明监本、毛本同；足利本作"生心"，八行本、抚本、建本、岳本同。阮记云："闽、监、毛本同，岳本、宋本、足利本作'则众生心'，古本作'则众生心也'，孙志祖云：据《困学纪闻》当作'则众生心'。"卢记同。考抚本王注云"聚而无防，则众生心"，揆诸文义，作"生心"是也，当从抚本等也。

43 页七左 一握为笑

按："握"，足利本、八行本、十行本、刘本（嘉靖）、永乐本、闽本、明监本、毛本、抚本、建本、岳本、唐石经、白文本皆同。阮记云："石经、岳本、闽、监、毛本同，《释文》：'握'，傅氏作'渥'。"卢记同。考单疏本《疏》文云"故曰'若号一握为笑'"，则其所见本作"握"，检敦煌残卷伯二六一七《释文》出字"握"，则作"握"是也，《释文》所引，或为别本也。

44 页八右　己为正配

按："正配"，足利本、八行本、十行本、刘本（嘉靖）、永乐本、闽本、明监本、毛本、抚本同；建本作"正妃"，岳本同。阮记云："闽、监、毛本同，岳本、古本'配'作'妃'，《释文》出'正妃'。按：《释文》'正'，云本亦作'匹'。"卢记同。考单疏本《疏》文云"己为正配"，则其所见本作"正配"，作"正配"是也，当从抚本等也。检敦煌残卷伯二六一七《释文》出字"妃"，则"正妃"及《释文》所引皆为别本也。

45 页八右　始以中应相信不以他意相阻

按："不"，单疏本作"末"，足利本、八行本、刘本（嘉靖）、闽本、明监本、毛本同；十行本作"未"，永乐本同。阮记无说，卢记补云："毛本'中'作'正'，'不'作'末'。案：'末'字是也。"始、末相对成文，作"末"是也，当从单疏本等，作"不""未"皆非也。

46 页八右　情意迷乱

按："意"，刘本（嘉靖）、闽本、明监本、毛本同；单疏本作"志"，足利本、八行本、永乐本同；十行本作"忘"。阮记云："闽、监、毛本同，宋本'意'作'志'。"卢记同。揆诸文义，作"志"是也，当从单疏本等。

47 页八右　比为一握之小

按："为"，十行本、刘本（嘉靖）、永乐本、闽本、明监本、毛本同；单疏本作"于"，足利本、八行本同。阮记云："闽、监、毛本同，钱本、宋本'为'作'于'。"卢记同。比为，不辞，比于者，比作之义也，作"于"是也，当从单疏本等。

48 页八右　利用禴

按："禴"，足利本、八行本、十行本、刘本（嘉靖）、永乐本、闽本、明监本、毛本、抚本、建本、岳本、唐石经、白文本皆同，《要义》所引亦同。阮记云："石经、岳本、闽、监、毛本同，《释文》：'禴'，蜀才作'跃'，刘作'爚'。"卢记同。考单疏本《疏》文云"'利用禴'者"，则其所见本作"禴"，检敦煌残卷伯二六一七《释文》出字"禴"，则作"禴"是也，《释文》所引，或为别本也。

49 页八右 正者危矣能变体以远于害
·

按："矣"，足利本作"未"，八行本、刘本（嘉靖）、永乐本、闽本、明监本、毛本、抚本、建本、岳本同，《要义》所引亦同；十行本作"夫"。阮记无说，卢记补云："毛本'矣'作'未'，属下句。"考抚本王注云"未能变体以远于害，故必见引"，揆诸文义，作"未"是也，当从抚本等也。

50 页八右 故必见引
·

按："见"，足利本、八行本、十行本、刘本（嘉靖）、永乐本、闽本、明监本、毛本、抚本、建本、岳本皆同，《要义》所引亦同。阮记云："《集解》作'故必待五引'。"卢记同。诸本皆同，作"见"是也，当从抚本等也，《集解》所引或别本也。

51 页八右 禘殷者祭名也
·

按："者"，足利本作"春"，八行本、十行本、刘本（嘉靖）、永乐本、闽本、明监本、毛本、抚本、建本、岳本同，《要义》所引亦同。阮记无说，卢记补云："毛本'者'作'春'，下《正义》同。"考单疏本《疏》文云"禘殷春祭之名也"，则其所见本作"春"，作"春"是也，当从抚本等也。此字唯阮本误，可见其非善本也。

52 页八右 致之以省薄荐于鬼神也
··

按："致之"，十行本同；足利本作"故可"，八行本、刘本（嘉靖）、闽本、明监本、毛本、抚本、建本、岳本同，《要义》所引亦同；永乐本作"致可"。阮记无说，卢记补云："毛本'致之'作'故可'。"考抚本王注云"处于中正，而行以忠信，故可以省薄荐于鬼神也"，若作"致之"，明显不通，又单疏本《疏》文云"故可以省薄荐于鬼神也"，则其所见本作"故可"，故作"故可"是也，当从抚本等也。

53 页八左 无攸利也
·

按："攸"，足利本、八行本、十行本、刘本（嘉靖）、闽本、明监本、毛本、抚本、建本、岳本同；永乐本漫漶。阮记云："岳本、闽、监、毛本同，古本'攸'下有'往'字。"卢记同。诸本皆同，考经文云"无攸利"，注文正本之，作"攸"是也，当从抚本等也，古本不可信从。

54 页八左 若一阴一阳之至故有小吝也
·

按："至"，足利本、八行本、十行本、永乐本、抚本、建本、岳本同；刘本（嘉靖）作"应"，闽本、明监本、毛本同。阮记云："岳本、宋本、古本、足利本同，闽、监、毛本'至'作'应'。按：《正义》作'应'。"卢记同。阴阳相应，揆诸文义，作"应"为长，然宋元诸本皆作"至"，存疑可也。

55 页九右 志未光也

按："志"，足利本、八行本、十行本、刘本（嘉靖）、永乐本、闽本、明监本、毛本、抚本、建本、岳本、唐石经、白文本皆同。阮记云："石经、岳本、闽、监、毛本同，《释文》：'未光也'，一本作'志未光也'。"卢记同。诸本皆同，考单疏本《疏》文云"'志未光也'者"，则其所见本作"志"，有"志"字是也，《释文》所引，或为别本也。

56 页九左 升

按："升"，足利本、八行本、十行本、刘本（嘉靖）、永乐本、闽本、明监本、毛本、抚本、建本、岳本、唐石经、白文本皆同，《要义》所引亦同。阮记云："石经、岳本、闽、监、毛本同，《释文》：郑本作'昇'。"卢记同。考单疏本《疏》文云"'升元亨'者"，则其所见本作"升"，检敦煌残卷伯二六一七《释文》出字"升"，则作"升"是也，《释文》所引，或为别本也。

57 页九左 用见大人

按："用"，足利本、八行本、十行本、刘本（嘉靖）、永乐本、闽本、明监本、毛本、抚本、建本、岳本、唐石经、白文本皆同，《要义》所引亦同。阮记云："石经、岳本、闽、监、毛本同，《释文》：本或作'利见'。"卢记同。考单疏本《疏》文云"'用见大人勿恤'者"，则其所见本作"用"，检敦煌残卷伯二六一七《释文》出字"用见"，则作"用"是也，《释文》所引，或为别本也。

58 页九左 象曰柔以时升

按："象"，毛本同；足利本作"彖"，八行本、十行本、刘本（嘉靖）、永乐本、闽本、明监本、抚本、建本、岳本、唐石经、白文本同。阮记引文"象曰柔以是升"，云："石经、岳本、宋本、闽、监本、古本、足利本同，毛本'彖'误'象'。"卢记引文"象曰柔以是升"，补云："毛本同，石经、岳本、宋本、闽、监本、古本、足利本'象'作'彖'，案：'象'字误也。"下文有"象曰"，则此处作"彖"无可置疑，阮记引文与阮本异，或因所据为校改之本，而卢记因欲合于阮本，故改记文也。

59 页九左 起升贵位

按："起"，十行本、刘本（嘉靖）、永乐本、闽本、明监本、毛本同；单疏本作"超"，足利本、八行本同。阮记云："闽、监、毛本同，钱本、宋本'起'作'超'。"卢记同。考单疏本《疏》文云"六五以阴柔之质，超生贵位"，起升，不辞，超生者，六五以阴质而居阳位也，作"超"是也，当从单疏本等。

60 页十右 君子以顺德积小以高大

按："顺"，足利本、八行本、十行本、刘本（嘉靖）、永乐本、闽本、明监本、毛本、抚本、建本、岳本、唐石经、白文本皆同。"以"，足利本、八行本、十行本、刘本（嘉靖）、永乐本、闽本、明监本、毛本、抚本、建本、岳本、唐石经、白文本皆同，《要义》所引亦同。阮记云："石经、岳本、闽、监、毛本同，《释文》："顺"，本又作'慎'，姚本'德'作'得'，'以高大'，本或作'以成高大'，古本、足利本有'成'字。"卢记同。考单疏本《疏》文云"'君子以顺德积小以高大'者"，则其所见本作"顺""以"，诸本皆同，则作"顺""以"是也，《释文》所引，或为别本也。

61 页十右 允升大吉

按："吉"，足利本、八行本、十行本、刘本（嘉靖）、永乐本、闽本、明监本、毛本、抚本、建本、岳本、唐石经、白文本皆同。阮记云："石经、岳本、闽、监、毛本同，古本下衍'也'字。"卢记同。考单疏本《疏》文云"'允升大吉'者"，则其所见本作"吉"，诸本皆同，则作"吉"是也，古本不可信从。

62 页十一右 保是尊贵

按："是"，刘本（嘉靖）闽本、明监本、毛本同；单疏本作"其"，足利本、八行本、十行本、永乐本同。阮记云："闽、监、毛本同，宋本'是'作'其'……"卢记同。保是，不辞，揆诸文义，作"其"是也，当从单疏本等。瞿记云"其不作是"，则其家藏十行本不误，与刘本、阮本之底本不同，而与元刊十行本同。

63 页十一右 处贞之极

按："贞"，十行本、刘本（嘉靖）、永乐本、闽本、明监本、毛本同；足利本作"升"，八行本、抚本、建本、岳本同，《要义》所引亦同。阮记云：

"钱本、闽、监、毛本同，岳本、古本'贞'作'升'。按：《正义》当作'升'。"卢记同。此《升》卦，又为上六，正处升之极也，作"升"是也，当从抚本等。

64 页十一右 冥犹暗也

按："暗"，刘本（嘉靖）、闽本、明监本、毛本同；单疏本作"昧"，足利本、八行本、十行本同；永乐本作"时"。阮记云："闽、监、毛本同，宋本'暗'作'昧'。"卢记同。宋元诸本皆作"昧"，作"昧"是也，当从单疏本等。瞿记云"昧不作暗"，则其家藏十行本不误，与刘本、阮本之底本不同，而与元刊十行本同。

65 页十一左 巧言能辞

按："能"，单疏本作"饰"，足利本、八行本、十行本、刘本（嘉靖）、永乐本、闽本、明监本、毛本同。阮记无说，卢记补云："毛本'能'作'饰'。"诸本皆作"饰"，揆诸文义，作"饰"是也，当从单疏本等。此字惟阮本误，可见其非善本也。

66 页十一左 刚撜也

按："撜"，足利本、八行本、十行本、刘本（嘉靖）、永乐本、闽本、明监本、毛本、抚本、建本、岳本、唐石经、白文本皆同，《要义》所引亦同。阮记云："石经、岳本、闽、监、毛本同，《释文》本又作'掩'，虞作'弇'。"卢记同。考单疏本《疏》文云"'困刚撜'者"，则其所见本作"撜"，检敦煌残卷伯二六一七《释文》出字"撜"，则作"撜"是也，《释文》所引，或为别本也。

67 页十一左 刚则撜于柔也

按："则"，十行本、刘本（嘉靖）、永乐本、闽本、明监本、毛本同；足利本作"见"，八行本、抚本、建本、岳本同，《要义》所引亦同。阮记云："闽、监、毛本同，岳本、宋本、古本、足利本'则'作'见'。案：'见'是。"卢记同。考单疏本《疏》文云"刚见撜于柔也"，则其所见本作"见"，见撜者，被掩也，《疏》文云"刚应升进，今被柔撜"，正解其意，则作"见"是也，当从抚本等。

68 页十一左 未能说困者也

按："说"，足利本作"济"，八行本、十行本、刘本（嘉靖）、永乐本、闽本、明监本、毛本、抚本、建本、岳本同,《要义》所引亦同。阮记无说,卢记引文"未能说困者也",又补云:"案:《正义》'说'当作'济',毛本是'济'字。"说困,不辞,考单疏本《疏》文云"未能济困,处困能济,济乃得吉",则其所见本作"济",作"济"是也,当从抚本等。此字惟阮本误,可见其非善本也。阮本于正文、卢记引文皆加圈,实属罕见,显为画蛇添足也。

69 页十一左 其唯君子乎

按:"唯",十行本、刘本(嘉靖)、永乐本、闽本、明监本、毛本同;单疏本作"惟",足利本、八行本同。阮记云:"闽、监、毛本同,宋本'唯'作'惟',下'唯君子能然也'同。"卢记同。"惟""唯"可通,然似以作"惟"为长,则当从单疏本等。

70 页十二右 君子固穷

按:"固",足利本、八行本、十行本、刘本(嘉靖)、永乐本、闽本、明监本、毛本、抚本、建本、岳本同。阮记云:"岳本、闽、监、毛本同,《释文》'固穷',或作'困穷',非。"卢记同。诸本皆同,作"固"是也,当从抚本等。

71 页十二右 不过数岁者也

按:"数",足利本、八行本、十行本、刘本(嘉靖)、永乐本、闽本、明监本、毛本、抚本、建本、岳本同。阮记云:"岳本、闽、监、毛本同,《释文》:'数岁',本亦作'三岁'。"卢记同。考单疏本《疏》文云"困之为道,不过数岁",则其所见本作"数",作"数"是也,当从抚本等,《释文》所引,或为别本也。

72 页十二右 困于株木

按:单疏本、足利本、八行本、十行本、刘本(嘉靖)、永乐本、闽本、明监本、毛本皆同。阮记、卢记皆无说。阮记引文"居则困于株木",云:"岳本、闽、监、毛本同,古本无'于'、'木'二字。"卢记同。此王注,足利本、八行本、十行本、刘本(嘉靖)、永乐本、闽本、明监本、毛本、抚本、建本、岳本皆同。阮本本应于王注"困于株木"加圈,却误于《疏》文"困于株木"加圈,疏漏甚矣。

73 页十二左 幽不明也

按:"幽",足利本、八行本、十行本、刘本(嘉靖)、永乐本、闽本、明监本、毛本、抚本、建本、岳本、唐石经、白文本皆同。阮记云："石经、岳本、闽、监、毛本同，足利本无'幽'字。"卢记同。考单疏本《疏》文云"'幽不明'者"，则其所见本作"幽"，诸本皆同，则有"幽"字是也。

74 页十二左 初不谓之诛也

按："初不"，单疏本作"杌木"，足利本、八行本同；十行本作"机木"，刘本（嘉靖）、永乐本、闽本、明监本、毛本同。阮记云："钱本、宋本'初不'作'杌木'，闽、监、毛本作'机木'。"卢记同。揆诸文义，作"杌木"是也，则当从单疏本等。瞿记云"杌木不误初不"，则其家藏十行本与十行本、刘本、阮本之底本不同，而与单疏本等同。

75 页十二左 利用享祀

按："享"，足利本、八行本、十行本、永乐本、抚本、建本、岳本、唐石经、白文本同，《要义》所引亦同；刘本（嘉靖）作"亨"，闽本、明监本、毛本同。阮记云："石经、岳本、宋本、古本、足利本同，闽、监、毛本'享'误'亨'，《释文》出'享祀'。"卢记同。考单疏本《疏》文云"故曰'利用享祀'"，则其所见本作"享"，检敦煌残卷伯二六一七《释文》出字"享祀"，则作"享"是也，作"亨"误也，阮记是也。

76 页十三右 据于蒺

按："据"，足利本、八行本、十行本、明监本、毛本、抚本、建本、岳本、唐石经、白文本同；刘本（嘉靖）作"擄"，闽本同；永乐本作"擄"，《要义》所引亦同。阮记云："石经、岳本、监、毛本同，闽本'据'误'擄'。"卢记同。考单疏本《疏》文云"故曰'据于蒺藜'也"，则其所见本作"据"，则作"据"是也。

77 页十三右 焉得配偶

按："偶"，刘本（嘉靖）、闽本、明监本、毛本同；足利本作"耦"，八行本、十行本永乐本、抚本、建本、岳本同。阮记云："闽、监、毛本同，岳本、宋本、古本、足利本'偶'作'耦'，宋本《疏》亦作'耦'。按：'耦'字是也，俗多借'偶'字为之。"卢记同。"耦"、"偶"可通，阮记按语强分本俗，不可信从也，又阮记谓宋本《疏》作"耦"，检单疏本、足利本、八行本皆作"偶"，则阮说误甚也。瞿记云"耦不作偶"，则其家藏十行本与刘本、阮本之底本不同，而与元刊十行本同。

78 页十三右 难得配偶

按："偶"，单疏本、足利本、八行本、十行本、刘本（嘉靖）、永乐本、闽本、明监本、毛本同，《要义》所引亦同。阮记、卢记皆无说。诸本皆同，作"偶"是也。

79 页十三右 九四来徐徐困于金车

按："徐徐"，足利本、八行本、十行本、刘本（嘉靖）、永乐本、闽本、明监本、毛本、抚本、建本、岳本、唐石经、白文本皆同，《要义》所引亦同。"车"，足利本、八行本、十行本、刘本（嘉靖）、永乐本、闽本、明监本、毛本、抚本、建本、岳本、唐石经、白文本皆同，《要义》所引亦同。阮记云："石经、岳本、闽、监、毛本同，《释文》：'徐徐'，子夏作'荼荼'，翟同，王肃作"余余"，'金车'，本亦作'金舆'。"卢记同。考单疏本《疏》文云"故曰'困于金车'"、"故'来徐徐'也"，则其所见本作"徐徐""车"，检敦煌残卷伯二六一七《释文》出字"徐＝""金车"，则作"徐徐""车"是也，《释文》所引，或为别本也。

80 页十三左 九四有应于初而碍于九三

按："三"，单疏本作"二"，足利本、八行本、十行本、刘本（嘉靖）、永乐本、闽本、明监本、毛本同。阮记无说，卢记补云："案：　'三'当作'二'。"本卦九二、六三，无九三，则作"三"显误，作"二"是也，则当从单疏本等。此字唯阮本误，可见其非善本也。

81 页十三左 欲弃之

按："弃"，单疏本、十行本、刘本（嘉靖）、永乐本、闽本、明监本同，毛本作"弃"；足利本作"乘"，八行本同。阮记云："闽、监本同、毛本'弃'作'弃'，宋本误'乘'。"卢记同。考单疏解本《疏》文云"欲弃之，惜其配偶，疑惧而行"，揆诸文义，作"弃"是也，则当从单疏本等，作"乘"者，或因形近而讹。

82 页十三左 九五劓刖

按："刖"，足利本、八行本、十行本、刘本（嘉靖）、永乐本、闽本、明监本、毛本、抚本、建本、岳本、唐石经、白文本皆同。阮记云："石经、岳本、闽、监、毛本同，《释文》：王肃本作"劓劊"，陆同，京作'劓刭'。"卢记同。考单疏本《疏》文云"故曰'劓刖'"，则其所见本作"刖"，检敦煌残卷伯二六一七《释文》出字"刖",则作"刖"是也,《释文》所引,或为别本也。

83 页十三左 利用祭祀

按:"祭",足利本、八行本、十行本、刘本(嘉靖)、永乐本、闽本、明监本、毛本、抚本、建本、岳本、唐石经、白文本皆同,《要义》所引亦同。阮记云:"石经、岳本、闽、监、毛本同,《释文》:'祭祀',本亦作'享祀'。"卢记同。诸本皆同,检敦煌残卷伯二六一七《释文》出字"祭祀",则作"祭"是也,《释文》所引,或为别本也。

84 页十三左 遐迩愈叛

按:"迩",足利本、八行本、十行本、刘本(嘉靖)、永乐本、闽本、明监本、毛本、抚本、建本、岳本、唐石经、白文本皆同,《要义》所引亦同。阮记云:"岳本、闽、监、毛本同,《释文》出'遐远',云:本亦作'遐迩'。"卢记同。诸本皆同,则作"迩"是也,《释文》所引,或为别本也。

85 页十四右 己德未得

按:"德",单疏本作"志",足利本、八行本、十行本、刘本(嘉靖)、永乐本、闽本、明监本、毛本同,《要义》所引亦同。阮记无说,卢记补云:"案:'德'当作'志',毛本正作'志'。"考单疏解本《疏》文云"己志未得,故曰'志未得也'",揆诸文义,作"志"是也,则当从单疏本等。此字唯阮本误,可见其非善本也。

86 页十四右 上六困于葛藟于臲卼

按:"藟",足利本、八行本、十行本、刘本(嘉靖)、永乐本、闽本、明监本、毛本、抚本、建本、岳本、唐石经、白文本皆同,《要义》所引亦同。"臲卼",足利本、八行本、十行本、刘本(嘉靖)、永乐本、闽本、明监本、毛本、抚本、建本、岳本、唐石经、白文本皆同,《要义》所引亦同。阮记云:"石经、岳本、闽、监、毛本同,《释文》:'藟',本又作'蘽','臲',《说文》作'劓',薛同,'卼',《说文》作'𡇲',薛又作'杌'字同。"卢记同。考单疏本《疏》文云"故曰'困于葛藟于臲卼'也",则其所见本作"藟""臲卼",检敦煌残卷伯二六一七《释文》出字"藟""臲""卼",则作"藟""臲卼"是也,《释文》所引,或为别本也。

87 页十四左 不安之辞

按："辞"，单疏本作"貌"，足利本、八行本、十行本、刘本（嘉靖）、永乐本、闽本、明监本、毛本同。阮记无说，卢记补云："毛本'辞'作'貌'。"考单疏解本《疏》文云"虺虺，动摇不安之貌"，揆诸文义，作"貌"是也，则当从单疏本等。此字唯阮本误，可见其非善本也。

88 页十四左 者不得安

按："者"，单疏本作"居"，足利本、八行本、十行本、刘本（嘉靖）、永乐本、闽本、明监本、毛本同，《要义》所引亦同。阮记无说，卢记补云："毛本'者'作'居'。"者不得安，不知何义，揆诸文义，作"居"是也，则当从单疏本等。此字唯阮本误，可见其非善本也。

89 页十五右 羸其瓶凶

按："羸"，足利本、八行本、十行本、刘本（嘉靖）、永乐本、闽本、明监本、毛本、抚本、建本、岳本、唐石经、白文本皆同。阮记云："石经、岳本、闽、监、毛本同，《释文》：'羸'，蜀才作'累'。"卢记同。考单疏本《疏》文云"羸其瓶凶"，则其所见本作"羸"，检敦煌残卷伯二六一七《释文》出字"羸"，则作"羸"是也，《释文》所引，或为别本也。

90 页十五右 计获一瓶之水

按："获"，十行本、刘本（嘉靖）、永乐本、闽本、明监本、毛本同；单疏本作"覆"，足利本、八行本同。阮记云："闽、监、毛本同，钱本、宋本'获'作'覆'……"卢记同。考王注云"几至而覆"，《疏》文之"覆"字正本此，作"覆"是也，当从单疏本等。

91 页十五左 汔至亦未

按："亦"，足利本、八行本、十行本、刘本（嘉靖）、永乐本、闽本、明监本、毛本、抚本、建本、岳本、唐石经、白文本皆同。阮记云："石经、岳本、闽、监、毛本同，古本脱'亦'字。"卢记同。诸本皆同，"亦"字不可缺，古本非是，阮记是也。

92 页十四左 其犹人德事被物

按："事"，单疏本作"未"，足利本、八行本、十行本、刘本（嘉靖）、永乐本、闽本、明监本、毛本同，《要义》所引亦同。阮记无说，卢记补云："毛本'事'作'未'。案：'未'字是也。"考单疏本《疏》文云"水未及用，则井功未成，其犹人德未被物，亦是功德未就也"，前后两"未"，正为呼应，作"未"是也，当从单疏本等。此字唯阮本误，可见其非善本也。

94 页十五左 木上有水井之象也

按："井"，足利本、八行本、十行本、刘本（嘉靖）、永乐本、闽本、明监本、毛本、抚本、建本、岳本皆同。阮记云："《集解》云：木上有水上水之象也。按：《正义》作'则是上水之象'。"卢记同。此王注，考经文云"木上有水井"，注文故述之云"木上有水井之象"，作"井"是也，当从抚本等。

94 页十五左 使有成功

按："成功"，十行本、刘本（嘉靖）、永乐本、闽本、明监本、毛本同；单疏本作"功成"，足利本、八行本同。阮记云："闽、监、毛本同，宋本作'使有功成'。"卢记同。揆诸文义，作"功成"似胜，当从单疏本等。

95 页十六右 井谷射鲋

按："射"，足利本、八行本、十行本、刘本（嘉靖）、永乐本、闽本、明监本、毛本、抚本、建本、岳本、唐石经、白文本皆同。阮记云："石经、岳本、闽、监、毛本同，《释文》：'射'，荀作'耶'……"卢记同。考单疏本《疏》文云"'井谷射鲋'者"，则其所见本作"射"，检敦煌残卷伯二六一七《释文》出字"射"，则作"射"是也，《释文》所引，或为别本也。

96 页十六右 则莫之与也

按：足利本、八行本、十行本、刘本（嘉靖）、永乐本、闽本、明监本、毛本、抚本、建本、岳本、唐石经、白文本皆同。阮记云："岳本、闽、监、毛本同，《释文》：出'无与之也'，云：一本作'则莫之与也'。"卢记同。诸本皆同，原文不误，《释文》所引，或为别本也。

97 页十六左 停污之谓也

按："污"，足利本、八行本、十行本、刘本（嘉靖）、永乐本、闽本、明监本、毛本、抚本、建本、岳本皆同；《要义》所引作"汙"。阮记云："岳本、闽、监、毛本同，《释文》出'停汙'。"卢记同。此王注，考《疏》文云"去秽污之名也"，正本注释经，则其所见本作"污"，作"污"是也，当从抚本等。

98 页十六左 王明则见照明

按："照"，足利本、八行本、十行本、刘本（嘉靖）、永乐本、闽本、抚本、建本、岳本同，《要义》所引亦同；明监本作"昭"，毛本同。阮记云："岳本、钱本、闽本同，监、毛本'照'作'昭'。"卢记同。揆诸文义，作"照"是也，当从抚本等。

100 页十六左 行恻也

按："行"，足利本、八行本、十行本、刘本（嘉靖）、永乐本、闽本、明监本、毛本、抚本、建本、岳本、唐石经、白文本皆同。阮记云："石经、岳本、闽、监、毛本同，古本上有'其'字。"卢记同。诸本皆同，原文不误，古本非也。

100 页十七右 脩井也

按："脩"，足利本、八行本、十行本、刘本（嘉靖）、永乐本、闽本、明监本、抚本、岳本、唐石经、白文本同；毛本作"修"，建本同。阮记云："石经、岳本、闽、监本同，毛本'脩'误'修'。"卢记同。考单疏本《疏》文云"'脩井'者"，则其所见本作"脩"，"脩""修"可通，阮记之说，不可信从。

101 页十七右 井洌

按："洌"，十行本、刘本（嘉靖）、永乐本、闽本、建本、岳本、唐石经同，《要义》所引亦同；足利本作"冽"，八行本、明监本、毛本、抚本、白文本同。阮记云："石经、岳本、钱本、闽本同，监、毛本'洌'误'冽'，《释文》出'洌'字。"卢记同。考单疏本《疏》文云"故曰'井洌'"，则其所见本作"洌"，检敦煌残卷伯二六一七《释文》出字"冽"，"洌""冽"可通，阮记之说，不可信从。

102 页十七右 井收

按："收"，足利本、八行本、十行本、刘本（嘉靖）、永乐本、闽本、明监本、毛本、抚本、建本、岳本、唐石经、白文本皆同，《要义》所引亦同。阮记云："石经、岳本、闽、监、毛本同，《释文》：'收'，荀作'盤'……"卢记同。考单疏本《疏》文云"故曰'井收'也"，则其所见本作"收"，检敦煌残卷伯二六一七《释文》出字"收"，则作"收"是也，《释文》所引，或为别本也。

103 页十七右 正义曰收式胄反凡物可收成者

按：单疏本、足利本、八行本、十行本同；刘本（嘉靖）作"收式胄反○正义曰收凡物可收成者"，闽本、明监本、毛本同；永乐本作"收凡物可收式胄反

163

成者"。阮记云："钱本、宋本同，闽、监、毛本删三小字，'正义曰'上加'收式胃反'四字，一'○'，大谬。"卢记同。此《疏》文自注释音也，阮记是也，刘本等非是。

104 页十七左 然后乃变生

按："然"，刘本（嘉靖）、闽本、明监本、毛本同；足利本作"而"，八行本、十行本、永乐本、抚本、建本、岳本同，《要义》所引亦同。阮记云："闽、监、毛本同，岳本、钱本'然'作'而'。"卢记同。此王注，考下文云"水火相战，而后生变"，以后况前，则作"而"是也，当从抚本等。瞿记云"而不作然"，则其家藏十行本不误，与刘本、阮本之底本不同，而与元刊十行本同。

105 页十七左 火欲上而泽欲下

按："火"，足利本、八行本、十行本、刘本（嘉靖）、永乐本、闽本、明监本、毛本、抚本、建本、岳本皆同，《要义》所引亦同，《要义》所引亦同。阮记云："岳本、闽、监、毛本同，古本上有'故'字。"卢记同。诸本皆同，作"火"是也，当从抚本等，古本不可信也。

106 页十八右 革而信之

按："之"，足利本、八行本、十行本、刘本（嘉靖）、永乐本、闽本、明监本、毛本、抚本、建本、岳、唐石经、白文本皆同。阮记云："石经、岳本、闽、监、毛本同，《释文》：一本无'之'字。"卢记同。诸本皆同，检敦煌残卷伯二六一七《释文》出字"信之"，则有"之"字者是也，《释文》所引，或为别本也。

107 页十八右 乃亡名

按："名"，单疏本作"者"，足利本、八行本、十行本、刘本（嘉靖）、永乐本、闽本、明监本、毛本同。阮记无说，卢记补云："毛本'名'作'者'。"考经文云"革而当其悔乃亡"，单疏本《疏》文云"'革而当其悔乃亡'者"，乃引经文而释之，例有"者"字，则作"者"是也，当从单疏本等。此字唯阮本误，可见其非善本也。

108 页十八右 乃亡消也

按："消"，单疏本、足利本、八行本、十行本、刘本（嘉靖）、永乐本、闽本、明监本、毛本皆同。阮记无说，卢记补云："案：此本'消'字缺，毛本如此，今补。"诸本皆有"消"字，揆诸文义，"消"字不可缺，当从单疏本等。

109 页十八左　人亦叛主

按："主"，单疏本作"亡"，足利本、八行本、十行本、刘本（嘉靖）、永乐本、闽本、明监本、毛本同。阮记无说，卢记补云："毛本'主'作'亡'。"揆诸文义，作"亡"是也，当从单疏本等。此字唯阮本误，可见其非善本也。瞿记云"亡不误主"，则其家藏十行本不误，与阮本之底本不同，而与元刊十行本同。

110 页十八左　甚者以明人格也

按："以"，单疏本、足利本、八行本、十行本、刘本（嘉靖）、永乐本、闽本、明监本、毛本皆同，《要义》所引亦同。阮记云："闽、监、毛本同，钱本、宋本'以'作'次'。"卢记同。诸本皆同，宋刊足利本、八行本作"以"不作"次"。又检《疏》文"顺乎天而应乎人者以明人革也"之"以"，刘本（嘉靖）、闽本、明监本、毛本同；单疏本作"次"，足利本、八行本、十行本、永乐本同。阮记所指之"以"显然为后者之"以"，阮本加圈于前者之"以"，误甚！考单疏本《疏》文云"此先明天地革……次明人革也"，先、次相承，作"次"是也，当从单疏本等。瞿记云"次不误以"，则其家藏十行本不误，与刘本、阮本之底本不同，而与元刊十行本同。瞿记又云"重刊本圈此'以'字非"，是也。

111 页十九左　既不言三

按："不"，十行本、刘本（嘉靖）、永乐本、闽本同；单疏本作"革"，足利本、八行本、明监本、毛本同。阮记云："闽、监本同，毛本'不'改'革'。"卢记"改"作"作"，余同。考经文云"革言三就有孚"，单疏本《疏》文云"既'革言三就有孚'"，乃引经文而释之，则作"革"是也，当从单疏本等。明监本、重修监本皆作"革"，阮计谓监本同闽本作"不"，不知其所剧何本，其又谓毛本改作"革"，显非。

112 页二十右　故文炳而相暌蔚也

按："炳"，单疏本作"细"，足利本、八行本、十行本、刘本（嘉靖）、永乐本、闽本、明监本、毛本同。阮记无说，卢记补云："毛本'炳'作'细'。"考本卦九五《象》曰"大人虎变，其文炳也"，上六《象》曰"君子豹变，其文蔚也"，则虎变为炳，豹变为蔚，单疏本《疏》文释前者云"其文炳者，义取文章炳着也"，单疏本《疏》文释后者云"其文蔚者，明其不能大变"，则虎变彪炳，豹变小蔚，二者截然相反，故《疏》云"文细而相暎蔚也"之"细"字，必不得作"炳"，而使虎、豹相混也，作"细"是也，当从单疏本等。此字唯阮本误，可见其非善本也。

113 页二十右 吉然后乃亨

按："吉"，足利本、八行本、十行本、刘本（嘉靖）、永乐本、闽本、明监本、毛本、抚本、建本、岳本皆同。阮记云："岳本、闽、监、毛本同，古本上有'元'字。"卢记同。诸本皆同，作"吉"是也，当从抚本等，古本不可信也。

114 页二十左 贤愚有别尊卑有序

按：足利本、八行本、十行本、刘本（嘉靖）、永乐本、闽本、明监本、毛本、抚本、建本、岳本皆同。阮记云："岳本、闽、监、毛本同，《释文》：'贤愚别尊卑序'，本亦作'有别'、'有序'。"卢记同。诸本皆同，当从抚本等，《释文》所引，或为别本也。

115 页二十左 以供烹饪之用

按："烹"，刘本（嘉靖）、闽本、明监本、毛本同；单疏本作"亨"，足利本、八行本、永乐本同，《要义》所引亦同；十行本作"享"。阮记云："闽、监、毛本同，钱本、宋本'烹'作'亨'。"卢记同。经云"亨饪"，《疏》文释之，宜作"亨"也，当从单疏本等。

116 页二十左 能成新法

按：单疏本、足利本、八行本、十行本、刘本（嘉靖）、永乐本、闽本、明监本、毛本皆同，《要义》所引亦同。阮记云："卢文弨云：句有误字。"卢记同。能成新法，文从字顺，不知何误之有，卢说绝不可信。《举正》以为脱"制"字，亦为猜测之说，不可信从。

117 页二十左 火亨饪也

按："亨"，足利本、八行本、十行本、刘本（嘉靖）、永乐本、闽本、明监本、毛本、抚本、建本、岳本、唐石经、白文本皆同。阮记云："石经、岳本、闽、监、毛本同，《释文》：'亨'，本又作'亯'……"卢记同。考单疏本《疏》文云"'火亨饪也'者"，则其所见本作"亨"，诸本皆同，作"亨"是也，检敦煌残卷伯二六一七《释文》出字"火烹"，则"烹"及《释文》所引，或为别本也。

118 页二十左 饪孰也

按："孰"，足利本、八行本、十行本、永乐本、抚本、岳本同；刘本（嘉靖）作"熟"，闽本、明监本、毛本、建本同。阮记云："岳本同，闽本、监、毛本'孰'作'熟'。"卢记同。宋元刊本大抵作"孰"，作"孰"是也，当从抚本等。

119 页二十左 故质其牲大

按：单疏本作"故举其重大"，足利本、八行本、十行本、刘本（嘉靖）、永乐本、闽本、明监本、毛本同，《要义》所引亦同。阮记无说，卢记补云："毛本'质'作'举'，'牲'作'重'。案：所改是也。"考单疏本《疏》文云"故举其重大，则轻小可知"，揆诸文义，当从单疏本等。此句唯阮本误，可见其非善本也。

120 页二十左 特性而已

按："性"，单疏本作"牲"，八行本、十行本、刘本（嘉靖）、永乐本、闽本、明监本、毛本同，《要义》所引亦同；足利本作"牡"。阮记云："闽、监、毛本作'特牲'，不误，宋本'性'作'牡'，亦非。"卢记同。特牲为辞，作"牲"是也，当从单疏本等。内阁文库藏八行抄本《周易注疏》作"牡"，则其抄写底本或为足利本也。

121 页二十一右 凝命

按："凝"，足利本、八行本、十行本、刘本（嘉靖）、永乐本、闽本、明监本、毛本、抚本、建本、岳本、唐石经、白文本皆同，《要义》所引亦同。阮记云："石经、岳本、闽、监、毛本同，《释文》：'凝'，翟作'拟'。"卢记同。考单疏本《疏》文云"'凝命'者"，则其所见本作"凝"，检敦煌残卷伯二六一七《释文》出字"凝"，则作"凝"是也，《释文》所引，或为别本也。

122 页二十一左 倒以写否

按："倒"，足利本、八行本、十行本、刘本（嘉靖）、永乐本、闽本、明监本、毛本、抚本、建本、岳本皆同，《要义》所引亦同。阮记云："岳本、闽、监、毛本同，古本、足利本'倒'下有'趾'字。"卢记同。诸本皆同，当从抚本等，古本等不可信从。

123 页二十一左 不我能即吉

按："我能"，足利本、八行本、十行本、刘本（嘉靖）、永乐本、闽本、明监本、毛本、抚本、建本、岳本、唐石经、白文本皆同，《要义》所引亦同。阮记云："石经、岳、闽、监、毛本同，古本作'不能我即吉'。"卢记同。考单疏本《疏》文云"'不我能即吉'也"，则其所见本作"我能"，诸本皆同，则作"我能"是也，古本不可信从。

124 页二十一左 我仇谓九也

按："九"，足利本作"五"，八行本、十行本、刘本（嘉靖）、永乐本、闽本、明监本、毛本、抚本、建本、岳本同，《要义》所引亦同。阮记无说，卢记补云："案：'九'当作'五'，《正义》云：六五我之仇匹是也，毛本是'五'字。"此王注释九二，九二云"我仇有疾"，己既为九二，如何与九有仇，与其有仇者六五也，诸本皆同，作"五"是也，当从抚本等。此字唯阮本误，可见其非善本也。

125 页二十二右 虽阴阳爻

按："九"，足利本作"体"，八行本、十行本、刘本（嘉靖）、永乐本、闽本、明监本、毛本、抚本、建本、岳本同，《要义》所引亦同。阮记无说，卢记补云："毛本'阴'作'体'，案：所改是也。"阴阳爻，不知何义，此九三，乃阳体之爻也，诸本皆同，作"体"是也，当从抚本等。此字唯阮本误，可见其非善本也。

126 页二十二右 非有体实不受

按："有"，十行本、刘本（嘉靖）、永乐本、闽本同；单疏本作"直"，足利本、八行本同；明监本作"其"，毛本同。阮记云："闽本同，监、毛本'有'作'其'，钱本、宋本作'直'。"卢记同。考单疏本《疏》文云"非直体实不受，又上九不应于己，亦无所纳"，非直者，不仅之义也，不仅体实不受，而且上九不应于己，文气顺畅，作"直"是也，当从单疏本等。

127 页二十二左 其形渥凶

按："渥"，足利本、八行本、十行本、刘本（嘉靖）、永乐本、闽本、明监本、毛本、抚本、建本、岳本、唐石经、白文本皆同，《要义》所引亦同。阮记云："石经、岳本、闽、监、毛本同，《释文》：'渥'，郑作'剭'。"卢记同。考单疏本《疏》文云"故曰'其形渥凶'"，则其所见本作"渥"，检敦煌残卷伯二六一七《释文》出字"渥"，则作"渥"是也，《释文》所引，或为别本也。

128 页二十二左 信之如何

按："之如"，十行本、刘本（嘉靖）、永乐本、闽本、明监本、毛本同；足利本作"如之"，八行本、抚本、建本、岳本同，《要义》所引亦同。阮记云："闽、监、毛本同，岳本、宋本、古本、足利本'之如'作'如之'。"卢记同。考单疏本《疏》文云"信如之何"，则其所见本作"如之"，作"如之"是也，当从抚本等。

129 页二十三右 惧以成则是以亨

按：足利本、八行本、十行本、刘本（嘉靖）、永乐本、闽本、明监本、毛本、抚本、建本、岳本皆同，《要义》所引亦同。阮记云："岳本、闽、监、毛本同，《释文》：'成'亦作'盛'，古本下有'也'字。"卢记同。诸本皆同，检敦煌残卷伯二六一七《释文》出字"以成"，则作"以成"是也，当从抚本等，《释文》所引，或为别本也。

130 页二十三右 震来虩虩笑言哑哑

按："渥"，足利本、八行本、十行本、刘本（嘉靖）、永乐本、闽本、明监本、毛本、抚本、建本、岳本、唐石经、白文本皆同，《要义》所引亦同。阮记云："岳本、闽、监、毛本同，《释文》：'虩虩'，荀作'愬愬'，'言'亦作'语'下同，石经初刻'语'，后改'言'。"卢记同。考单疏本《疏》文云"'震来虩虩笑言哑哑'者"，则其所见本作"震来虩虩笑言哑哑"，诸本皆同，则作"震来虩虩笑言哑哑"是也，《释文》所引，或为别本也。

131 页二十三右 而后乃惧也

按："乃惧"，足利本、八行本、十行本、刘本（嘉靖）、永乐本、闽本、明监本、毛本、抚本、建本、岳本皆同，《要义》所引亦同。阮记云："岳本、闽、监、毛本同，古本'也'上有'者'字，一本无'乃'字。"卢记同。诸本皆同，作"乃惧"是也，当从抚本等，古本等不可信从。

132 页二十三右 惊骇怠惰

按："怠"，足利本、八行本、十行本、刘本（嘉靖）、永乐本、闽本、明监本、毛本、抚本、建本、岳本皆同，《要义》所引亦同。阮记云："岳本、闽、监、毛本同，《释文》'怠'本又作'殆'。"卢记同。诸本皆同，作"怠"是也，当从抚本等，《释文》所引，或为别本也。

133 页二十三左　则是可以不丧七鬯矣

按："是"，刘本（嘉靖）、闽本、明监本、毛本同；足利本作"足"，八行本、十行本、永乐本、抚本、建本、岳本同。阮记云："闽、监、毛本同，岳本、钱本、宋本、足利本'是'作'足'。"卢记同。揆诸文义，作"足"是也，当从抚本等。

134 页二十三左　长三尺

按："三"，单疏本、足利本、八行本、十行本、永乐本同，《要义》所引亦同；刘本（嘉靖）作"二"，闽本、明监本、毛本同。阮记云："宋本同，闽、监、毛本'三'作'二'。按：'二'字误，《礼记·杂记》云：枕以桑长三尺，可证也。"卢记同。宋元刊本皆作"三"，作"三"是也，当从抚本等，阮记按语是也。

135 页二十四右　则惰者惧于近也

按："惰""也"，十行本、刘本（嘉靖）、永乐本、闽本、明监本、毛本、建本同；足利本作"惰""矣"，八行本、抚本、岳本同。阮记云："闽、监、毛本同，古本'惰'下有'惓'字，'也'作'矣'，岳本、宋本、足利本并作'矣'。"卢记同。"也"、"矣"互为别本也。

136 页二十四右　则惰者恐惧于近也

按："也"，单疏本、足利本、八行本、十行本、刘本（嘉靖）、永乐本、闽本、明监本、毛本皆同。阮记、卢记皆无说。诸本皆同，当从单疏本，不知阮本为何于此加圈，或涉上条而误加也。

137 页二十四右　可以守宗庙

按："庙"，足利本、八行本、十行本、刘本（嘉靖）、永乐本、闽本、明监本、毛本、抚本、建本、岳本同。阮记云："岳本、闽、监、毛本同，古本下有'也'字。"卢记同。诸本皆同，作"庙"是也，当从抚本等，古本不可信从。

138 页二十四右　以恐惧脩省

按："脩"，足利本、八行本、十行本、永乐本、明监本、毛本、抚本、建本、岳本、唐石经同；刘本（嘉靖）作"修"，闽本、白文本同，《要义》所引亦同。阮记云："石经、岳本、监、毛本同，闽本'脩'误'修'。"卢记同。

考单疏本《疏》文云"故曰'君子以恐惧脩省'"，则其所见本作"脩"，"脩""修"互为别本也。

140 页二十四左 凡举屯

按："凡"，十行本、永乐本同；单疏本作"泛"，足利本、八行本同，《要义》所引亦同；刘本（嘉靖）作"况"，闽本、明监本、毛本同。阮记云："钱本、宋本'凡'作'泛'，闽、监、毛本作'况'。"卢记同。凡举、况举皆不辞，揆诸文义，作"泛"是也，当从单疏本等。

140 页二十四左 亿丧贝跻于九陵

按：足利本、八行本、十行本、刘本（嘉靖）、永乐本、明监本、毛本、抚本、建本、岳本、唐石经、白文本皆同，《要义》所引亦同。阮记云："石经、岳本、闽、监、毛本同，《释文》：'亿'本又作'噫'，六五同，'跻'本又作'隮'。"卢记同。考单疏本《疏》文云"'亿丧贝'者""'跻于九陵'"，则其所见本作"亿""跻"，检敦煌残卷伯二六一七《释文》出字"亿""跻"，则作"亿""跻"是也，《释文》所引，或为别本也。

141 页二十四左 威骇怠懈

按："懈"，刘本（嘉靖）、闽本、明监本、毛本、抚本、建本、岳本同，《要义》所引亦同；足利本作"解"，八行本、十行本、永乐本同。阮记云："岳本、闽、监、毛本同，宋本'懈'作'解'。"卢记同。怠懈，即懈怠，作"懈"是也，当从抚本等。

142 页二十四左 其所处矣

按："其"，足利本、八行本、十行本、刘本（嘉靖）、永乐本、闽本、明监本、毛本、抚本、建本、岳本皆同，《要义》所引亦同。阮记云："岳本、闽、监、毛本同，古本无'其'字。"卢记同。诸本皆同，有"其"字是也，当从抚本等，古本不可信从。

143 页二十五右 傲尊陵贵

按："傲"，刘本（嘉靖）、闽本、明监本、毛本同；足利本作"慠"，八行本、十行本、永乐本、抚本、建本、岳本同。阮记云："闽、监、毛本同，钱本、宋本'傲'作'慠'，按：'傲'、'慠'古今字。"卢记同。宋元刊本皆作"慠"，作"慠"是也，当从抚本等。瞿记云"慠不作傲"，则其家藏十行本不误，与刘本、阮本之底本不同，而与元刊十行本同。

144 页二十五右 以训震为惧

按："训震"，单疏本、足利本、八行本、十行本、刘本（嘉靖）、永乐本、闽本、明监本、毛本皆同，《要义》所引亦同。阮记云："卢文弨云：当作'以震训为惧'。"卢记同。诸本皆同，阮记所引卢文弨之说，毫无依据，不可信从。

145 页二十五右 象曰震苏苏

按：足利本、八行本、十行本、刘本（嘉靖）、永乐本、明监本、毛本、抚本、建本、岳本、唐石经、白文本皆同，《要义》所引亦同。阮记云："石经、岳本、闽、监、毛本同，古本下衍'也'字。"卢记同。诸本皆同，无"也"字是也，古本不可信从，阮记是也。

146 页二十五右 九四震遂泥

按："遂"，足利本、八行本、十行本、刘本（嘉靖）、永乐本、明监本、毛本、抚本、建本、岳本、唐石经、白文本皆同。阮记云："石经、岳本、闽、监、毛本同，《释文》，荀本'遂'误'队'。"卢记同。考单疏本《疏》文云"'震遂泥'者"，则其所见本作"遂"，检敦煌残卷伯二六一七《释文》出字"遂"，则作"遂"是也，阮记是也。

147 页二十五左 当有其事

按："有其"，刘本（嘉靖）、闽本、明监本、毛本同；单疏本作"其有"，足利本、八行本、十行本、永乐本同。阮记云："闽、监、毛本同，宋本作'当其有事'。"卢记同。考单疏本《疏》文云"六五居尊，当其有事，在于中位，得建大功"，其者，六五也，又，宋元刊本皆作"其有"，作"其有"是也，当从单疏本等。瞿记云"其有不误有其"，则其家藏十行本不误，与刘本、阮本之底本不同，而与元刊十行本同。

148 页二十六右 故惧惧邻而戒

按："故"，足利本、八行本、十行本、刘本（嘉靖）、永乐本、闽本、明监本、毛本、抚本、建本、岳本同，《要义》所引亦同。阮记云："岳本、闽、监、毛本同，《释文》：'故'或作'而'。"卢记同。考单疏本《疏》文云"'故惧惧邻而戒'"，则其所见本作"故"，诸本皆同，作"故"是也，当从抚本等，《释文》所引，或为别本也。

149 页二十六右 疑婚媾有言者

按："疑"，单疏本作"也"，足利本、八行本、十行本、刘本（嘉靖）、永乐本、闽本、明监本、毛本皆同。阮记无说，卢记补云："毛本'疑'作'也'，属上读。"诸本皆同，作"也"是也，确属上文，当从单疏本等，卢记是也。此字唯阮本误，可见其非善本也。

150 页二十六右　无相窥之言

按："窥"，单疏本作"疑"，足利本、八行本、十行本、刘本（嘉靖）、永乐本、闽本、明监本、毛本同。阮记无说，卢记补云："毛本'窥'作'疑'，案：'疑'字是也。"诸本皆同，作"疑"是也，当从单疏本等，卢记是也。此字唯阮本误，可见其非善本也。

151 页二十七左　既止而不加交

按："加交"，单疏本作"交爻"，足利本、八行本、十行本、刘本（嘉靖）、永乐本、闽本、明监本、毛本同，《要义》所引亦同。阮记无说，卢记补云："毛本'加交'作'交爻'。"考单疏本《疏》文云"此就六爻皆不相应……谓此卦，既止而不交，爻又峙而不应"，揆诸文义，作"交爻"是也，当从单疏本等。此处唯阮本误，可见其非善本也。瞿记云"交爻不误加交"，则其家藏十行本不误，与阮本之底本不同，而与元刊十行本同。

152 页二十七左　初六艮其趾

按："趾"，足利本、八行本、十行本、刘本（嘉靖）、永乐本、明监本、毛本、抚本、建本、岳本、唐石经、白文本皆同，《要义》所引亦同。阮记云："石经、岳本、闽、监、毛本同，《释文》，'趾'，荀作'止'。"卢记同。考单疏本《疏》文云"'艮其趾无咎'者"，则其所见本作"趾"，检敦煌残卷伯二六一七《释文》出字"趾"，则作"趾"是也，《释文》所引，或为别本也。

153 页二十七左　所以在永贞

按："在"，单疏本、足利本、八行本、十行本、刘本（嘉靖）、永乐本、闽本同，明监本作"利"，毛本同，《要义》所引亦同。阮记云："钱本、宋本、闽本同，监、毛本'在'作'利'。"卢记同。宋元诸本皆作"在"，作"在"是也，当从单疏本等。

154 页二十七左　艮其腓不拯其随

按："拯"，足利本、八行本、十行本、刘本（嘉靖）、永乐本、明监本、毛本、抚本、建本、岳本、唐石经、白文本皆同，《要义》所引亦同。阮记云："石经、岳本、闽、监、毛本同，《释文》，'腓'本又作'肥'，'不承'，音

'拯救'之'拯'，是陆所据本作'承'。"卢记同。考单疏本《疏》文云"'艮其腓不拯其随'者"，则其所见本作"拯"，检敦煌残卷伯二六一七《释文》出字"拯"，则作"拯"是也，《释文》所引，或为别本也。

155 页二十九右　女归吉也

按："也"，足利本、八行本、十行本、刘本（嘉靖）、永乐本、明监本、毛本、抚本、建本、岳本、唐石经、白文本皆同。阮记云："石经、岳本、闽、监、毛本同，《释文》，王肃本还作'女归吉利贞'。"卢记同。考单疏本《疏》文云"故曰'女归吉也'"，则其所见本作"也"，检敦煌残卷伯二六一七《释文》出字"女归吉也"，则作"也"是也，《释文》所引，或为别本也。

156 页二十九左　以明得位言言唯是九五也

按："言""唯"，单疏本作"之"、"惟"，足利本、八行本、十行本、永乐本同；刘本（嘉靖）作"之""唯"，闽本、明监本、毛本同，《要义》所引亦同。阮记无说，卢记补云："闽、监、毛本上'言'字作'之'，案：'之'字是也，宋本'唯'作'惟'。"考单疏本《疏》文云"此卦爻皆得位，上言进得位，嫌是兼二三四等，故特言刚得中，以明得位之言，惟是九五也"，揆诸文义，作"之""惟"是也，当从单疏本等。瞿记云"之不误言，惟不作唯"，则其家藏十行本不误，与阮本之底本不同，而与元刊十行本同。

157 页二十九左　贤德善俗

按："善俗"，足利本、八行本、十行本、刘本（嘉靖）、永乐本、明监本、毛本、抚本、建本、岳本、唐石经、白文本皆同。阮记云："石经、岳本、闽、监、毛本同，《释文》：'善俗'，王肃本作'善风俗'，足利本与王肃本同，盖采《音义》。"卢记同。考单疏本《疏》文标起止云"象曰山上至善俗"，则其所见本作"善俗"，检敦煌残卷伯二六一七《释文》出字"善俗"，则作"善俗"是也，《释文》所引，或为别本也。

158 页二十九左　困于小子

按："困于"，足利本、八行本、十行本、刘本（嘉靖）、永乐本、闽本、明监本、毛本、抚本、建本、岳本皆同，《要义》所引亦同。阮记云："岳本、闽、监、毛本同，《释文》：本又作'则困谗于小子'。"卢记同。诸本皆同，检敦煌残卷伯二六一七《释文》出字"困于"，则作"困于"是也，当从抚本等，《释文》所引，或为别本也。

159 页三十右 乐面获吉福也

按："面"，单疏本作"而"，足利本、八行本、十行本、刘本（嘉靖）、永乐本、闽本、明监本、毛本同，《要义》所引亦同。阮记无说，卢记补云："毛本'面'作'而'。"乐面，不辞，揆诸文义，作"而"是也，当从单疏本等。此处唯阮本误，可见其非善本也。

160 页三十右 妇孕不育凶

按："孕"，足利本、八行本、十行本、刘本（嘉靖）、永乐本、明监本、毛本、抚本、建本、岳本、唐石经、白文本皆同。阮记云："石经、岳本、闽、监、毛本同，《释文》：'孕'，荀作'乘'。"卢记同。考单疏本《疏》文云"'妇孕不育凶'者"，则其所见本作"孕"，检敦煌残卷伯二六一七《释文》出字"孕"，则作"孕"是也，《释文》所引，或为别本也。

161 页三十左 而弃乎羣丑

按："丑"，足利本、八行本、十行本、刘本（嘉靖）、永乐本、闽本、明监本、毛本、抚本、建本、岳本皆同。阮记云："岳本、闽、监、毛本同，古本'丑'作'配'。"卢记同。诸本皆同，作"丑"是也，当从抚本等，古本不可信从。

162 页三十左 故曰鸿渐于陆也

按："渐"，单疏本、十行本、刘本（嘉靖）、永乐本、闽本、明监本、毛本同；足利本无"渐"字，八行本同。阮记云："闽、监、毛本同，宋本无'渐'字。"卢记同。考经文云"九三鸿渐于陆"，单疏本《疏》文云"故曰'鸿渐于陆'也"，乃引经文，则"渐"字绝不可阙也，当从单疏本等。

163 页三十左 志相得也

按："志"，足利本、八行本、十行本、刘本（嘉靖）、永乐本、闽本、明监本、毛本、抚本、建本、岳本皆同。阮记云："岳本、闽、监、毛本同，古本上有'与'字。"卢记同。诸本皆同，作"志"是也，古本不可信从。

164 页三十一右 言四虽乘三体巽而附下

按："附下"，刘本（嘉靖）、闽本、明监本、毛本同；单疏本作"下附"，足利本、八行本、十行本、永乐本同。阮记云："闽、监、毛本同，钱本、宋本作'巽而下附'。"考单疏本《疏》文云"言四虽乘三，体巽而下附，三虽被乘，上顺而相保"，"下附"与"上顺"，正相对而言，则作"下附"是也，当从单疏本等。瞿记云"下附不误附下"，则其家藏十行本不误，与刘本、阮本之底本不同，而与元刊十行本同。

165 页三十一右 九五进于中位处于尊高

按："于"，十行本、永乐本同；单疏本作"得"，足利本、八行本同；刘本（嘉靖）作"乎"，闽本、明监本、毛本同。阮记云："闽、监、毛本'于'作'乎'，宋本作'得'。"卢记同。考王注云"进得中文"，单疏本《疏》文云"九五进得中文"，乃本注释经也，作"得"是也，当从单疏本等。

166 页三十一右 进以正邦三年有成者

按：十行本、刘本（嘉靖）、永乐本、闽本、明监本、毛本同。单疏本标起止云"注进以正邦三年有成"，足利本、八行本同。阮记云："闽、监、毛本同，宋本'年'作'岁'，钱本无'者'字，以此标注在'正义曰'上。"卢记同。此处因八行本、十行本合刻方式不同，故有此差异。诸本无有作"岁"者，阮记所谓"宋本"不知所指。瞿记云"岁不作年"，则其家藏十行本与刘本、阮本之底本不同，而与阮记所谓宋本者合，详情有待探讨。

167 页三十一左 峨峨清远

按："峨峨"，足利本、八行本、十行本、刘本（嘉靖）、永乐本、闽本、明监本、毛本、抚本同，《要义》所引亦同；建本作"峩峩"，岳本同。阮记云："闽、监、毛本同，岳本'峨峨'作'峩峩'，《释文》出'峩峩'。"卢记同。"峨"即"峩"也，阮记于此出校，实无必要。

168 页三十一左 少阴而乘长阳

按："乘"，刘本（嘉靖）、闽本、明监本、毛本同；足利本作"承"，八行本、十行本、永乐本、抚本、建本、岳本同。阮记云："闽、监、毛本同，宋本、古本、足利本'乘'作'承'，岳本作'永'，盖亦'承'之误。"卢记同。此王注，考单疏本《疏》文云"此卦以少承长"，乃本注释经也，则作"承"是也，当从抚本等。岳本作"承"不作"永"，殿本重刊岳本作"永"，则阮记所谓岳本，非元刊，乃乾隆重刊本也。

169 页三十一左 以妹从娣而嫁

按："娣"，刘本（嘉靖）、永乐本、闽本、明监本、毛本同；单疏本作"姊"，足利本、八行本同，《要义》所引亦同；十行本作"妹"。阮记云："闽、监、毛本同，钱本、宋本'娣'作'姊'，下'明是妹从娣嫁'，又'妹从娣嫁'，又'嫁而系于娣'，又'系娣所以说者既系娣为媵'，又'故系娣而行合礼'，又'从娣而行'，又'是从娣之义也'，并同。"卢记同。妹自当从姊，作"姊"是也，当从单疏本等。

171 页三十二右 本非正四

按："四"，十行本同；单疏本作"匹"，足利本、八行本、刘本（嘉靖）、永乐本、闽本、明监本、毛本同，《要义》所引亦同。阮记无说，卢记补云："各本'四'作'匹'，案：'匹'字是也。"考前《疏》云"非是匹敌"，则作"匹"是也，当从单疏本等。

171 页三十二右 若妾进求宠

按："妾"，刘本（嘉靖），闽本、明监本、毛本同；单疏本作"妄"，足利本、八行本、十行本、永乐本同，《要义》所引亦同。阮记云："闽、监、毛本同，钱本、宋本'妾'作'妄'，是也。"卢记同。揆诸原文，与"妾"无涉，作"妄"是也，当从单疏本等。

172 页三十二右 令侄娣从其姑娣

按："娣"，刘本（嘉靖），永乐本、闽本同；单疏本作"姊"，足利本、八行本、十行本、明监本、毛本同。阮记无说，卢记补云："各本下'娣'字作'姊'，案：'姊'字是也。"娣如何从娣，作"姊"是也，当从单疏本等。

173 页三十二右 说以动所归妹也

按："所"，足利本、八行本、十行本、刘本（嘉靖）、永乐本、明监本、毛本、抚本、建本、岳本、唐石经、白文本皆同。阮记云："石经、岳本、闽、监、毛本同，《释文》：本或作'所以归妹'。"卢记同。考单疏本《疏》文云"'说以动所归妹也'者"，则其所见本作"所"，诸本皆同，作"所"是也，《释文》所引，或为别本也。

174 页三十二右 嫁而系娣

按："娣"，十行本、刘本（嘉靖）、永乐本、闽本、明监本、毛本、建本同；足利本作"姊"，八行本、抚本、岳本同。阮记云："岳本、闽、监、毛本同，宋本、古本'娣'作'姊'。"卢记同。综合以上诸条，作"姊"是也，当从单疏本等。

175 页三十二左 更有动望之忧

按："动"，十行本、刘本（嘉靖）、永乐本、闽本、明监本、毛本同；单疏本作"勤"，足利本、八行本同。阮记云："闽、监、毛本同，宋本'动'作'勤'。"卢记同。动望，不辞，考《损》卦六四《疏》文云"久不相会，则有勤望之忧"，则作"勤"是也，当从单疏本等。

176 页三十二左 君子以永终知敝

按："敝"，足利本、八行本、十行本、刘本（嘉靖）、永乐本、明监本、毛本、抚本、建本、岳本、唐石经、白文本皆同，《要义》所引亦同。阮记云："石经、岳本、闽、监、毛本同，《释文》出'知弊'。"卢记同。考单疏本《疏》文云"'君子以永终知敝'者"，则其所见本作"敝"，诸本皆同，作"敝"是也，《释文》所本，或为别本也。

177 页三十三右 娣少女之称也

按："娣"，十行本、刘本（嘉靖）、永乐本、闽本、明监本、毛本同；足利本作"妹"，八行本、抚本、建本、岳本同。阮记云："闽、监、毛本同，岳本、宋本、古本、足利本'娣'作'妹'，是也。"卢记同。此王注，前注云"妹者少女之称也"，以前例后，则作"妹"是也，当从抚本等。

178 页三十三右 虽幼而不妾行

按："妾"，足利本作"妄"，八行本、十行本、刘本（嘉靖）、永乐本、闽本、明监本、毛本、抚本、建本、岳本同。阮记无说，卢记补云："案：'妾'当作'妄'，形近之讹，下《正义》可证，毛本正作'妄'。"揆诸原文，与"妾"无涉，作"妄"是也，当从抚本等，卢记是也。此处唯阮本误，可见其非善本也。

179 页三十三左 归妹以须

按："须"，足利本、八行本、十行本、刘本（嘉靖）、永乐本、明监本、毛本、抚本、建本、岳本、唐石经、白文本皆同，《要义》所引亦同。阮记云："石经、岳本、闽、监、毛本同，《释文》：'须'，荀、陆作'嬬'。"卢记同。考单疏本《疏》文云"故曰'归妹以须'也"，则其所见本作"须"，检敦煌残卷伯二六一七《释文》出字"以须"，则作"须"是也，《释文》所引，或为别本也。

180 页三十三左 则是室主独存

按："独"，十行本、刘本（嘉靖）、永乐本、闽本、明监本、毛本同；单疏本作"犹"，足利本、八行本同。阮记云："闽、监、毛本同，钱本、宋本

'独'作'犹'。"卢记同。考单疏本《疏》文云"室主犹存，室主既存而欲求进"，揆诸文义，作"犹"是也，当从单疏本等。

181 页三十三左 无应而适人

按："无"，足利本、八行本、十行本、刘本（嘉靖）、闽本、明监本、毛本、抚本、建本、岳本同；永乐本作"無"。阮记云："岳本、闽、监、毛本同，《释文》出'不正不应'，云：本亦作'无应'。"卢记同。此王注，考单疏本《疏》文云"又无其应"，《疏》乃本注释经，则作"无"是也，当从抚本等。

182 页三十三左 有待而行也

按："待"，足利本、八行本、十行本、刘本（嘉靖）、永乐本、明监本、毛本、抚本、建本、岳本、唐石经、白文本皆同。阮记云："石经、岳本、闽、监、毛本同，《释文》：一本'待'作'时'。"卢记同。考单疏本《疏》文云"'有待而行'者"，则其所见本作"待"，检敦煌残卷伯二六一七《释文》出字"待而行"，则作"待"是也，《释文》所引，或为别本也。

183 页三十四右 月几望吉

按："几"，足利本、八行本、十行本、刘本（嘉靖）、永乐本、明监本、毛本、抚本、建本、岳本、唐石经、白文本皆同，《要义》所引亦同。阮记云："石经、岳本、闽、监、毛本同，《释文》：'几'，荀作'既'。"卢记同。考单疏本《疏》文云"'月几望吉'者"，则其所见本作"几"，检敦煌残卷伯二六一七《释文》出字"几"，则作"几"是也，《释文》所引，或为别本也。

184 页三十四右 以长从少者可以从少

按："可以"，十行本、刘本（嘉靖）、永乐本、闽本、明监本、毛本同；单疏本作"也以长"，足利本、八行本同。阮记云："闽、监、毛本同，钱本、宋本作'以长从少者也以长从少'。"卢记同。考单疏本《疏》文云"配在九二，兑少震长，以长从少者也，以长从少，虽有其君崇饰之袂，犹不若以少从长之为美"，"以长从少"与"以少从长"，前后呼应，揆诸文义，作"也以长"是也，当从单疏本等。

185 页三十四左 虽所居贵位

按："贵"，单疏本、十行本、刘本（嘉靖）、永乐本、闽本、明监本、毛本同，《要义》所引亦同；足利本无，八行本同。阮记云："闽、监、毛本同，宋本无'贵'字。"卢记同。考前注云"归妹之中，独处贵位"，《疏》文之

"贵"字正本之，则"贵"字绝不可阙，当从单疏本等。

186 页三十四左 言不必少女而从于长男也
·

按："必"，十行本、刘本（嘉靖）、永乐本、闽本、明监本、毛本同；单
疏本作"如"，足利本、八行本同，《要义》所引亦同。阮记云："闽、监、毛
本同，宋本'必'作'如'。"卢记同。考六五《象》曰"不如其娣之袂良"，
《疏》文之"如"字正本之，则作"如"是也，当从单疏本等。

187 页三十四左 上六女承筐
·

按："筐"，足利本、八行本、十行本、刘本（嘉靖）、永乐本、明监本、
毛本、抚本、建本、岳本、唐石经、白文本皆同，《要义》所引亦同。阮记云：
"石经、岳本、闽、监、毛本同，《释文》：'承匡'，郑作'筐'，是其本作
'匡'。"卢记同。考单疏本《疏》文云"'女承筐'者"，则其所见本作"筐"，
诸本皆同，作"筐"是也，《释文》所本，或为别本也。

卷 六

1 页二右 丰者文明必动

按："必"，单疏本作"以"，足利本、八行本、十行本、刘本（嘉靖）、永乐本、闽本、明监本、毛本同。阮记、卢记皆无说。考经文云"明以动故丰收"，又前注云"文明以动""以明之动"，则《疏》文之"以"字正本经、注之"以"字，作"以"是也，当从单疏本等。此字唯阮本误，可见其非善本也。

2 页二右 过旬灾光者

按："光"，单疏本作"也"，足利本、八行本、十行本、刘本（嘉靖）、永乐本、闽本、明监本、毛本同。阮记无说，卢记补云："毛本'光'作'也'。案：所改是也。"考初九《象》曰"过旬灾也"，《疏》文正引之，则作"也"是也，当从单疏本等，卢记是也。此字唯阮本误，可见其非善本也。

3 页三右 丰在沛日中见沫夫处光大之时

按："夫"，单疏本作"也"，足利本、八行本、刘本（嘉靖）、永乐本、闽本、明监本、毛本同；十行本作"大"。阮记、卢记皆无说。揆诸文义，作"也"是也，当从单疏本等。

4 页四左 阴凶顺阳

按："凶"，足利本作"各"，八行本、刘本（嘉靖）、永乐本、闽本、明监本、毛本、抚本、建本、岳本同，十行本漫漶。阮记、卢记皆无说。阴凶顺阳，不知何义，此王注，前注云"夫阳为物长，而阴皆顺阳"，阴各顺阳，正承前文之意，作"各"是也，当从抚本等。此字唯阮本误，可见其非善本也。

5 页八左 复申三日日

按："日日"，十行本同；足利本作"日"，八行本、刘本（嘉靖）、永乐本、闽本、明监本、毛本、抚本、建本、岳本同，《要义》所引亦同。阮记无说，卢记补云："毛本'日'字不重。案：此误衍也。"此王注，考单疏本《疏》文云"复申之三日"，《疏》文本注释经，"日"字不当重也，当从抚本等，卢记是也。

6 页十左 以夫阴质最处后

按："夫"，足利本、八行本、十行本、刘本（嘉靖）、永乐本、闽本、明监本、毛本、抚本、建本、岳本皆同。阮记、卢记皆无说。检敦煌残卷伯二六一九《易·兑》注文作"夫"，诸本皆同，则作"夫"是也，不知阮本为何于此加圈。

7 页十一左 正义曰重明用涣

按："重"，十行本、刘本（嘉靖）、永乐本、闽本、明监本、毛本同。阮记、卢记皆无说。十行本因合刻方式与八行本有异，故将《疏》文割裂，此处十行本系诸本皆同，不知阮本为何于此加圈。

8 页十一左 注乘木有功也

按："木"，十行本、永乐本同；刘本（嘉靖）作"木至"，闽本、明监本、毛本同。阮记无说，卢记补云："毛本'木'下有'至'字。"十行本因合刻方式与八行本有异，故将《疏》文割裂，而往往新撰写标起止文字，然《疏》文标起止，例云某某至某某，"至"字绝不可阙，当从刘本等。

9 页十五右 以斯施正

按："正"，足利本、八行本、十行本、永乐本、抚本、建本、岳本同；刘本（嘉靖）作"人"，闽本、明监本、毛本同，《要义》所引亦同。阮记云："岳本、宋本、古本、足利本同，闽、监、毛本'正'作'人'，依《正义》当作'人'。"卢记唯"宋本"作"定本"，余同。考抚本王注云"以斯施正，物所不堪，正之凶也"，若作"人"，显与下文之"物"，前后矛盾，亦与"正之凶"之"正"有失照应，《疏》文云"若以苦节施人，则是正道之凶"，乃释经文"苦节贞凶"，非引注文也，检敦煌残卷伯二六一九《易·节》注文正作"正"，则作"正"是也，当从抚本等，阮记非也，卢记讹"宋"为"定"，误甚。

10 页十六右 九二鹤鸣在阴

按："鹤鸣"，足利本作"鸣鹤"，八行本、十行本、刘本（嘉靖）、永乐本、明监本、毛本、抚本、建本、岳本、白文本同，《要义》所引亦同。阮记无说，卢记引文"九二鸣鹤在阴"，补云："案：十行本初刻与诸本同，正德补板'鸣鹤'误作'鹤鸣'，今订正。"考单疏本《疏》文标起止"九二鸣鹤至心愿也"，则其所见本作"鸣鹤"，检敦煌残卷伯二六一九《易·中孚》经文作"鸣鹤"，则作"鸣鹤"是也。据卢记，则阮本所据底本此页为正德补板，而此处唯阮本误作"鹤鸣"，则本经类似阮本独误之处，或皆与正德补板有关也。又，卢记云"今订正"，所订者仅是引文，非阮本正文也。

11 页二十三左 过惟不已

按："惟"，十行本、永乐本同；足利本作"进"，八行本、抚本、建本、岳本同，《要义》所引亦同；刘本（嘉靖）作"而"，闽本、明监本、毛本同。阮记云："岳本、钱本、宋本、足利本'惟'作'进'，古本同，一本作'过进惟不已'，闽、监、毛本'惟'作'而'。"卢记同。考抚本王注云"过进不已，则遇于难"，考单疏本《疏》文云"若进而不已，必遇于难"，正本注释经，则作"进"是也，当从抚本等。

卷 七

1 页一右 字体从系

按："系"，十行本、刘本（嘉靖）、永乐本、闽本、明监本、毛本同，《要义》所引亦同；单疏本作"如"，足利本、八行本同。阮记云："闽、监、毛本同，钱本、宋本'系'作'毄'。按："毄'字是也。"卢记同。考单疏本《疏》文曰"文取系属之义，故字体从'毄'"，揆诸文义，显当作"毄"，当从单疏本等，阮记是也。

2 页一右 取刚系之义

按："刚"，刘本（嘉靖）同；单疏本作"纲"，足利本、八行本、十行本、永乐本、闽本、明监本、毛本，《要义》所引亦同。阮记无说，卢记补云："毛本'刚'作'纲'，下同。"纲者，纟旁，故有系义，作"纲"是也，当从单疏本等。瞿记云"纲不误刚"，则其家藏十行本不误，与刘本、阮本之底本不同，而与元刊十行本同。

3 页一右 各有刚系

按："刚"，刘本（嘉靖）同；单疏本作"纲"，足利本、八行本、十行本、永乐本、闽本、明监本、毛本同，《要义》所引亦同。阮记、卢记皆无说。据上条可知，作"纲"是也，当从单疏本等。

4 页二左 固方者则同聚也

按："固"，刘本（嘉靖）同；单疏本作"同"，足利本、八行本、十行本、永乐本、闽本、明监本、毛本同。阮记无说，卢记补云："毛本'固'作'同'。"考单疏本《疏》文曰"同方者则同聚也"，经文云"方以类聚，物以群分"，注云"方有类，物有群，则有同有异"，《疏》文正本注释经，则作"同"是也，当从单疏本等。瞿记云"上同字不误固"，则其家藏十行本不误，与刘

184

本、阮本之底本不同，而与元刊十行本同。

5 页四右 人则易可做效也

按："做㣲"，单疏本作"仿效"，足利本、八行本、明监本、毛本同；十行本作"做效"，刘本（嘉靖）、永乐本、闽本同。阮记无说，卢记补云："毛本'做'作'仿'。案：'仿'字是也。"做㣲，不辞，"仿效"是也，当从单疏本等，卢记是也。

6 页六右 其以祉有庆有福之属

按："以"，单疏本、足利本、八行本、十行本、刘本（嘉靖）同；永乐本作"有"，闽本、明监本、毛本同。阮记云："宋本同，闽、监、毛本'以'作'有'。"卢记同。考单疏本《疏》文云"其'以祉'、'有庆'、'有福'之属，各于爻卦别言，故于此不言也"，检《泰》六五"帝乙归妹，以祉元吉"，《大畜》六五《象曰》"六五之吉，有庆也"，《泰》九三"于食有福"，则所谓"以祉""有庆""有福"者，乃引经文也，而通检《周易》经文，无有作"有祉"者，则作"以"是也，当从单疏本等。

7 页六左 大略總言吉凶是细别之

按："是"，刘本（嘉靖）同；单疏本作"若"，足利本、八行本、十行本、永乐本、闽本、明监本、毛本同。阮记、卢记皆无说。考单疏本《疏》文云"大略揔言吉凶，若细别之，吉凶之外，别有悔吝也"，"大略"与"细别"，前后照应，而"若"字正为连接之词，以表转折之意，则作"若"是也，当从单疏本等。瞿记云"若不误是"，则其家藏十行本不误，与刘本、阮本之底本不同，而与元刊十行本同。

8 页七右 故可居治之位

按："可居"，单疏本、足利本、八行本、十行本、刘本（嘉靖）、永乐本、闽本同，《要义》所引亦同；明监本作"居可"，毛本同。阮记云："宋本、闽本同，监、毛本'可居'作'居可'。"卢记同。考单疏本《疏》文云"故可居治之位，而安静居之"，"居治之位"与"居之"，前后相应，作"可居"是也，当从单疏本等。

9 页九右 其辞则难险也

按："难"，十行本、刘本（正德十二年）、永乐本、闽本、明监本、毛本同；单疏本作"艰"，足利本、八行本同。阮记云："闽、监、毛本同，钱本、宋本'难'作'艰'。"卢记同。难险，不辞，作"艰"是也，当从单疏本等。

10 页九左 **止谓用易道**

按："止"，单疏本、足利本、八行本、十行本、刘本（正德十二年）、永乐本、闽本同；明监本作"正"，毛本同。阮记云："钱本、宋本、闽本同，监本'止'作'正'，毛本同。"卢记同。宋元刊本皆作"止"，作"止"是也，当从单疏本等。

11 页十右 **应变考通而不流淫也**

按："考"，十行本、刘本（嘉靖）、永乐本、闽本同；足利本作"旁"，八行本、明监本、毛本、抚本、建本、岳本同。阮记无说，卢记补云："案：'考'当作'旁'，形近之讹，毛本正作'旁'。"此韩注，考经文云"旁行而不流"，注文之"旁"正本之，又单疏本《疏》文云"圣人之德，应变旁行"，《疏》乃本注释经，则作"旁"是也，当从抚本等。

12 页十一右 **一阴是谓道**

按："是"，刘本（嘉靖）同；十行本作"至"，永乐本、闽本、明监本、毛本同。阮记无说，卢记补云："案：'是'当作'至'，毛本不误。"此十行本系统标起止，经文云"一阴一阳之谓道"，标起止例作"某某至某某"，则"至"字绝不可阙，当从十行本也，卢记是也。瞿记云"至不误是"，则其家藏十行本不误，与刘本、阮本之底本不同，而与元刊十行本同。

13 页十一右 **有二有不得为一**

按："有"，刘本（嘉靖）同；单疏本作"有三"，足利本、八行本、十行本、永乐本、闽本、明监本、毛本同，《要义》所引亦同。阮记无说，卢记补云："毛本作'有二有三不得为一'。"有二有，不辞，可有二，可有三，然不得为一，则"三"字不可阙，当从单疏本等。瞿记云"三字不脱"，则其家藏十行本不误，与刘本、阮本之底本不同，而与元刊十行本同。

14 页十一左 **故曰不通也**

按："曰"，十行本、刘本（嘉靖）、永乐本同；单疏本作"无"，足利本、八行本同；闽本作"曰无"，明监本、毛本同。阮记云："钱本'曰'作'无'，闽、监、毛本'曰'下增'无'字。"卢记同。此处《疏》文释注，注云"无不通也"，《疏》文正引之，则作"无"是也，当从单疏本等。《举正》谓钱本误，非是。

15 页十二右 虽在于阴而无于阴

按："无"，单疏本、足利本、八行本、十行本、刘本（嘉靖）、闽本、明监本、同，永乐本作"無"；毛本作"不"。阮记、卢记皆无说。诸本皆同，不知阮本为何于此加圈。此处《疏》文释注，注云"在阴为无阴"，《疏》文正本之，则作"无"是也，当从单疏本等，原文不误，毛本作"不"，显非。

16 页十二右 班无于阴

按："班"，刘本（嘉靖）同；单疏本作"虽"，足利本、八行本、十行本、永乐本、闽本、明监本、毛本同。阮记无说，卢记补云："案：'班'当作'虽'，与下'虽无于阳'对举而言，毛本不误。"班无，不辞，作"虽"是也，当从单疏本等，卢记是也。瞿记云"虽不误班"，则其家藏十行本不误，与刘本、阮本之底本不同，而与元刊十行本同。

17 页十三右 未能至无以为体

按：十行本、刘本（嘉靖）、闽本同，永乐本作"未能至無以为体"；足利本作"未能全无以为体"，八行本、抚本、建本、岳本同；明监本作"不能至无以为体"；毛本作"不能全无以为体"。阮记云："闽本同，岳本、钱本、宋本、足利本'至'作'全'，监本'未'作'不'，毛本亦作'不'，'至'作'全'，古本亦作'全'，无'无'字。"卢记补云："案：下《正义》'未'字不误，'至'当作'全'。"此韩注，考单疏本《疏》文云"云'未能全无以为体'者，道则心迹俱无，是其全无以为体"，则作"未能全无以为体"是也，当从抚本等。

18 页十三左 故两而自造矣

按："故两"，刘本（嘉靖）同；十行本作"欻爾"，永乐本、闽本、明监本、毛本、抚本、建本、岳本同，《要义》所引亦同；足利本作"欻尔"，八行本同。阮记云："岳本、闽、监、毛本'故两'作'欻爾'，《释文》出'欻爾'。"卢记同。考抚本注云"莫不独化于大虚，欻爾而自造矣"，对仗工整，则作"欻爾"是也，当从抚本等。

19 页十四左 遍满天地之内

按："遍"，十行本、刘本（嘉靖）、永乐本、闽本、明监本、毛本同；单疏本作"徧"，足利本、八行本同。阮记云："闽、监、毛本同，钱本、宋本'遍'作'徧'。"卢记同。揆诸文义，作"徧"是也，当从单疏本等。

20 页十五右 则而得正

按："则"，刘本（嘉靖）同；单疏本作"刚"，足利本、八行本、十行本、永乐本、闽本、明监本、毛本同。阮记无说，卢记补云："毛本'则'作'刚'。"考经文云"直是以大生焉"，注文云"直刚正也"，单疏本《疏》文云"刚而得正"，《疏》乃本注释经，则作"刚"是也，当从单疏本等。

21 页十六右 是行之于急者故引七卦之议以证成之

按："于""议"，十行本、刘本（元）、永乐本、闽本、明监本、毛本同；单疏本作"尤""义"，足利本、八行本同。阮记云："闽、监、毛本同，钱本'于'作'尤'，宋本同，'议'作'义'。"卢记同。单疏本《疏》文云"凡有七事，是行之尤急者，故引七卦之义，以证成之"，揆诸文义，作"尤""义"是也，当从单疏本等。

22 页二十右 故首尾皆称易曰

按："首"，单疏本、足利本、八行本、十行本、永乐本同；刘本（嘉靖）空缺；闽本作"故"；明监本无，毛本同。阮记引文"故故尾皆称易曰"，云："十行本'尾'上缺一字，闽本如此，监、毛本删一'故'字，钱本、宋本下'故'作'首'。"卢记引文"故口尾皆称易曰"，补云："闽本'故'下重'故'字，明监本、毛本删一'故'字，钱本、宋本下'故'下有有'首'字。案：'首'字是也，今补正。"有首有尾，方合皆义，"首"字不可阙也，当从单疏本等。

23 页二十一右 若易由太

按："太"，十行本、刘本（嘉靖）、永乐本、闽本、明监本、毛本同；单疏本作"太一"，足利本、八行本同。阮记云："闽、监、毛本同，宋本下有'一'字。"卢记同。考前《疏》云"故《易》从太一为始也"，以前例后，则"一"字不可阙，当从单疏本等。

24 页二十一左 故再扐而后挂

按："挂"，足利本、八行本、十行本、刘本（嘉靖）、永乐本、明监本、毛本、抚本、建本、岳本、唐石经、白文本皆同。阮记云："石经、岳本、闽、监、毛本同，《释文》：'挂'，京作'卦'。"卢记同。考单疏本《疏》文云"是'再扐而后挂'也"，则其所见本作"挂"，诸本皆同，作"挂"是也，当从单疏本等。

25 页二十三左　发其言辞

按："发"，单疏本、足利本、八行本、十行本、刘本（嘉靖）、永乐本、闽本、明监本、毛本皆同。阮记云："浦镗云'发'当作'法'。"卢记同。诸本皆同，作"发"是也，当从单疏本等，浦说绝不可信。

26 页二十四右　幽遂深远之处

按："遂"，十行本、刘本（嘉靖）、永乐本、闽本同；单疏本作"邃"，足利本、八行本、明监本、毛本同。阮记无说，卢记补云："毛本'遂'作'邃'。"幽邃成辞，作"邃"是也，当从单疏本等。

27 页二十五右　无不记亿

按："记亿"，十行本、刘本（嘉靖）、永乐本同；单疏本作"记忆"，足利本、八行本同；闽本作"既亿"，明监本、毛本同。阮记云："闽、监、毛本'记'误'既'，宋本'亿'作'忆'。"卢记补云："案：'忆'字是也。"记忆成辞，作"忆"是也，当从单疏本等，卢记是也。

28 页二十五左　以定天下之象

按："以"，单疏本、足利本、八行本、十行本、刘本（嘉靖）、永乐本、闽本、明监本同；毛本作"遂"。阮记云："宋本、闽、监本同，毛本'以'作'遂'。"卢记同。考单疏本《疏》文云"通其变，遂成天地之文，极其数，以定天下之象"，遂成、以定，相应成辞，若作遂成、遂定，显然前后重复，则作"遂"是也，当从单疏本等，卢记是也。

29 页二十六左　乃以通神明之德也

按："以"，十行本、刘本（嘉靖）、永乐本、闽本、明监本、毛本同；单疏本作"以数"，足利本、八行本同。阮记云："闽、监、毛本同，宋本'以'下有'数'字。"卢记同。考韩注云"《易》以极数通神明之德"，单疏本《疏》文云"乃以数通神明之德"，正本注释经，则"数"字不可阙，当从单疏本等。

30 页二十七左　故老子云宠辱若惊也

按："若"，单疏本、足利本、八行本、十行本、刘本（嘉靖）、永乐本、闽本、明监本、毛本皆同。阮记云："闽、监、毛本同，钱本'若'作'皆'。"卢记同。诸本皆同，作"若"是也，当从单疏本等。

31 页二十七左　服万物而不以威形也

按："形"，十行本、刘本（嘉靖）、永乐本、闽本同；足利本作"刑"，八行本、明监本、毛本、抚本、建本、岳本同。阮记云："闽本同，岳本、监、毛本'形'作'刑'。"卢记无说。考单疏本《疏》文云"威服天下而不用刑杀"，正本注释经，则注文作"刑"是也，当从抚本等。

32 页三十左 告所断而行之

按："告所"，单疏本、足利本、八行本、十行本、刘本（嘉靖）、永乐本同；闽本作"所以"，明监本、毛本皆同。阮记云："宋本同，闽、监、毛本'告所'作'所以'。"卢记补云："案：所改是也。"宋元刊本皆同，作"告所"是也，当从单疏本等。

33 页三十二右 是得以理之变也

按："以"，单疏本、足利本、八行本、十行本、刘本（元）、永乐本、闽本、明监本、毛本皆同。阮记云："卢文弨云'以'当作'其'。"卢记同。诸本皆同，作"以"不误，当从单疏本等，阮记所引卢说纯属猜测，不可信从。《举正》疑"以"字当衍，亦非。

卷 八

1 页一左 系辞焉而命之

按："命"，足利本、八行本、十行本、刘本（嘉靖）、永乐本、明监本、毛本、抚本、建本、岳本、唐石经、白文本皆同，《要义》所引亦同。阮记云："石经、岳本、闽、监、毛本同，《释文》：'命'，孟作'明'。"卢记同。考单疏本《疏》文云"'系辞焉而命之'"，则其所见本作"命"，检敦煌残卷伯二六一七《释文》出字"而命"，则作"命"是也，《释文》所引，或为别本也。

2 页一左 况之六爻

按："爻"，足利本、八行本、十行本、刘本（嘉靖）、永乐本、明监本、毛本、抚本、建本、岳本皆同。阮记云："岳本、闽、监、毛本同，古本下更有'六爻'二字。"卢记同。诸本皆同，当从抚本等，古本不可信从。

3 页一左 适时之功见存之爻辞

按："见"，十行本、刘本（嘉靖）、永乐本、闽本、明监本、毛本同；足利本作"则"，八行本、抚本、建本、岳本同。阮记云："闽、监、毛本同，岳本、宋本、古本、足利本'见'作'则'。"卢记补云："案：'则'字是也，《正义》可证。"此韩注，考单疏本《疏》文云"云'适时之功则存于爻辞'者"，则其所见本作"则"，作"则"是也，当从抚本等，卢记是也。

4 页二右 立在其卦之根本者也

按："立在"，单疏本、足利本、八行本、十行本、刘本（元）、永乐本、闽本、明监本同；毛本作"在立"。阮记云："钱本、闽、监本同，毛本'立在'作'在立'。"卢记同。考经文云"刚柔者立本者也"，单疏本《疏》文云"立在其卦之根本者也"，正释经文"立本"二字，揆诸文义，作"立在"是也，当从单疏本等也。

5 页二左　夫有动则未免乎累

按："未"，足利本、八行本、十行本、刘本（元）、永乐本、闽本、明监本、毛本、抚本、建本、岳本同。阮记云："《正义》'未'下有'能'字。"卢记同。诸本皆同，《疏》文乃增字释注，非引注文也，当从抚本等。

6 页三右　夫坤隤然示人简矣

按："隤"，足利本、八行本、十行本、刘本（正德十二年）、永乐本、明监本、毛本、抚本、建本、岳本、唐石经、白文本皆同，《要义》所引亦同。阮记云："石经、岳本、闽、监、毛本同，《释文》：'隤'，孟作'退'，陆、董、姚作'安'。"卢记同。考单疏本《疏》文云"'夫坤隤然示人简矣'者"，则其所见本作"隤"，检敦煌残卷伯二六一七《释文》出字"隤然"，则作"隤"是也，《释文》所引，或为别本也。

7 页三左　象也者像此者也

按："像"，足利本、八行本、十行本、刘本（正德十二年）、永乐本、明监本、毛本、抚本、建本、岳本、唐石经、白文本皆同。阮记云："岳本、闽、监、毛本同，石经初刻作'象'，后加'人'旁，下第三章同，《释文》出'像此'。"卢记同。考单疏本《疏》文云"'象也者像此者也'者"，则其所见本作"像"，检敦煌残卷伯二六一七《释文》出字"像此"，则作"像"是也。

8 页四右　则德之不大

按："之"，单疏本、足利本、八行本、十行本、刘本（正德十二年）、永乐本、闽本、明监本、毛本皆同。阮记云："孙志祖云'之'字疑衍。"卢记同。诸本皆同，作"立"是也，当从单疏本等也，孙说不可信从。《举正》以为孙说非是，是也。

9 页四右　何以守位曰仁

按："仁"，足利本、八行本、十行本、刘本（正德十二年）、永乐本、明监本、毛本、抚本、建本、岳本、唐石经、白文本皆同，《要义》所引亦同。阮记云："石经、岳本、闽、监、毛本同，《释文》：'曰人'，王肃、卞伯玉、桓元明、僧绍作'仁'。"卢记同。考单疏本《疏》文云"'何以守位曰仁'者"，则其所见本作"仁"，诸本皆同，则作"仁"是也，《释文》所引，或为别本也。

10 页四右 必信仁爱

按："信"，十行本、刘本（正德十二年）、闽本、明监本、毛本同；单疏本作"须"，足利本、八行本、永乐本。阮记云："闽、监、毛本同，宋本'信'作'须'。"卢记补云："案：'须'字是也。"单疏本《疏》文云"必须仁爱，故言'曰仁'也……必须财物，故言'曰财'也"，以后例前，作"须"是也，揆诸文义，当从单疏本等也。

11 页四左 无微不究

按："微"，足利本、八行本、十行本、刘本（正德十二年）、永乐本、闽本、明监本、毛本、抚本、建本、岳本皆同。阮记云："岳本、闽、监、毛本同，足利本'微'作'细'。"卢记同。诸本皆同，作"微"是也，当从抚本等。

12 页四左 为罔罟以佃以渔

按：足利本、八行本、十行本、刘本（正德十二年）、永乐本、明监本、毛本、抚本、建本、岳本、唐石经、白文本皆同，《要义》所引亦同。阮记云："石经、岳本、闽、监、毛本同，《释文》：'为罟'，黄本作'为网罟'，'佃'本亦作'田'，'渔'本亦作'鱼'。"卢记同。考单疏本《疏》文云"'为罔罟以佃以渔'者"，则其所见本作"为罔罟以佃以渔"也，作"为罔罟以佃以渔"是也，《释文》所引，或为别本也。

13 页五右 用此罟罔

按："罟罔"，单疏本、足利本、八行本、十行本、刘本（嘉靖）、永乐本、闽本、明监本、毛本皆同。阮记、卢记皆无说。诸本皆同，作"罟罔"是也，当从单疏本等也，不知阮本为何于此加圈。

14 页五右 或水泽以罔鱼鳖也

按："泽"，单疏本、足利本、八行本、十行本、刘本（嘉靖）、永乐本、闽本、明监本、毛本皆同，《要义》所引亦同。阮记云："浦镗云'泽'当作'渔'。"卢记同。考单疏本《疏》文云"或陆畋以罗鸟兽，或水泽以罔鱼鳖也"，"陆畋""水泽"，正相对应，作"泽"是也，当从单疏本等，浦说不可信从。《举正》谓浦说得之，亦非。

15 页五右 故称离卦之名

按："称"，单疏本、足利本、八行本、十行本、刘本（嘉靖）、永乐本、闽本、明监本、毛本皆同，《要义》所引亦同。阮记云："浦镗云'称'当作'取'。"卢记同。诸本皆同，作"称"是也，当从单疏本等，浦说不可信从。

16 页五左 曰听谈

按："谈"，单疏本、足利本、八行本、十行本、刘本（嘉靖）、永乐本、闽本同；明监本作"詤"，毛本同。阮记云："钱本、宋本、闽本同，监、毛本'谈'作'詤'。"卢记同。宋元刊本皆作"谈"，作"谈"是也，当从单疏本等。

17 页五左 乃至黄帝尧舜

按："黄"，单疏本、足利本、八行本、十行本、永乐本、闽本、明监本、毛本同；刘本（嘉靖）作"皇"。阮记无说，卢记引文"乃至皇帝尧舜"，补云："各本'皇'皆作'黄'。案：'黄'字是也，下并同。"显当作"黄"，卢记引文作"皇"，与刘本同，而阮本作"黄"，或重刊时所改也。

18 页五左 大星如斗

按："斗"，刘本（嘉靖）、闽本、明监本、毛本同；单疏本作"虹"，足利本、八行本、十行本、永乐本同。阮记云："闽、监、毛本同，钱本、宋本'斗'作'虹'。"卢记同。考下《疏》云"瑶光之星，贯月如虹"，则作"虹"是也，当从单疏本等。

19 页六右 生颛顼于弱水

按："弱"，单疏本、足利本、八行本、十行本、刘本（嘉靖）、永乐本、闽本、明监本、毛本皆同。阮记云："卢文弨云：当作'若水'。"卢记同。诸本皆同，作"弱"是也，当从单疏本等，卢氏所云纯属猜测，不可信从。

20 页六右 通则变之事

按："则"，十行本、刘本（正德十二年）、闽本、明监本、毛本同；单疏本作"其"，足利本、八行本、永乐本同。阮记云："闽、监、毛本同，钱本、宋本'则'作'其'。"卢记补云："案：'其'字是也。"考单疏本《疏》文云"此覆说上文'通其变'之事"，前经明云"通其变使民不倦"，《疏》引经文，作"其"是也，当从单疏本等也。

21 页六左 此明若能通变

按："通变"，十行本、刘本（嘉靖）、永乐本、闽本、明监本、毛本同；单疏本作"变通"，足利本、八行本同。阮记云："闽、监、毛本同，钱本、宋本'通变'作'变通'。"卢记同。考下《疏》云"故引《易》文证结变通之善",以后例前,则作"变通"是也,当从单疏本等。

22 页六左 此乃明易道道之变

按:"道道",十行本、刘本(嘉靖)同;单疏本作"道",足利本、八行本、永乐本、闽本、明监本、毛本同。阮记无说,卢记补云:"'道'字不当重,案:毛本删一'道'字。"易道道,不知何义,"道"字显为衍文,当从单疏本等。

23 页六左 此于九事之第一也

按:"于",单疏本、足利本、八行本、十行本、刘本(嘉靖)、永乐本、闽本、明监本、毛本皆同。阮记云:"浦镗云'于'衍,是也。"卢记同。诸本皆同,作"于"是也,当从单疏本等,浦说不可信从。

24 页六左 何以连云

按:"何",单疏本、足利本、八行本、十行本、刘本(嘉靖)、永乐本、闽本、明监本、毛本皆同。阮记云:"浦镗云当作'所以连云',是也。"卢记同。诸本皆同,作"何"是也,当从单疏本等,浦说不可信从。

25 页六左 刳木为舟剡木为楫

按:足利本、八行本、十行本、刘本(嘉靖)、永乐本、明监本、毛本、抚本、建本、岳本、唐石经、白文本皆同。阮记云:"石经、岳本、闽、监、毛本同,《释文》:'挎'本又作'刳','掞'本亦作'剡','楫'本又作'檝'。"卢记同。考单疏本《疏》文标起止云"刳木为舟至取诸涣",又云"'剡木为楫'者",则其所见本作"刳木为舟剡木为楫"也,作"刳木为舟剡木为楫"是也,《释文》所引,或为别本也。

26 页六左 致远以利天下

按:足利本、八行本、十行本、刘本(嘉靖)、永乐本、明监本、毛本、抚本、建本、岳本、唐石经、白文本皆同。阮记云:"石经、岳本、闽、监、毛本同,《释文》:一本无此句。"卢记同。诸本皆同,此句不可阙,《释文》所引,或为别本也。

27 页七右 乘理以散动也

按:"动也",单疏本、足利本、八行本、十行本、刘本(嘉靖)、永乐本、闽本明监本、毛本皆同。阮记引文"乘理以散通也",云:"闽、监、毛本同,岳本、宋本、足利本'通'作'动',古本同,'也'上有'者'字。"卢记同。
诸本皆同,作"动也"是也,而阮本韩注"乘理以散通也"之"通也",十行
本、刘本(嘉靖)、永乐本、闽本、明监本、毛本同;足利本作"动也",八行
本、建本、岳本同,考单疏本云"乘理以散动也",则其所见本韩注作"动
也",作"动也"是也。据此,阮本乃是将注文之"通也",误认《疏》文之
"动也",故误于"动也"二字加圈也。

28 页七右 以利天下

按:足利本、八行本、十行本、刘本(嘉靖)、永乐本、明监本、毛本、抚
本、建本、岳本、唐石经、白文本皆同。阮记云:"石经、岳本、闽、监、毛本
同,《释文》:一本无'以利天下'一句。"卢记同。诸本皆同,此句不可阙,
《释文》所引,或为别本也。

29 页七右 以待暴客

按:"暴",足利本、八行本、十行本、刘本(嘉靖)、永乐本、明监本、
毛本、建本、岳本、唐石经、白文本同,《要义》所引亦同;抚本作"宾"。阮
记云:"石经、岳本、闽、监、毛本同,《释文》:'暴'郑作'虣'。"卢记同。
检敦煌残卷伯二六一七《释文》出字"暴客",则作"暴"是也,《释文》所
引,或为别本也。

30 页七右 取其豫备

按:"豫备",十行本、刘本(嘉靖)、永乐本、闽本、明监本、毛本同;
足利本作"备豫",八行本、抚本、建本、岳本同,《要义》所引亦同。阮记
云:"闽、监、毛本同,岳本、宋本、古本作'取其备豫'。"卢记同。考下
《疏》云"取备豫之义",则其所见本作"备豫",作"备豫"是也,当从抚
本等。

31 页七右 特以此象文取备豫之义

按:"象",十行本、刘本(嘉靖)、永乐本、闽本、明监本、毛本同;单
疏本作"豫",足利本、八行本同,《要义》所引亦同。阮记云:"闽、监、毛
本同,宋本'象'作'豫'。"卢记同。考单疏本《疏》云"韩氏以此九事,皆
以卦名而为义者,特以此《豫》文,取备豫之义",既云卦名,则作"豫"是
也,当从单疏本等。

32 页八右 书契所以决断万事也

按："决"，十行本、刘本（嘉靖）、永乐本、闽本、明监本、毛本、抚本、建本、岳本同；足利本作"夬决"，八行本同。阮记云："岳本、闽、监、毛本同，宋本'决'上有'夬'字。"卢记同。夬决断万事，显然不辞，考单疏本《疏》云"造立书契所以决断万事"，则其所见本无"夬"字，作"决"是也，当从抚本等。

33 页八左 象也者像也

按："像"，足利本、八行本、十行本、刘本（嘉靖）、永乐本、明监本、毛本、抚本、建本、岳本、唐石经、白文本皆同。阮记云："石经、岳本、闽、监、毛本同，《释文》：众本并云'像拟也'，孟、京、虞、董、姚还作'象'。"卢记同。考单疏本《疏》云"'象也者像也'者"，则其所见本作"像"字，则作"像"是也，《释文》所引，或为别本也。

34 页八左 故易者象也

按："故"，单疏本、足利本、八行本、十行本、刘本（嘉靖）、永乐本、闽本、明监本、毛本皆同。阮记云："浦镗云'故'下有'云'字。"卢记同。考单疏本《疏》云"《易》卦者，写万物之形象，故'易者象也'"，文义顺畅，诸本皆同，作"故"是也，当从单疏本等，浦说不可信从。

35 页八左 象也者像也o 谓卦为万物象者

按："〇"，十行本、刘本（嘉靖）、永乐本同；单疏本作"者"，足利本、八行本、闽本、明监本、毛本同。阮记无说，卢记补云："案：'o'当'者'字之误，毛本正作'者'。"考单疏本《疏》云"'象也者像也'者，谓卦为万物象者"，乃引经文"象也者像也"而释之，"者"字不可阙，当从单疏本等，卢记是也。

36 页九右 无为者为每事因循

按："为"，单疏本、足利本、八行本、十行本、刘本（嘉靖）、永乐本、闽本、明监本、毛本皆同，《要义》所引亦同。阮记云："孙志祖云下'为'当作'谓'。"卢记同。诸本皆同，作"为"是也，当从单疏本等也，孙说不可信从。

37 页九左 憧憧往来

按："憧憧"，足利本、八行本、十行本、刘本（嘉靖）、永乐本、明监本、毛本、抚本、建本、岳本、唐石经、白文本皆同。阮记云："石经、岳本、闽、监、毛本同，《释文》：'憧'，本又作'懂'。"卢记同。考单疏本《疏》文云"'憧憧往来'"，则其所见本作"憧"，检敦煌残卷伯二六一七《释文》出字"憧"，则作"憧"是也，《释文》所引，或为别本也。

38 页九左 少则得多则感

按："感"，刘本（嘉靖）同；足利本作"惑"、八行本、十行本、永乐本、闽本、明监本、毛本、抚本、建本、岳本同。阮记、卢记皆无说。多则感，不知何义，揆诸文义，作"惑"是也，当从抚本等。

39 页十右 来者信也

按："信"，足利本、八行本、十行本、刘本（嘉靖）、永乐本、明监本、毛本、抚本、建本、岳本、唐石经、白文本皆同。阮记云："石经、岳本、闽、监、毛本同，《释文》：'信'，本又作'伸'。"卢记同。考单疏本《疏》文云"'来者信也'者"，则其所见本作"信"，检敦煌残卷伯二六一七《释文》出字"信也"，则作"信"是也，《释文》所引，或为别本也。

40 页十右 龙蛇之蛰以存身

按：足利本、八行本、十行本、刘本（嘉靖）、永乐本、明监本、毛本、抚本、建本、岳本、唐石经、白文本皆同，《要义》所引亦同。阮记云："岳本、闽、监、毛本同，石经初刻作'蚖'，后改'蛇'，《释文》出'龙蚖'，云：本又作'蛇'，'全身'本亦作'存身'。"卢记同。考单疏本《疏》云"'龙蛇之蛰以存身'者"，则其所见本作"龙蛇之蛰以存身"，则作"龙蛇之蛰以存身"是也，《释文》所本，或为别本也。

41 页十右 蛟蛇初蛰

按："蛟"，单疏本、足利本、八行本、十行本、刘本（嘉靖）、永乐本、闽本同，《要义》所引亦同；明监本作"龙"，毛本同。阮记云："钱本、宋本、闽本同，监、毛本'蛟'改'龙'。"卢记同。宋元刊本皆作"蛟"，作"蛟"是也，当从单疏本等。

42 页十左 何崇德之有

按："德"，单疏本、足利本、八行本、十行本、刘本（嘉靖）、永乐本、闽本、明监本、毛本皆同。阮记云："《集解》无'德'字。"卢记同。诸本皆同，作"德"是也，当从单疏本等。

43 页十一右　据于蒺藜

按："藜"，十行本、刘本（正德）、永乐本、明监本、建本、岳本、唐石经同；足利本作"藜"，八行本、抚本同；毛本作"藜"，白文本同。阮记云："石经、岳本、闽、监本同，毛本'藜'作'藜'，《释文》出'蒺藜'。"卢记同。考单疏本《疏》文云"据于九二之蒺？也"，则其所见本作"藜"，则"藜""藜""藜"互为别本也。

44 页十一右　履非其地

按："地"，刘本（正德）、闽本、明监本、毛本同；单疏本作"位"，足利本、八行本、十行本、永乐本同。阮记云："闽、监、毛本同，宋本'地'作'位'，《集解》同。"卢记同。揆诸文义，则作"位"是也，当从单疏本等。

45 页十一右　故云不曰非所困

按："不"，十行本、刘本（正德）、永乐本、闽本同；单疏本作"子"，足利本、八行本、明监本、毛本同。阮记无说，卢记补云："闽、监、毛本'不'作'子'，案：'子'字是也。"考单疏本《疏》云"故云'子曰非所困'"，乃引经文"子曰非所困"，作"子"是也，当从单疏本等，卢记是也。

46 页十一右　则九三不为其害

按："三"，刘本（正德）同；单疏本作"二"，足利本、八行本、十行本、永乐本、闽本、明监本、毛本同。阮记无说，卢记补云："案：'三'当'二'字之讹，毛本正作'二'。"考单疏本《疏》云"若六二能卑下九二，则九二不为其害"，与九三何涉？作"二"是也，当从单疏本等，卢记是也。

47 页十一左　此君子若包藏其器于身

按："此"，单疏本、足利本、八行本、十行本、刘本（正德）、永乐本同；闽本作"比"，明监本、毛本同。阮记云："钱本、宋本同，闽、监、毛本'此'作'比'。"卢记同。宋元刊本皆作"此"，作"此"是也，当从单疏本等。

48 页十一左　可射之动而射之

按："动"，单疏本、足利本、八行本、十行本、刘本（正德）、永乐本、闽本、明监本、毛本皆同。阮记云："卢文弨云上'之'字下当有'时'字，严杰云'动'疑'时'字之误。"卢记同。诸本皆作"动"，作"动"是也，当从单疏本等。

49 页十一左 履校灭趾

按："履"，刘本（正德）、抚本同；足利本作"屦"，八行本、十行本、永乐本、闽本、明监本、毛本、建本、岳本、唐石经、白文本同。阮记引文"屦校灭趾"，云："石经、岳本、闽、监、毛本同，《释文》：'止'本亦作'趾'，古本'屦'误'履'。"卢记引文"履校灭趾"，补云："古本同，石经、岳本、闽、监、毛本'履'作'屦'，《释文》：'止'本亦作'趾'。案：'屦'字是也。"考单疏本《疏》云"故'履校灭趾'"，则其所见本作"履"，作"屦"者或为别本也。

50 页十二左 力小而任重

按："小"，刘本（嘉靖）、闽本、明监本、毛本、岳本、白文本同；足利本作"少"，八行本、十行本、永乐本、抚本、建本、唐石经同。阮记云："岳本、闽、监、毛本同，石经'小'作'少'，钱大昕云当从唐石经为正。"卢记同。考足利本经文云"知小而谋大，力少而任重"，若作"力小"，显然与前文"知小"重复，且"小"、"大"对举，"小"、"重"不伦也，则作"少"是也，钱说是也。瞿记云"少不误小"，则其家藏十行本不误，与刘本、阮本之底本不同，而与元刊十行本同。

51 页十二左 鲜不及矣

按："鲜"，足利本、八行本、十行本、刘本（嘉靖）、永乐本、明监本、毛本、抚本、建本、岳本、唐石经、白文本皆同。阮记云："《释文》：'尟'本亦作'鲜'。"卢记同。诸本皆同，作"鲜"是也，《释文》所引，或为别本也。

52 页十三右 理而无形

按："无"，十行本、刘本（嘉靖）、闽本、明监本、毛本同，永乐本作"無"；足利本作"未"，八行本、抚本、建本、岳本同。阮记云："闽、监、毛本同，岳本、宋本、古本、足利本'无'作'未'，《集解》同。"卢记同。考抚本注云"几者去无入有，理而未形"，既已去无，已然入有，何来无形之说？作"未"是也，当从抚本等。

53 页十三右 故能朗然玄昭

按："昭"，十行本、刘本（嘉靖）、永乐本、闽本、明监本、毛本同；足利本作"照"，八行本、抚本、建本、岳本同。阮记云："闽、监、毛本同，岳本、宋本、古本、足利本'昭'作'照'，《集解》同。"卢记同。考抚本注云

"朗然玄照，鉴于未形"，既言鉴于，自是玄照，以鉴相照也，作"照"是也，当从抚本等。

54 页十三右 故为吉之先见也

按："为"，足利本、八行本、十行本、刘本（嘉靖）、永乐本、闽本、明监本、毛本、抚本、建本、岳本皆同。阮记云："《集解》'故为'作'故言'。"卢记同。诸本皆同，作"为"是也，当从抚本等。

55 页十三左 介于石

按："介"，足利本、八行本、十行本、刘本（嘉靖）、永乐本、闽本、明监本、毛本、抚本、建本、岳本、唐石经、白文本皆同。阮记云："石经、岳本、闽、监、毛本同，《释文》：'介'众家作'砎'。"卢记同。考单疏本《疏》云"'介于石'"，则其所见本作"介"，作"介"是也，《释文》所引，或为别本也。

56 页十四左 男女构精

按："构"，足利本、八行本、十行本、刘本（嘉靖）、永乐本、闽本、明监本、毛本、抚本、建本、岳本、唐石经、白文本皆同。阮记云："岳本、闽、监、毛本同……石经'构'字木旁磨改。"卢记同。考单疏本《疏》云"'男女构精'"，则其所见本作"构"，作"构"是也。

57 页十五右 其易之门邪

按："门"，足利本、八行本、十行本、刘本（正德）、永乐本、闽本、明监本、毛本、抚本、建本、岳本、唐石经、白文本皆同。阮记云："岳本、监、毛本同……《释文》：'其易之门邪'，本又作'门户邪'。"卢记同。考单疏本《疏》云"'其易之门邪'者"，则其所见本作"门"，检敦煌残卷伯二六一七《释文》出字"其易之门邪"，作"门"是也，《释文》所引，或为别本也。

58 页十五左 况爻繇之辞也

按："繇"，足利本、八行本、十行本、刘本（正德）、永乐本、闽本、抚本、建本同，《要义》所引亦同；明监本作"繇"，岳本同；毛本作"卦"。阮记云："闽本、宋本、古本、足利本同，岳本、监本'繇'作'繇'，毛本误'卦'，《释文》出'爻繇'。"卢记"繇作繇"作"繇作繇"，余同。检敦煌残卷伯二六一七《释文》出字"爻繇"，作"繇"是也，当从抚本等。卢记云"繇作繇"，显误。

59 页十五左　易之其称万物之名

按："之其"，单疏本、足利本、八行本、十行本、刘本（正德）、永乐本、闽本、明监本、毛本皆同。阮记云："浦镗云'之其'当作'辞所'。"卢记同。诸本皆同，作"之其"是也，当从单疏本等，浦说不可信从。《举正》谓浦说失之，是也。

60 页十五左　所以明失得

按："明"，刘本（正德）、闽本、明监本、毛本同；足利本作"辩"，八行本同；十行本作"辨"，永乐本、抚本、建本、岳本同，《要义》所引亦同。阮记云："闽、监、毛本同，岳本'明'作'辨'，宋本、古本、足利本作'辩'。"卢记同。所辨者失得也，揆诸文义，作"辨"是也，当从抚本等。

61 页十六右　故云衰意也

按："衰"，单疏本、足利本、八行本、十行本、刘本（嘉靖）、永乐本、闽本、明监本、毛本皆同。阮记云："浦镗云'衰'下脱'世之'二字。"卢记同。诸本皆同，作"衰"是也，当从单疏本等，浦说不可信从。

62 页十六右　辨物正言

按："辨"，十行本、刘本（嘉靖）、永乐本、闽本、明监本、毛本、抚本、岳本、唐石经同；足利本作"辩"，八行本、建本、白文本同。阮记云："石经、岳本、闽、监、毛本同，《释文》出'辩物'，钱本亦作'辩'。"卢记同。考单疏本《疏》云"是'辨物正言'也"，则其所见本作"辨"，检敦煌残卷伯二六一七《释文》出字"辩物"，则"辨"、"辩"乃互为别本也。

63 页十七右　身既患忧

按："患忧"，单疏本、足利本、八行本、十行本、刘本（嘉靖）、永乐本、闽本、明监本同，《要义》所引亦同；毛本作"忧患"。阮记无说，卢记补云："毛本'患忧'作'忧患'。"宋元刊皆作"患忧"，毛本倒乙，不知何据，实不可信，当从单疏本等。

64 页十七右　故为德之时

按："故"，十行本、刘本（嘉靖）、永乐本、闽本、明监本、毛本同；单疏本作"欲"，足利本、八行本同。阮记云："闽、监、毛本同，宋本'故'作'欲'。"卢记同。考单疏本《疏》云"欲为德之时，先须履践其礼，敬事于上，故履为德之初基也"，若作"故为德之时"，则前"故"后"故"，显然矛盾，作"欲"是也，当从单疏本等，浦说不可信从。

65 页十七右 谦德之柄也

按："也"，足利本、八行本、十行本、刘本（嘉靖）、永乐本、闽本、明监本、毛本、抚本、建本、岳本、唐石经、白文本皆同。阮记云："石经、岳本、闽、监、毛本同，古本无'也'字。"卢记同。诸本皆同，有"也"字是也，古本不可信从。

66 页十七左 损德之修也

按："修"，足利本、八行本、十行本、刘本（嘉靖）、永乐本、闽本、明监本、毛本、抚本、建本、岳本、唐石经、白文本皆同。阮记云："石经、岳本、闽、监、毛本同，《释文》：'修'，马作'循'。"卢记同。考单疏本《疏》云"'损德之修'者"，则其所见本作"修"，检敦煌残卷伯二六一七《释文》出字"之修"，作"修"是也，《释文》所引，或为别本也。

67 页十七左 能以利益

按："以"，单疏本、十行本、刘本（嘉靖）、永乐本、闽本、明监本、毛本同；足利本无，八行本同。阮记云："闽、监、毛本同，钱本、宋本无'以'字。"卢记同。以利而益物，"以"字不可阙也，当从单疏本等。

68 页十七左 困德之辨也

按："辨"，刘本（嘉靖）、闽本、明监本、毛本同；足利本作"辩"，八行本、十行本、永乐本、抚本、建本、岳本、唐石经、白文本同。阮记云："闽、监、毛本同，石经、岳本'辨'作'辩'，《释文》出'之辩'。"卢记同。检敦煌残卷伯二六一七《释文》出字"之辩"，宋元刊本皆作"辩"，则作"辩"是也。瞿记云"辩不作辨"，则其家藏十行本不误，与刘本、阮本之底本不同，而与元刊十行本同。

69 页十八右 象居得其所也

按："象"，足利本、八行本、十行本、刘本（嘉靖）、永乐本、闽本、明监本、毛本、抚本、建本、岳本皆同。阮记云："岳本、闽、监、毛本同，古本无'象'字。"卢记同。诸本皆同，有"象"字是也，当从抚本等，古本不可信从。

70 页十八右 恒杂而不厌

按："杂"，足利本、八行本、十行本、刘本（嘉靖）、永乐本、闽本、明监本、毛本、抚本、建本、岳本、唐石经、白文本皆同。阮记云："石经、岳本、闽、监、毛本同，古本'杂'上有'先'字。"卢记同。诸本皆同，无"先"字是也，古本不可信从。

71 页十八右 物之不正

按："不正"，十行本、刘本（嘉靖）、永乐本、闽本、明监本、毛本同；单疏本作"厌薄"，足利本、八行本同。阮记云："闽、监、毛本同，宋本'不正'作'厌薄'。"卢记同。考单疏本《疏》云"不被物之厌薄也"，揆诸文义，作"厌薄"是也，当从单疏本等。

72 页十八右 不知其由也

按："由"，足利本、八行本、十行本、刘本（嘉靖）、永乐本、闽本、明监本、毛本、抚本、建本、岳本皆同。阮记云："岳本、闽、监、毛本同，古本'由'作'曲'。"卢记同。诸本皆同，作"由"是也，当从抚本等，古本不可信从。

73 页十八左 巽顺以

按："以"，十行本、刘本（嘉靖）、永乐本、闽本、明监本、毛本同；单疏本作"也"，足利本、八行本同。阮记云："闽、监、毛本同，钱本、宋本'以'作'也'。"卢记同。巽顺也，顺也乃释巽字之义，揆诸文义，作"也"是也，当从单疏本等。

74 页十八左 不可以行权也

按："权也"，单疏本、足利本、八行本、十行本、刘本（嘉靖）、永乐本、闽本、明监本、毛本皆同。阮记、卢记皆无说。又阮记引文"故可以权行也"，云："闽、监、毛本同，钱本、宋本'权行'倒。"卢记同。"权行"，十行本、刘本（嘉靖）、永乐本、闽本、明监本、毛本同；单疏本作"行权"，足利本、八行本同。考经文云"巽可以行权"，单疏本《疏》云"故'可以行权'"，乃引经文，作"行权"是也，当从单疏本等。此处阮本显应于"故可以权行也"之"权行"二字旁加圈，却于"不可以行权也"之"权也"加圈，疏漏甚矣。

75 页十九右 不可立定準也

按："立"，十行本、刘本（嘉靖）、永乐本、闽本、明监本、毛本、抚本、建本、岳本同；足利本作"以"，八行本同。阮记云："岳本、闽、监、毛本同，宋本'立'作'以'。"卢记同。準者立之也，无"立"不成辞，作"立"是也，当从抚本等。

76 页十九右 趣舍存乎会也

按："会"，足利本、八行本、十行本、刘本（嘉靖）、永乐本、闽本、明监本、毛本、抚本、建本、岳本皆同。阮记云："岳本、闽、监、毛本同，古本'会'上有'其'字。"卢记同。诸本皆同，作"会"是也，当从抚本等，古本不可信从。

77 页十九右 出入尤行藏外内尤隐显

按：两"尤"，十行本、刘本（嘉靖）、永乐本同；足利本作"犹"，八行本、闽本、明监本、毛本、抚本、建本、岳本同。阮记无说，卢记补云："毛本'尤'作'犹'，下《正义》并同。"考单疏本《疏》云"'出入犹行藏'"，则其所见本作"犹"，宋刊经注本、注疏本皆作"犹"，作"犹"是也，当从抚本等。

78 页二十左 若夫杂物撰德辩是与非

按："撰"，足利本、八行本、十行本、刘本（嘉靖）、永乐本、闽本、明监本、毛本、抚本、建本、岳本、唐石经、白文本皆同。"辩"，足利本、八行本、十行本、刘本（嘉靖）、永乐本、抚本、建本、岳本、唐石经、白文本同；闽本作"辨"，明监本、毛本同。阮记云："石经、岳本同，闽、监、毛本'辩'作'辨'，《释文》'撰'郑作'算'。"卢记同。考单疏本《疏》云"'若夫杂物撰德辨是与非'"，则其所见本作"撰""辨"，检敦煌残卷伯二六一七《释文》出字"撰德"，则作"撰"是也，《释文》所引，或为别本也，"辨""辩"亦互为别本也。

79 页二十左 可知矣知者观其象辞

按：足利本、八行本、十行本、刘本（嘉靖）、永乐本、闽本、明监本、毛本、抚本、建本、岳本、唐石经、白文本皆同。阮记引文"知者观其象辞"，又云："石经、岳本、闽、监、毛本同，古本'知'作'智'，'象'作'象'，《释文》出'知者'、'象辞'。"卢记同。考单疏本《疏》云"'可知矣'……'知者观其象辞'"，则其所见本作"可知矣知者观其象辞"，检敦煌残卷伯二六一七《释文》出字"象辞"，则作"象"是也，古本不可信从。阮记所指"知"乃"知者"之"知"，阮本却于"可知"之"知"旁加圈，显误。

80 页二十左 尤乾之九二

按："尤"，十行本、刘本（嘉靖）、永乐本、闽本同；单疏本作"犹"，足利本、八行本、明监本、毛本同，《要义》所引亦同。阮记无说，卢记补云："毛本'尤'作'犹'。"宋刊单疏本、注疏本皆作"犹"，作"犹"是也，当从单疏本等。

81 页二十一左 其用柔中也

按："中"，足利本、八行本、十行本、刘本（嘉靖）、永乐本、闽本、明监本、毛本、抚本、建本、岳本、唐石经、白文本皆同，《要义》所引亦同。阮记云："石经、岳本、闽、监、毛本同，古本'中'上有'得'字。"卢记同。考单疏本《疏》云"'其用柔中'者"，则其所见本作"中"，诸本皆同，作"中"是也，古本不可信从。

82 页二十二右 兼三材而两之

按："材"，足利本、八行本、十行本、刘本（嘉靖）、永乐本、抚本、建本、岳本、唐石经、白文本同；闽本作"才"，明监本、毛本同。阮记云："岳本、宋本、古本、足利本同，闽、监、毛本'材'作'才'。"卢记同。考单疏本《疏》云"此节明三材之义"，则其所见本作"材"，宋元刊本皆作"材"，作"材"是也。

83 页二十二右 故曰爻有等故曰物

按："爻"，足利本、八行本、十行本、刘本（嘉靖）、永乐本、闽本、明监本、毛本、抚本同；岳本作"爻爻"。阮记云："闽、监、毛本同，岳本叠'爻'字，足利本'爻'上有'交'字，古本下有'也'字。"卢记同。此韩注，"故曰'爻有等故曰物'"，乃引经文，不当叠"爻"字，作"爻"是也，当从抚本等，古本等不可信从。

84 页二十二左 物相杂故曰文

按："相"，足利本、八行本、十行本、刘本（嘉靖）、永乐本、闽本、明监本、毛本、抚本、建本、岳本、唐石经、白文本皆同。阮记云："石经、岳本、闽、监、毛本同，足利本无'相'字。"卢记同。诸本皆同，作"相"是也，阮记所引足利本不可信从。

85 页二十二左 玄黄错杂

按："错"，十行本、刘本（嘉靖）、永乐本、闽本、明监本、毛本同；足利本作"相"，八行本、抚本、建本、岳本同。阮记云："闽、监、毛本同，岳本、宋本、足利本'错'作'相'，古本同，下有'也'字。"卢记同。此韩注，经文云"物相杂"，注文"玄黄相杂"，正本经文也，作"相"是也，当从抚本等。

86 页二十左 故其辞者

按：单疏本、足利本、八行本、十行本、刘本（嘉靖）、永乐本、闽本、明监本、毛本同。阮记、卢记皆无说。考经文云"是故其辞危"，《疏》文引而释之，例云"某某"者，则当作"'故其辞危'者，忧其倾危也"，而今本无"危"字，不惟与《疏》文通例有违，且"忧其倾危"亦无着落，则"危"字实不可阙也，阮本于此加圈，虽无校记，意或在此。

87 页二十四右 不劳探讨

按："讨"，刘本（嘉靖）、闽本、明监本、毛本同；足利本作"射"，八行本、十行本、永乐本、抚本、建本、岳本同。阮记云："闽、监、毛本同，岳本、宋本、古本、足利本'讨'作'射'，《释文》出'探射'，《疏》'探讨'，宋本亦作'射'。"卢记同。宋元刊本皆作"射"，检敦煌残卷伯二六一七《释文》出字"探"、"射"，作"射"是也，当从抚本等。瞿记云"射不误讨，《疏》同"，则其家藏十行本不误，与刘本、阮本之底本不同，而与元刊十行本同。

88 页二十四右 探讨

按："讨"，刘本（嘉靖）、闽本、明监本、毛本同；单疏本作"射"，足利本、八行本、十行本、永乐本同，《要义》所引亦同。阮记、卢记皆无说。此《疏》文本注释经，注文作"探射"，则《疏》文作"射"是也，当从单疏本等。

89 页二十四左 逆顺者殊

按："殊"，足利本、八行本、十行本、刘本（嘉靖）、永乐本、闽本、明监本、毛本、抚本、建本、岳本皆同。阮记云："古本下有'功'字。"卢记同。诸本皆同无"功"字，作"殊"是也，当从抚本等，古本不可信从。

90 页二十四左 情伪相感而利害生

按：足利本、八行本、十行本、刘本（嘉靖）、永乐本、闽本、明监本、毛本、抚本、建本、岳本、唐石经、白文本皆同。阮记云："石经、岳本、闽、监、毛本同，古本无此八字及注文。"卢记同。考单疏本《疏》云"'情伪相感而利害生'者"，则其所见本有此八字，诸本皆同，有此八字是也，古本不可信从。

91 页二十四左　情谓实情

按："实情"，单疏本、足利本、八行本、十行本、刘本（嘉靖）、永乐本、闽本、明监本、毛本皆同。阮记引文"情谓情实"，又云："闽、监、毛本同，钱本、宋本'情实'作'实情'。"卢记同。考单疏本《疏》云"'情'谓实情，'伪'谓虚伪"，"实情"、"虚伪"对文，则作"实情"是也，当从单疏本等。瞿记云"实情不作情实，重刊本同"，则其家藏十行本不误，与阮记底本不同，而与元刊十行本、阮本之底本同。闽本、明监本、毛本皆作"实情"，阮记谓其作"情实"，不知其所据何本。

92 页二十五右　其辞屈

按：足利本、八行本、十行本、刘本（嘉靖）、永乐本、闽本、明监本、毛本、抚本、建本、岳本、唐石经、白文本皆同。阮记云："石经、岳本、闽、监、毛本同，古本下有'也'字。"卢记同。诸本皆同，无"也"字是也，古本不可信从。

93 页二十五右　故言其辞游也

按："言"，单疏本、足利本、八行本、十行本、刘本（嘉靖）、永乐本、闽本、明监本、毛本皆同，《要义》所引亦同。阮记云："闽、监、毛本同，钱本、宋本'游'上有'浮'字，卢文弨云'言'字疑衍。"卢记同。诸本皆有"言"字，当从单疏本等，卢说不可信从。

卷　九

1 页一右 辅嗣之文言分附乾坤二卦

按："之"，十行本、刘本（嘉靖）、永乐本、闽本、明监本、毛本同；单疏本作"以"，足利本、八行本同，《要义》所引亦同。阮记云："闽、监、毛本同，钱本、宋本'之'作'以'。"卢记同。揆诸文义，作"以"是也，当从单疏本等。

2 页一左 因重之意

按："重"，十行本、刘本（嘉靖）、永乐本、闽本、明监本、毛本同；单疏本作"囗"；足利本作"卦"，八行本同。阮记云："闽、监、毛本同，钱本、宋本'重'下有'卦'字。"卢记同。考下《疏》云"明重卦之义"，以后例前，则作"重卦"是也，当从足利本等。检日本内阁文库藏藏抄本单疏本《周易正义》、京都大学藏抄本单疏本《周易正义》皆作"卦"，则此单疏刊本所阙之字，当为"卦"也。

3 页一左 受命如向

按："向"，刘本（嘉靖）、闽本、明监本、毛本同；足利本作"响"，八行本、十行本、永乐本、抚本、建本、岳本同。阮记云："闽、监、毛本同，岳本、宋本、古本、足利本'向'作'响'，《释文》：'向'本又作'响'。"卢记同。考单疏本《疏》云"'受命如响'"，则其所见本作"响"，又宋元刊本皆作"响"，作"响"是也，当从抚本等。瞿记云"响不作向"，则其家藏十行本不误，与刘本、阮本之底本不同，而与元刊十行本同。

4 页一左 今言作易言是伏羲非文王等

按："言"，刘本（嘉靖）、闽本、明监本、毛本同；单疏本作"明"，足利本、八行本、十行本、永乐本同，《要义》所引亦同。阮记云："闽、监、毛本同，钱本、宋本'言'作'明'。"卢记同。考单疏本《疏》云"今言'作《易》'，明是伏羲，非文王等"，若作"言是"，则前"言"后"言"，显然重复，故作"明"是也，当从单疏本等，《正字》云"'明'，误'言'"，是也。

5 页二左 观变于阴阳而立卦

按："观变"，足利本、八行本、十行本、刘本（嘉靖）、永乐本、闽本、明监本、毛本、抚本、建本、岳本、唐石经、白文本皆同。阮记云："石经、岳本、闽、监、毛本同，《释文》：'观变'，一本作'观变化'。"卢记同。考单疏本《疏》云"故曰'观变于阴阳而立卦'"，则其所见本作"观变"，诸本皆同，《释文》所引，或为别本也。

6 页三右 变动相和

按："和"，十行本、刘本（元）、永乐本、闽本、明监本、毛本同；足利本作"生"，八行本、抚本、建本、岳本同。阮记云："闽、监、毛本同，岳本、宋本、古本、足利本'和'作'生'。"卢记补云："案：'生'字是也。"此韩注，考经文云"发挥于刚柔而生爻"，注文之"生"正本经文之"生"，作"生"是也，当从抚本等，卢记是也。

7 页三右 理于义

按：足利本、八行本、十行本、刘本（元）、永乐本、闽本、明监本、毛本、抚本、岳本同；建本下有小注"易所以和天道顺地德理行义也"。阮记云："此下古本有'易所以和天道顺地德理行义'十二字注，足利本同，惟'理行义'作'理仁义'也。"卢记同。有此数字之韩注者，或为别本也。

8 页三右 断人伦之正义

按："断"，十行本、刘本（元）、永乐本、闽本、明监本、毛本同；单疏本作"断割"，足利本、八行本同，《要义》所引亦同。阮记云："闽、监、毛本同，宋本'断'下有'割'字。"卢记同。断人伦，不辞，作"断割人伦"是也，当从单疏本等。

9 页三右 此节就爻位

按："此"，十行本、刘本（元）、永乐本、闽本、明监本、毛本同；单疏本作"此一"，足利本、八行本同，《要义》所引亦同。阮记云："闽、监、毛本同，钱本、宋本'此'下有'一'字。"卢记同。《疏》文各段起始例云"此一节"，"一"字不可阙也，当从单疏本等。

10 页三左 或有在形而言

按："有"，足利本、八行本、十行本、刘本（元）、永乐本、闽本、明监本、毛本、抚本、建本、岳本皆同。阮记云："岳本、闽、监、毛本同，古本无'有'字。"卢记同。诸本皆同，作"有"是也，当从抚本等，古本不可信从。

11 页三左 与特载之刚也

按："特"，十行本、刘本（元）同；单疏本作"持"，足利本、八行本、永乐本、闽本、明监本、毛本同，《要义》所引亦同。阮记无说，卢记补云："毛本'特'作'持'。"特载，不辞，作"持"是也，当从单疏本等。

12 页三左 易六位而成章

按："位"，足利本、八行本、十行本、刘本（元）、永乐本、闽本、明监本、毛本、抚本、建本、岳本、唐石经、白文本皆同。阮记云："石经、岳本、闽、监、毛本同，《释文》：'六位而成章'，本又作'六画'。"卢记同。考单疏本《疏》云"分布六位而成爻卦之文章也"，则其所见本作"位"，诸本皆同，《释文》所引，或为别本也。

13 页四右 既备三才之道

按："备"，十行本、刘本（元）、永乐本、闽本、明监本、毛本同；单疏本作"兼备"，足利本、八行本同，《要义》所引亦同。阮记云："闽、监、毛本同，钱本、宋本'备'上有'兼'字。"卢记同。考经文云"兼三才之道而两之"，单疏本《疏》云"既兼备三才之道而皆两之"，《疏》文之"兼"正本经文之"兼"，"兼"字不可阙也，当从单疏本等。

14 页四右 注二四至为阳者

按："者"，十行本、刘本（元）、永乐本、闽本同；单疏本无，足利本、八行本、明监本、毛本同，《要义》所引亦同。阮记无说，卢记补云："案：注文无'者'字，此误衍也，毛本不误。"此《疏》文标起止，韩注既无"者"字，则有"者"显误，当从单疏本等，卢记是也。

15 页四右 今八卦相错

按："今"，十行本、刘本（元）、永乐本、闽本、明监本、毛本同；单疏本作"令"，足利本、八行本同，《要义》所引亦同。阮记云："闽、监、毛本同，宋本'今'作'令'。"卢记补云："案：'令'字是也。"考单疏本《疏》云"令八卦相错，乾、坤、震、巽、坎、离、艮、兑莫不交互而相重"，揆诸文义，作"令"是也，当从单疏本等。

16 页五右 巽东南也

按：足利本、八行本、十行本、刘本（嘉靖）、永乐本、闽本、明监本、毛本、抚本、建本、岳本、唐石经、白文本皆同。阮记云："石经、岳本、闽、监、毛本同，古本'南'下有'方'字。"卢记同。考单疏本《疏》云"'巽东南也'"，则其所见本作"南"，诸本皆同，无"方"字是也，古本不可信从。

17 页五左 万物之所归也

按："所"，足利本、八行本、闽本、明监本、毛本、抚本、建本、岳本、唐石经、白文本同；十行本无，刘本（嘉靖）、永乐本同。阮记无说，卢记补云："各本如此，十行本原脱'所'字，案：经'万物之所说也'、'万物之所成终而所成始也'，并有'所'字，《正义》此句亦作'万物之所归也'，是当有'所'字，今补正。"宋刊注疏本、经注本皆有"所"字，有者是也，卢记是也。

18 页五左 万物之所成终而所成始也

按："所"，足利本、八行本、十行本、刘本（嘉靖）、永乐本、闽本、明监本、毛本、抚本、建本、岳本、唐石经、白文本皆同。阮记云："石经、岳本、闽、监、毛本同，古本无下'所'字。"卢记同。考单疏本《疏》云"'万物之所成终而所成始也'"，则其所见本作"所"，诸本皆同，有"所"字是也，古本不可信从。

19 页五左 立秋而万物

按："立"，十行本、刘本（嘉靖）、永乐本、闽本、明监本、毛本同；单疏本作"正"，足利本、八行本同，《要义》所引亦同。阮记云："闽、监、毛本同，宋本'立'作'正'。"卢记同。考单疏本《疏》云"斗柄指西，是正秋八月也，正秋而万物皆说成也"，"正秋"二字，正承前文而来，作"正"是也，当从单疏本等。

20 页六右 妙万物而为言者也

按："妙"，足利本、八行本、十行本、刘本（嘉靖）、永乐本、闽本、明监本、毛本、抚本、建本、岳本、唐石经、白文本皆同。阮记云："石经、岳本、闽、监、毛本同，《释文》：'妙'，王肃作'眇'。"卢记同。考单疏本《疏》云"'妙万物而为言者'"，则其所见本作"妙"，检敦煌残卷伯二六一七

《释文》出字"妙万物"，作"妙"是也，《释文》所引，或为别本也。

21 页六右 则雷疾风行

按："则"，足利本、八行本、十行本、刘本（嘉靖）、永乐本、闽本、明监本、毛本、抚本、建本、岳本皆同。阮记云："卢文弨云'则'当作'明'，《集解》作'明则'，衍'则'字。"卢记同。诸本皆同，作"则"是也，当从抚本等，阮记所引卢说不可信从。

22 页六右 莫熯乎火

按："熯"，足利本、八行本、十行本、刘本（嘉靖）、永乐本、闽本、明监本、毛本、抚本、建本、岳本、唐石经、白文本皆同。阮记云："石经、岳本、闽、监、毛本同，《释文》：'熯'，徐本作'暵'。"卢记同。考单疏本《疏》云"莫熯乎离，离象火也"，则其所见本作"熯"，检敦煌残卷伯二六一七《释文》出字"熯"，作"熯"是也，《释文》所引，或为别本也。

23 页六左 正义曰鼓动万物者

按："正义曰"，十行本、刘本（嘉靖）、闽本、明监本、毛本同；单疏本作"故曰"，足利本、八行本同；永乐本作"正义"。阮记云："闽、监、毛本同，钱本、宋本与上《疏》相连，故无'正义'二字，但作'故曰'二字。"卢记同。此十行本、注疏本合刻方式不同所致，永乐本乃承十行本而来也。

24 页七右 坎为豕

按："豕"，足利本、八行本、十行本、刘本（嘉靖）、永乐本、闽本、明监本、毛本、抚本、建本、岳本、唐石经、白文本皆同。阮记云："石经、岳本、闽、监、毛本同，《正义》亦作'豕'，《释文》云：京作'彘'。"卢记同。考单疏本《疏》云"'坎为豕'"，则其所见本作"豕"，检敦煌残卷伯二六一七《释文》出字"为豕"，作"豕"是也，《释文》所引，或为别本也。

25 页七右 羊者顺之畜

按："顺"，十行本、刘本（嘉靖）、永乐本、闽本、明监本、毛本同；单疏本作"顺从"，足利本、八行本同，《要义》所引亦同。阮记云："闽、监、毛本同，钱本、宋本'顺'下有'从'字。"卢记同。顺之畜，不知何义，作"顺从"是也，当从单疏本等。

26 页八右 为瘠马为驳马

按："瘠""驳"，足利本、八行本、十行本、刘本（嘉靖）、永乐本、闽本、明监本、毛本、抚本、建本、岳本、白文本皆同，唐石经漫漶。阮记云："岳本、闽、监、毛本同，石经'驳'字系摩改，初刻当是'驳'字，《释文》：'瘠'，京、荀作'柴'。"卢记同。考单疏本《疏》云"'为瘠马'""'为驳马'"，则其所见本作"瘠""驳"，检敦煌残卷伯二六一七《释文》出字"瘠"，作"瘠"是也，《释文》所引，或为别本也。

27 页八右 取其尊道

按："道"，十行本、刘本（嘉靖）、永乐本、闽本、明监本、毛本同；单疏本作"首"，足利本、八行本同，《要义》所引亦同。阮记云："闽、监、毛本同，宋本'道'作'首'。"卢记同。考单疏本《疏》云"取其尊首，而为万物之始"，"首""始"正相对应，作"首"是也，当从单疏本等。

28 页八右 取其刚之清明也

按："之"，十行本、刘本（嘉靖）、永乐本、闽本、明监本、毛本同；单疏本作"而"，足利本、八行本同，《要义》所引亦同。阮记云："闽、监、毛本同，钱本、宋本'之'作'而'。"卢记同。刚之清明，不知何义，作"而"是也，当从单疏本等。

29 页八右 言此马有牙如倨

按："倨"，单疏本、足利本、八行本、十行本、刘本（嘉靖）、永乐本同，《要义》所引亦同；闽本作"锯"，明监本、毛本同。阮记云："宋本同，闽、监、毛本'倨'作'锯'，下同。"卢记同。宋元刊本皆作"倨"，作"倨"是也，当从单疏本等。

30 页八左 取其万物之所生也

按："生"，十行本、刘本（嘉靖）、永乐本、闽本、明监本、毛本同；单疏本作"生出"，足利本、八行本同，《要义》所引亦同。阮记云："闽、监、毛本同，宋本'生'下有'出'字。"卢记同。考单疏本《疏》云"为大涂，取其万物之所生出也"，大涂非万物所生，乃万物生出之所也，则作"生出"是也，当从单疏本等。

31 页八左 马后足

按："足"，单疏本、足利本、八行本同，十行本、刘本（嘉靖）、永乐本、闽本、明监本、毛本皆同，《要义》所引亦同。阮记云："卢文弨云依《尔雅》，'足'上当有'左'字。"卢记同。诸本皆同，作"足"是也，当从单疏本等，非引《尔雅》，卢说不可信从。《正字》云"脱'左'字"，误矣。

32 页九右　为亟心

按："亟"，足利本、八行本、十行本、刘本（嘉靖）、永乐本、闽本、明监本、毛本、抚本、建本、岳本、白文本、唐石经皆同，《要义》所引亦同。阮记云："石经、岳本、闽、监、毛本同，《释文》：'亟'，荀作'极'。"卢记同。考单疏本《疏》云"'为亟心'"，则其所见本作"亟"，检敦煌残卷伯二六一七《释文》出字"为亟"，作"亟"是也，《释文》所引，或为别本也。

33 页九左　人之有血尤地有水也

按："尤"，十行本、刘本（嘉靖）、永乐本、闽本、明监本、毛本同；单疏本作"犹"，足利本、八行本同，《要义》所引亦同。阮记、卢记皆无说。揆诸文义，作"犹"是也，当从单疏本等。

34 页九左　取其行有孔穴也

按："行"，十行本、刘本（嘉靖）、永乐本、闽本、明监本、毛本同；单疏本作"水行"，足利本、八行本同，《要义》所引亦同。阮记云："闽、监、毛本同，钱本、宋本'行'上有'水'字。"卢记同。若无"水"字，则不知何物所行，"水"字不可阙也，当从单疏本等。

35 页十右　取阴在下为止

按："在"，十行本、刘本（元）、永乐本、闽本、明监本、毛本同；单疏本作"在于"，足利本、八行本同，《要义》所引亦同。阮记云："闽、监、毛本同，钱本、宋本'在'下有'于'字。"卢记同。考单疏本《疏》云"取阴在于下为止，取阳在于上为高"，前后"在于"相对成文，"于"字不可阙也，当从单疏本等。

36 页十左　以六门往摄

按："往"，单疏本、十行本、刘本（元）、永乐本、闽本、明监本、毛本同；足利本作"往主"，八行本同，《要义》所引亦同。阮记云："闽、监、毛本同，钱本、宋本'往'作'主'。"卢记同。摄有主义，主摄意通，作"主"似胜也。

37 页十左　泰之次否等第

按："等第"，十行本、刘本（元）、永乐本、闽本、明监本、毛本同；单疏本作"等"，足利本、八行本同。阮记云："闽、监、毛本同，宋本无'第'

字。"卢记同。考单疏本《疏》云"如乾之次坤、泰之次否等，是天道运数门也"，揆诸文义，作"等"是也，当从单疏本等。

38 页十左 是人事门也

按："门"，单疏本、十行本、刘本（元）、永乐本、闽本、明监本、毛本同；足利本无，八行本同。阮记云："闽、监、毛本同，宋本无'门'字。"卢记同。考前《疏》云"是天道运数门"，下《疏》云"是相因门"，又单疏本《疏》云"周氏就序卦以六门往摄，第一天道门、第二人事门、第三相因门……"则此处"门"字显不可阙也，当从单疏本等。

39 页十左 故以取其人理也

按："人"，单疏本、十行本、刘本（元）、永乐本、闽本、明监本、毛本同；足利本作"义"，八行本同，《要义》所引亦同。阮记云："闽、监、毛本同，钱本、宋本'人'作'义'。"卢记同。人理，不辞，作"义"似胜也。

40 页十一右 物之始生也

按："也"，足利本、八行本、十行本、刘本（嘉靖）、永乐本、闽本、明监本、毛本、抚本、建本、岳本、唐石经、白文本皆同。阮记云："石经、岳本、闽、监、毛本同，古本无'也'字。"卢记同。诸本皆同，有"也"字是也，古本不可信从。

41 页十一右 故为物之始交也

按："交"，十行本、刘本（嘉靖）、永乐本、闽本、明监本同；足利本作"生"，八行本、毛本、抚本、建本、岳本同。阮记无说，卢记补云："'交'当作'生'，《正义》可证，毛本是'生'字。"考经文云"物之始生"，注文引述之，则作"生"是也，当从抚本等，卢记是也。

42 页十一左 必有所畜

按："畜"，足利本、八行本、十行本、刘本（嘉靖）、永乐本、闽本、明监本、毛本、抚本、建本、岳本、唐石经、白文本皆同。阮记云："石经、岳本、闽、监、毛本同，《释文》：'畜'，本亦作'蓄'。"卢记同。诸本皆同，作"畜"是也，《释文》所引，或为别本也。

43 页十一左 此非大通之道

按："此"，刘本（嘉靖）、闽本、明监本、毛本同；足利本作"比"，八行本、十行本、永乐本、抚本、建本、岳本皆同。阮记云："闽、监、毛本同，岳本、宋本、古本、足利本'此'作'比'。"卢记补云："案：'比'字是也。"考经文云"比者比也"，注文释经，故云"比非大通之道"，作"比"是也，当从抚本等。瞿记云"比不误此"，则其家藏十行本不误，与刘本、阮本之底本不同，而与元刊十行本同。

44 页十一左 物不可以终通

按："以"，足利本、八行本、明监本、毛本、抚本、建本、岳本、唐石经、白文本同；十行本无，刘本（嘉靖）、永乐本、闽本同。阮记无说，卢记补云："各本如此，十行本原脱'以'字……今依各本补正。"宋刊注疏本、经注本皆有"以"字，有者是也，卢记是也。

45 页十一左 孟子曰吾君不游吾何以休吾君不豫吾何以助

按：两"君"，单疏本、足利本、八行本、十行本、刘本（嘉靖）、永乐本、闽本、明监本、毛本皆同。阮记云："孙志祖云今《孟子》二'君'字俱作'王'。"卢记同。诸本皆同，彼时所见《孟子》文字与今传世本有异，岂可据今驳古？

46 页十三右 托以明义

按："托"，足利本、八行本、十行本、刘本（元）、永乐本、闽本、明监本、毛本、抚本、建本、岳本皆同；《要义》所引作"记"。阮记云："岳本、闽、监、毛本同，古本'托'作'说'。"卢记同。诸本皆同，作"托"是也，当从抚本等，古本、《要义》皆不可信从。

47 页十三右 故夫子殷勤

按："殷勤"，足利本、八行本、十行本、刘本（元）、永乐本、闽本、明监本、毛本、抚本、建本同，《要义》所引亦同；岳本作"殷懃"。阮记云："闽、监、毛本同，岳本、足利本'殷勤'作'殷懃'。"卢记同。诸本多作"殷勤"，作"殷懃"者，乃别本也，当从抚本等。

48 页十三右 不系之于杂也

按："杂"，刘本（元）、闽本、明监本、毛本同；足利本作"离"，八行本、十行本、永乐本、抚本、建本、岳本同，《要义》所引亦同。阮记云："闽、监、毛本同，岳本、宋本、古本、足利本'杂'作'离'。"卢记补云："案：'离'字是也。"此句之"离"，乃指《离》卦，又下注云"先儒以《乾》至《离》为上经"，则作"离"是也，当从抚本等。瞿记云"离不误杂"，则其家藏十行本不误，与刘本、阮本之底本不同，而与元刊十行本同。

49 页十三右 三材必备

按："材"，足利本、八行本、永乐本、抚本、建本、岳本同，《要义》所引亦同；十行本作"林"，刘本（元）、闽本同；明监本作"才"，毛本同。阮记云："岳本、闽本、古本同；监、毛本'材'作'才'。"卢记同。"三材"为经文成语，作"材"是也，当从抚本等，作"林"者，显因形近而讹。

50 页十三右 君子日消也

按："也"，足利本、八行本、十行本、刘本（元）、永乐本、闽本、明监本、毛本、抚本、建本、岳本皆同。阮记云："岳本、闽、监、毛本同，古本'也'作'矣'。"卢记同。诸本皆同，作"也"是也，当从抚本等，古本不可信从。

51 页十三右 君子道胜

按："胜"，足利本、八行本、十行本、刘本（元）、抚本、建本、岳本同；永乐本作"盛"，闽本、明监本、毛本同。阮记云："岳本、宋本、古本、足利本同，《集解》亦作'胜'，闽、监、毛本误'盛'。"卢记无说。宋元刊本皆作"胜"，作"胜"是也，当从抚本等。

52 页十三左 日盈则食

按："日"，十行本、刘本（元）、永乐本、闽本同；足利本作"月"，八行本、明监本、毛本、抚本、建本、岳本同。阮记云："闽本同，岳本、监、毛本'日'作'月'，是也。"卢记同。此韩注，抚本注文云"日中则昃，月盈则食"，"日""月"相对成文，作"月"是也，当从抚本等。

53 页十三左 必反于家

按："于"，足利本、八行本、十行本、刘本（元）、永乐本、抚本、建本、岳本、唐石经、白文本同；闽本作"囗"；明监本作"其"，毛本同。阮记云："石经、岳本同，闽本'反'下空一字，监、毛本'于'作'其'。"卢记同。宋元诸本皆作"于"，作"于"是也。

54 页十三左 乖必有难

按："难"，足利本、八行本、十行本、刘本（元）、永乐本、闽本、明监本、毛本、抚本、建本、岳本、唐石经、白文本皆同。阮记云："石经、岳本、闽、监、毛本同，古本'难'上有'所'字，《释文》出'有难'。"卢记同。

诸本皆同，检敦煌残卷伯二六一七《释文》出字"有难"，作"难"是也，古本不可信从。

56 页十三左 受之以解

按："以"，足利本、八行本、闽本、明监本、毛本、抚本、建本、岳本、唐石经、白文本同；十行本无，刘本（元）、永乐本同。阮记无说，卢记补云："各本如此，十行本原脱'以'字……今补正。"考此下经文云"受之以损""受之以益"，皆有"以"字，宋刊注疏本、经注本皆有"以"字，则有者是也，卢记是也。

56 页十三左 决必有遇

按："有"，足利本、八行本、十行本、刘本（元）、永乐、抚本、建本、岳本、唐石经、白文本同；闽本作"有所"，明监本、毛本同。阮记云："石经、岳本、宋本、古本、足利本同，闽、监、毛本'有'下衍'所'字。"卢记同。宋元诸本皆无"所"字，无"所"字是也。

57 页十三左 有喜遇也

按：十行本、刘本（元）、永乐本同，闽本、明监本、毛本作"有喜遇"；足利本作"有嘉遇也"，八行本、抚本、建本、岳本同。阮记云："岳本、宋本、古本、足利本'喜'作'嘉'，闽、监、毛本脱'也'字。"卢记同。宋刊注疏本、经注本皆作"嘉"，作"嘉"是也，当从抚本等。

58 页十四右 则得出入

按："出"，十行本、刘本（元）、永乐本、闽本、明监本、毛本同；足利本作"所"，八行本、抚本、建本、岳本同。阮记云："闽、监、毛本同，岳本、宋本、古本、足利本'出'作'所'。"卢记同。此韩注，抚本注文云："《旅》而无所容，以《巽》则得所入也"，"所容""所入"相对成文，作"所"是也，当从抚本等。

59 页十四左 则殊越

按："越"，刘本（元）、闽本、明监本、毛本同；足利本作"趣"，八行本、十行本、永乐本、抚本、建本、岳本同。阮记云："闽、监、毛本同，岳本、宋本、古本、足利本'越'作'趣'。"卢记同。宋刊注疏本、经注本皆作"趣"，作"趣"是也，当从抚本等。

60 页十四左 节而信之

按："而"，足利本、八行本、十行本、刘本（元）、永乐本、闽本、明监本、毛本、抚本、建本、岳本、唐石经、白文本皆同。阮记云："石经、岳本、闽、监、毛本同，古本'而'下有'后'字。"卢记同。诸本皆同，无"后"字者是也，古本不可信从。

61 页十四左 此者圣人

按："此"，单疏本、足利本、八行本、十行本、刘本（元）、永乐本同；闽本作"昔"，明监本、毛本同。阮记云："钱本、宋本同，闽、监、毛本'此'作'昔'。"卢记同。宋元诸本皆作"此"，作"此"是也，当从单疏本等。

62 页十五右 经纶之时

按："纶"，足利本、八行本、十行本、刘本（正德十二年）、永乐本、闽本、明监本、毛本、抚本、建本、岳本皆同。阮记云："闽、监、毛本同，岳本、古本'经'上有'以'字，《释文》：'纶'，本又作'论'。"卢记同。"经纶"为辞，检敦煌残卷伯二六一七《释文》出字"经纶"，作"纶"是也，当从抚本等，《释文》所引，或为别本也。

63 页十五右 杂而未知

按："而"，十行本、刘本（正德十二年）、永乐本、闽本、明监本、毛本同；足利本作"者"，八行本、抚本、建本、岳本同，《要义》所引亦同。阮记云："闽、监、毛本同，岳本、宋本、古本、足利本'而'作'者'。"卢记同。考经文云"蒙杂而著"，抚本注文释之云"杂者，未知所定也"，作"者"是也，当从抚本等。

64 页十五右 蛊则饬也

按："饬"，十行本、刘本（正德十二年）、永乐本、闽本、明监本、毛本、抚本、岳本同；足利本作"饰"，八行本、建本、唐石经、白文本同。阮记云："岳本、闽、监、毛本同，石经'饬'作'饰'，《释文》：'则饬'，郑本、王肃作'饰'。"卢记同。检敦煌残卷伯二六一七《释文》出字"则饰"，"饬""饰"乃互为别本也。

65 页十五右 复反也

按："也"，足利本、八行本、十行本、刘本（正德十二年）、永乐本、闽本、明监本、毛本、抚本、建本、岳本、唐石经、白文本皆同。阮记云："岳本、闽、监、毛本同，古本无'也'字。"卢记同。诸本皆同，有"也"字是也，古本不可信从。

66 页十五左 小人也

按："也"，十行本、刘本（正德十二年）；足利本作"止"，八行本、永乐本、闽本、明监本、毛本、抚本、建本、岳本同。阮记无说，卢记补云："案：'也'当作'止'，形近之讹。"考经文云"大壮则止"，抚本韩注释之云"大正则小人止"，注文之"止"正本经文之"止"，作"止"是也，当从抚本等，卢记是也。

67 页十五左 小人享则君子退也

按："享"，刘本（正德十二年）同；足利本作"亨"，八行本、十行本、永乐本、闽本、明监本、毛本、抚本、建本、岳本同。阮记云："闽、监、毛本、古本'享'作'亨'，岳本、宋本、足利本同无'也'字。"卢记同。诸本多作"亨"，作"亨"是也，当从抚本等。

68 页十五左 畏骇而止也

按："骇"，刘本（正德十二年）同；足利本作"险"，八行本、十行本、永乐本闽本、明监本、毛本、抚本、建本、岳本同。阮记无说，卢记补云："案：'骇'当作'险'，毛本是'险'字。"诸本多作"险"，作"险"是也，当从抚本等，卢记是也。

69 页十五左 姤遇也

按："姤"，十行本、刘本（正德十二年）、永乐本、闽本、明监本、毛本同；足利本作作"遘"，八行本、抚本、建本、岳本、唐石经、白文本同。阮记云："岳本、闽、监、毛本同，石经'姤'作'媾'，非。"卢记同。"姤""遘"乃互为别本也。

周易音义

1 页一右 乾下乙乾

按：两"乾"，十行本、刘本（元）、永乐本、闽本、毛本、建本同。阮记云："宋本'乾'并作'乹'，卢本同，是也。"卢记同。《释文》作"乹""乾"，通志堂本作"乾""乾"，卢本作"乹""乹"。阮记云宋本《释文》皆作"乹"，今传世宋刊宋元递修本《释文》此页为元刊印面，与其所言不合，黄校云其依卢所据钱求赤影宋本为言也，或是，则阮记所谓宋本《释文》或皆为转述也，而保留《经典释文·周易音义》文字可知最早者，唯宋刊建本《周易》随文附录者也。

2 页一右 无者

王述说

按："无"，十行本、刘本（元）、闽本、明监本、毛本、建本同；永乐本作"無"。"述"，十行本、刘本（元）、永乐本、闽本、明监本、建本同。阮记云："宋本、十行本、闽、监本同，卢本'无'作'元'，'述'作'育'。"卢记无"十行本"三字，余同。《释文》作"无""述"，通志堂本同，卢本作"元""育"。

3 页一左 以嗟反

按："以"，十行本、刘本（元）、永乐本、闽本同；明监本作"似"，毛本、建本同。阮记无说，卢记补云："通志堂本、卢本'以'作'似'。案：'似'字是也。"《释文》作"似"，通志堂本、卢本同。《释文》出字"闲邪"，云"似嗟反"，乃释"邪"音，以嗟如何切出邪音？又《释文》前文出字"邪"，云"似嗟反"，以前证后，作"似"是也，当从建本等。

222

4 页二右 苏早先早二反

按："早"，十行本、刘本（元）、永乐本、闽本同；明监本作"告"，毛本同；建本作"皁"。阮记引文"苏早先皁二反"，云："卢本同，宋本'皁'作'皂'，俗字，十行本、闽本作'早'，非，监本作'告'。"卢记引文"苏早先早二反"，补云："通志堂本、卢本'先早'作'先皁'。案：'皁'字是也，宋本'皁'作'皂'，俗字，闽本亦误'早'，监本作'告'。"《释文》作"皂"，通志堂本作"皁"，卢本同。《释文》出字"就燥"，云"苏早先皂二反"，乃释"燥"有早先、早皂二音，"皁""皂"可通，"早"字或因与"皁"字形进而讹也。阮记云"十行本"，则其所据《释文》底本与阮本所据底本显然有异，卢记云"通志堂本"而阮记不言，阮记引文作"皁"与通志堂本恰合，则阮记所据《释文》或即为通志堂本也，而其所云"十行本"者或即阮本所据之底本也，因阮记、卢记所据底本不同，故二者引文有异，又因引文有异，故卢记不得不改动阮记文字以与引文相应也。

5 页二右 便免反

按："便"，十行本、刘本（元）、闽本、明监本、毛本同；永乐本作"扶"，建本同。阮记引文"扶免反"，云："宋本、卢本同，十行本、闽、监本'扶'作'便'。按：'便免'即《集韵》之'平免'，'扶'字非也。"卢记引文"便免反"，补云："闽、监本同，宋本、卢本'便'作'扶'。案：'便免'即《集韵》之'平免'，'扶'字非也。"《释文》作"扶"，通志堂本、卢本同。《释文》出字"以辩"，云"扶免反"，乃释"辩"音，据钱大昕考证，古无轻唇音，皆读为重唇音，则"扶"字声母读帮音，故与免字可切出辩音，又《释文》下文出字"辩物"，云"扶勉反"，检敦煌残卷伯二六一七《释文》同，以后证前，作"扶"是也，当从建本等。十行本合刻注疏释音时，或因不知"扶"字古音，误以扶免不可切出辩音，遂改"扶"为"便"也。阮记据《集韵》为说，而不知古音流变，误甚！黄校以为阮说未谛，是也。

6 页二右 扶死反

按："死"，十行本、刘本（元）、永乐本、闽本、建本同；明监本作"允"，毛本同。阮记云："宋本、十行本、闽本、卢本同，监本'死'作'允'。"卢记无"十行本"三字，余同。《释文》作"死"，通志堂本、卢本同。

7 页二右　方言云闲也

按："闲"，十行本、刘本（元）、永乐本、闽本、明监本、毛本同；建本作"闭"。阮记引文"方言云闭也"，云："宋本、卢本同，十行本、闽、监本'闭'作'闲'，误。"卢记引文"方言云闲也"，补云："闽、监本同，宋本、卢本'闲'作'闭'，是也。"《释文》作"闭"，通志堂本、卢本同。传世本《方言》云"阖，关，闭也"，则作"闭"是也，当从建本等，卢记是也。

8 页二左　必计反字林方结反

按："必"，十行本、刘本（元）、永乐本、闽本、明监本、毛本、建本同。"方"，十行本、刘本（元）、永乐本、闽本、建本同；明监本作"兵"，毛本同。阮记引文"心计反字林方结反"，云："十行本、闽本'心'作'必'，监本、卢本同，又'方'作'兵'，宋本'方'作'力'。案：'必'字、'兵'字是也。"卢记引文"必计反字林方结反"，补云："旧本'必'作'心'，闽本亦作'必'，监本、卢本同，又'方'作'兵'，宋本'方'作'力'。案：'必'字、'兵'字是也。"《释文》作"必""方"，通志堂本作"心""方"，卢本作"必""兵"。《释文》出字"闭"，心计如何切出闭音？作"必"是也，当从建本等。此例唯有通志堂本作"心""方"，与阮记引文合，则上文推论阮记《释文》所据底本乃通志堂本，可无疑也。黄校以为"心"字误，作"兵"者乃后人改之，是也。

9 页二左　或作饬

按："饬"，十行本作"飰"，刘本（元）、永乐本、闽本同；明监本作"餝"，建本同；毛本作"飭"。阮记引文"或作餝"，云："监本、卢本同，十行本、闽本'餝'作'饬'，宋本作'飭'。按：'餝'字不误。"卢记引文"或作饬"，补云："闽本同，宋本作'飭'，监本、卢本作'餝'。案：'餝'字是也。"《释文》作"餝"，通志堂本、卢本同。

10 页二左　本亦作宁宁

按："宁宁"，十行本、刘本（元）、闽本、明监本、毛本同；永乐本作"宁"，建本同。阮记引文"本亦作则宁"，云："宋本、卢本同，十行本、闽、监本'则'误'宁'，误。"卢记引文"本亦作宁宁"，补云："闽、监本同，宋本、卢本'宁宁'作'则宁'。按：'则宁'是也。"《释文》作"则宁"，通志堂本、卢本同。《释文》出字"得主则定"，云"本亦作则宁"，意"则定"本或作"则宁"也,则作"宁宁"显误,而揆诸文义,径作"本亦作宁",文辞简省,似胜也,则当从建本等也。

11 页二左 黄颖云经纶匡济也本亦作伦

按:"纶""伦",十行本、刘本(元)、永乐本、闽本、明监本、毛本同;建本作"论""纶"。阮记引文"经论匡济也本亦作纶",云:"宋本、卢本同,十行本、闽、监本'论'作'纶''纶'作'伦',非。"卢记引文"经纶匡济也本亦作论",补云:"闽、监本同,宋本、卢本'纶'作'论''伦'作'纶',是也。"《释文》作"论""纶",通志堂本、卢本同。《释文》出字"经论",黄颖所云引之,不当作"经纶",则作"论"是也,当从建本等也。

12 页三右 下近五同

按:"五",十行本作"王",刘本(元)、永乐本、闽本、明监本、毛本同;建本作"并"。阮记云:"卢本同,闽、监本'五'作'王',十行本模糊,宋本作'并',误。"卢记补云:"卢本同,闽、监本'五'作'王',十行本模糊,今改'五',宋本作'并',误。"《释文》作"并",通志堂本作"五",卢本同。《释文》出字"相近",云"附近之近,下'近'并同",文义晓然,作"近王""近五"不知何义,则作"并"是也,当从建本等也。

13 页三右 式夜反

按:"式",十行本、刘本(元)、永乐本、闽本、明监本、毛本、建本同。阮记无说,卢记补云:"通志堂本、卢本'式'作'武'。"《释文》作"式",通志堂本同,卢本作"武"。《释文》出字"如舍",云"式夜反",乃释"舍"音,武夜如何切出舍音?作"式"是也,当从建本等也。通志堂本作"式",卢记谓其作"武",误甚。

14 页三左 干寶云外也

按:"外",十行本、刘本(元)、永乐本、闽本、明监本、毛本同;建本作"升"。阮记引文"干寶云升也",云:"宋本、卢本同,十行本、闽、监本'升'误'外'。"卢记引文"干寶云外也",补云:"闽、监本同,宋本、卢本'外'作'升'……按:'升'字是也。"《释文》作"升",通志堂本、卢本同。

15 页三左 李暂乌衍反

按:"暂",十行本、刘本(元)、永乐本、闽本、明监本、毛本同;建本作"轨"。阮记引文"李轨乌衍反",云:"十行本、闽、监本'轨'误'暂'。"卢记引文"李暂乌衍反",补云:"闽、监本同……卢本'暂'作'轨',是也。"《释文》作"轨",通志堂本、卢本同。

17 页三左 乃旦反下及文皆同

按:"下及文皆同",十行本、刘本(元)、永乐本、闽本、明监本、毛本同。阮记云:"十行本、闽、监本同,宋本作'及下文',卢本作'下文及注皆同'。"卢记无"十行本"三字,余同。《释文》作"及下文皆同",通志堂本作"下及文皆同",卢本作"下文及注皆同"。

17 页四左 本又作褫

按:"褫",十行本、刘本(元)、永乐本、闽本、明监本、毛本、建本同。阮记云:"十行本、闽、监本'褫'作'裣'……宋本'褫'作'补'。"卢记补云:"宋本'褫'作'补',闽、监本'褫'作'裣'……"《释文》作"补",通志堂本作"褫",卢本同。十行本、闽本、明监本作"褫",阮记、卢记谓其作"裣",显误。

18 页四左 又甫履反

按:"甫",十行本、刘本(元)、永乐本、闽本、建本同;明监本作"补",毛本同。阮记引文"又补履反",云:"监本同,宋本、十行本、闽本、卢本'补'作'甫',非也。"卢记引文"又甫履反",补云:"宋本、闽、卢本同,卢文弨云旧本作'补',今据钱本正,案:作'甫'非,旧本是也。"《释文》作"甫",卢本同,通志堂本作"补"。宋本《释文》、宋经注本所附《释文》皆作"甫",明监本等改作"补",不知其所据,不可信从也。

19 页五右 说云解也

按:"说云",十行本、刘本(元)、永乐本、闽本、明监本、建本同;毛本作"说文"。阮记无说,卢记补云:"通志堂本、卢本'说'下有'文'字,是也。"《释文》作"说云",通志堂本作"说文云",卢本同。考《释文》出字"车说",云"说云解也",正释"说"字之义,作"说云"是也,当从建本等。

20 页五右 吐但反

说文云文也

按:"但",十行本、刘本(元)、永乐本、闽本、明监本、毛本、建本同。"文",十行本、刘本(元)、永乐本、闽本、明监本、毛本同;建本作"安"。

阮记引文云"说文云安也",云："宋本、卢本同，十行本、闽、监本'安'作
'文'，非也。"卢记补云："闽、监本同，宋本、卢本'但'作'旦'，下
'文'字作'安'，案：'安'字是也。"《释文》作"但""安"，通志堂本同，
卢本作"旦""安"。诸本皆作"但"，唯卢本作"旦"，不知其所据。

21 页六右 刚徐反

按："刚徐"，十行本、刘本（元）、永乐本、闽本同；明监本"荆余"、毛
本同；建本作"刚除"。阮记引文"刚除反"，云："宋本、卢本同，十行本、
闽本'除'作'徐'，监本'刚除'误'荆余'。"卢记引文"刚徐反"，补云：
"闽本同，宋本、卢本'徐'作'除'，监本'刚除'误'荆余'。"《释文》作
"刚除"，通志堂本、卢本同。

22 页六右 亨宴也

按："亨"，十行本、刘本（元）、闽本、明监本、毛本同；永乐本作
"享"，建本同。阮记引文"享宴也"，云："宋本、卢本同，十行本、闽本上
'享'作'亨'，监本亦作'亨'。"卢记引文"亨宴也"，补云："闽、监本同，
宋本、卢本'亨'作'享'。"《释文》作"享"，通志堂本、卢本同。亨宴，不
辞，作"享"是也，当从建本等，检敦煌残卷伯二六一七《释文》作"飨"，
与"享"通。

23 页六左 云二谦也

按："二"，十行本、刘本（元）、永乐本、闽本、明监本、毛本同；建本
作"嗛"。阮记引文"云嗛谦也"，云："宋本、卢本同，十行本、闽、监本
'嗛'作'二'，非。"卢记引文"云二谦也"，补云："闽、监本同，宋本、卢
本'二'作'嗛'。案：'嗛'字是也。"《释文》作"嗛"，通志堂本、卢本
同。考《释文》出字"谦"，云"子夏作'嗛'，云：嗛，谦也"，揆诸文义，
作"嗛"是也，当从建本等。

24 页六左 名者声名

按："名"，十行本、刘本（元）、永乐本、闽本、建本同；明监本作
"鸣"，毛本同。阮记云："宋本、十行本、闽本、卢本同，监本上'名'改
'鸣'。按：监本是也。"卢记无"十行本"三字，余同。《释文》作"名"，通
志堂本、卢本同。检敦煌残卷伯二六一七《释文》作"名"，则作"名"是也。

25 页六左 他奋

按："他"，十行本、刘本（元）、永乐本、闽本、明监本、毛本同。阮记引文"地奋"，云："宋本、卢本同，十行本、闽、监本'地'误'他'。"卢记引文"他奋"，补云："闽、监本同，宋本、卢本'他'作'地'。案：'地'字是也。"《释文》作"地"，通志堂本、卢本同。考经文云"《象》曰雷出地奋"，《释文》出字作"地奋"是也，阮记是也。

26 页七左 师读音音真

按："音音"，十行本、刘本（元）、永乐本、闽本同；明监本作"音"，毛本、建本同。阮记、卢记皆无说。《释文》作"音"，通志堂本、卢本同。考《释文》出字"以振"，云"师读音真"，揆诸文义，不当叠"音"字，作"音"是也，当从建本等。

27 页七左 振仁厚也

按："振"，十行本、刘本（元）、永乐本、闽本同；明监本作"振振"，毛本、建本同。阮记无说，卢记补云："通志堂本、卢本作'振振仁厚也'。"《释文》作"振振"，通志堂本、卢本同。

28 页七左 無疆

按："無"，十行本、刘本（元）、永乐本、闽本、明监本、毛本同。阮记引文"无"，云："卢本同，宋本、十行本、闽、监本'无'作'無'。"卢记引文"無疆"，补云："宋本、闽、监本同，卢本'無'作'无'"《释文》作"無"，通志堂本作"无"，卢本同。

29 页七左 而不荐

按："不"，十行本、刘本（元）、永乐本、闽本、明监本、毛本、建本同。阮记、卢记皆无说。《释文》作"不"，通志堂本、卢本同。诸本皆同，不知阮本为何于此加圈。

30 页七左 而观荐

按：十行本、刘本（元）、永乐本、闽本、明监本、毛本、建本同。阮记无说，卢记补云："宋本、卢本……'而观荐'作'而不观荐'。案……'观荐'上当有'不'字，误脱耳。"《释文》作"而观"，通志堂本作"而观荐"，卢本作"而不观荐"。唯卢本作"而不观荐"，所增"不"字，依据为何，不得而知，不可信从。

31 页八右 户夹反

按："户"，十行本、刘本（元）、永乐本、闽本、明监本、毛本同；建本作"下"。阮记云："十行本、闽、监本、卢本同，宋本'户'作'下'。"卢记唯无"十行本"三字，余同。《释文》作"下"，通志堂本作"户"，卢本同。检敦煌残卷伯二六一七《释文》作"户"，则作"户"是也。

32 页八右 市利反

按："利"，十行本、刘本（元）、永乐本、闽本、明监本、毛本同；建本作"制"。阮记引文"市制反"，云："宋本同，是也，十行本、闽、监本、卢本'制'作'利'。"卢记引文"市利反"，补云："闽、监本同，宋本、卢本'利'作'制'。案：'制'字是也。"《释文》作"制"，通志堂本、卢本同。

33 页八左 炀于日

按："日"，十行本、刘本（元）、永乐本、闽本、建本同；明监本作"火"，毛本同。阮记引文"炀于火"，云："监本、卢本同，宋本、十行本、闽本'火'作'日'。"卢记引文"炀于日"，补云："宋本、闽本同，监本、卢本同'日'作'火'。"《释文》作"日"，通志堂本作"火"，卢本同。宋刊《释文》、建本皆作"日"，检敦煌残卷伯二六一七《释文》作"日"，则作"日"是也。

34 页八左 字林云含食所遗也

按："含"，十行本、刘本（元）、永乐本、闽本、明监本、毛本、建本同。阮记引文"字林云含食所遗也"，云："宋本、十行本、闽、监本'含'作'食'，卢本作'龛'。"卢记引文"字林云含食所遗也"，补云："宋本、闽、监本同，卢本'含'作'龛'。"《释文》作"食"，通志堂本作"含"，卢本作"龛"。十行本、闽、监本作"含"不作"食"，阮记误甚。

35 页九右 徐音宫

按："宫"，十行本、刘本（元）、永乐本、闽本同；明监本作"馆"，毛本同；建本作"官"。阮记引文"徐音官"，云："宋本、卢本同，十行本、闽本'官'误'宫'，监本改'馆'，尤误。"卢记引文"徐音宫"，补云："闽同，宋本、卢本'宫'作'官'。监本作'馆'。案：'官'字是也。"《释文》作"官"，通志堂本、卢本同。《释文》出字"贯鱼"，注云"古乱反，徐音官，穿也"，乃为"贯"字释音，贯如何有宫音？作"官"是也，当从建本等，阮记

229

是也。

36 页九左　九家本作多字

按："多"，十行本、刘本（元）、永乐本、闽本、明监本、毛本、建本同。阮记引文"九家本作？"，云："卢本同，宋本、十行本、闽、监本……'敠'作'多'。"卢记引文"九家本作多"，补云："宋本、闽、监本同……卢本……'多'作'敠'。"《释文》作"敠"，通志堂本、卢本同。

37 页九左　郑作鼙

按："鼙"，明监本、毛本同；十行本作"卑"，刘本（元）、永乐本、闽本、建本同。阮记、卢记皆无说。《释文》作"卑"，通志堂本作"鼙"，卢本同。宋刊《释文》、建本皆作"卑"，作"卑"是也。

38 页十右　音挥

按："挥"，十行本、刘本（元）、永乐木、闽本、明监本、毛本同。阮记引文"音辉"，云："宋本同……十行本、闽、监本'音辉'作'音挥'，卢本同。"卢记引文"音挥"，补云："闽、监本同……宋本'音挥'作'音辉'。"《释文》作"辉"，通志堂本、卢本同。

39 页十右　上轴

按：十行本、刘本（元）、永乐本、闽本、明监本、毛本同；建本作"在轴"。阮记引文"在轴"，云："卢本同……十行本、闽、监本'在'作'上'。"卢记引文"上轴"，补云："闽、监本同，卢本'上轴'作'在轴'。案：'在'字是也。"《释文》作"在辐"，通志堂本作"在轴"，卢本同。检敦煌残卷伯二六一七《释文》作"在轴"，则作"在轴"是也。

40 页十右　两马疋也

按："疋"，十行本、刘本（元）、永乐本、闽本同；明监本作"走"，毛本、建本同。阮记引文"两马走也"，云："卢本同……十行本、闽本'走'作'疋'，监本作'是'，亦非。"卢记引文"两马疋也"，补云："闽同……监本'疋'作'是'，亦非，卢本'疋'作'走'。案：'走'字是也。"《释文》作"走"，通志堂本、卢本同。检敦煌残卷伯二六一七《释文》作"走"，则作"走"是也。

41 页十左　常止反

按："常"，十行本、刘本（元）、永乐本、闽本、建本同；明监本作

"市"，毛本同。阮记云："宋本、十行本、闽本同，监本、卢本'常'作
'市'。按：'常'是也。"卢记无"十行本"三字，余同。《释文》作"常"，
通志堂本同，卢本作"市"。

42 页十左 下救其二拯弱

按："二"，十行本、刘本（元）、闽本、明监本、毛本同；永乐本作
"弱"，建本同。阮记引文"下救其弱"，云："宋本、卢本同，十行本、闽、监
本'弱'误作'二'。"卢记引文"下救其二"，补云："闽、监本同，宋本、卢
本'二'作'弱'。案：'二'字误也。"《释文》作"弱"，通志堂本、卢本
同。考《释文》出字"弱"，云"本亦作'溺'，并依字读，下'救其弱'、
'拯弱'，皆同"，考此"弱"出《易·大过》王注，王注下文云"而救其弱者
也"，《释文》所谓"救其弱"正指此，则作"弱"是也，当从建本等，阮记
是也。

43 页十一右 陵感反

按："陵"，十行本、刘本（元）、永乐本、闽本、明监本、毛本、建本同。
阮记无说，卢记补云："卢本同，宋本'陵'作'徒'。"《释文》作"陵"，通
志堂本作"徒"，卢本同。

44 页十一左 又上支反

按："上"，十行本、刘本（元）、永乐本、闽本、建本同；明监本作
"止"，毛本同。阮记云："宋本、十行本、闽本、卢本同，监本'上'作
'止'。按：监本是也。"卢记无"十行本"三字，余同。《释文》作"上"，通
志堂本、卢本同。宋刊《释文》、建本皆作"上"，作"上"是也。检敦煌残卷
伯二六一七《释文》作"上"，则作"上"是也。

45 页十二右 若

按："若"，十行本、刘本（元）、永乐本、闽本、明监本、毛本、建本同。
阮记云："十行本、闽、监本同，宋本、卢本作'㢮'，是也。"卢记无"十行
本"三字，余同。《释文》作"若"，通志堂本同，卢本作"㢮"。检敦煌残卷
伯二六一七《释文》作"若"，则作"若"是也。

46 页十二左 郑本作咸承

按："作"，十行本、刘本（元）、闽本、永乐本、明监本、毛本、建本同。
阮记、卢记皆无说。《释文》作"作"，通志堂本、卢本同。诸本皆同，不知阮

本为何于此加圈。

47 页十二左 而分

按：十行本、刘本（元）、永乐本、闽本、明监本、毛本同。阮记云："此
条各本俱在'诘去吉反'下，卢本移在'德行'条上。按：卢本是也。"卢记
同。《释文》作"而分"，通志堂本、卢本同。各本次序与阮本同，唯卢本"而
分"条在"德行"上，据《易》正文，"而分"二字确在"德行"二字之上，
《释文》出字理应在其上，检敦煌残卷伯二六一七《释文》无此"而分"条，
颇疑乃后人添补，因疏忽故致位置错谬也。

48 页十左 匿亦避

按："亦"，十行本、刘本（元）、永乐本、闽本、明监本、毛本同；建本
作"迹"。阮记引文"匿迹避"，云："宋本、卢本同，十行本、闽、监本'迹'
作'亦'，非。"卢记引文"匿亦避"，补云："闽、监本同，宋本、卢本'亦'
作'迹'。案：'迹'字是也。"《释文》作"迹"，通志堂本、卢本同。考《释
文》出字"遯"，云"匿迹避时，奉身退隐"，"匿迹避时""奉身退隐"相对
成文，检敦煌残卷伯二六一七《释文》正作"迹"，作"迹"是也，当从建本
等，卢记是也。

49 页十二左 夫静

按：十行本、刘本（元）、永乐本、闽本、明监本、毛本同。阮记云："此
条各本俱在'非否'条上，卢本移在《恒》卦末。按：卢本是也。"卢记同。
《释文》作"夫静"，通志堂本、卢本同。各本次序与阮本同，唯卢本"夫静"
条在《恒》卦最末，据《易》正文，"夫静"二字确在《恒》卦最末"振恒"
二字之后，《释文》出字理应在《恒》卦最末，检敦煌残卷伯二六一七《释文》
无此"夫静"条，颇疑乃后人添补，因疏忽故致位置错谬也。

50 页十三左 得

按：十行本、刘本（元）、闽本、明监本同；永乐本作"失得"；毛本作
"得失"。阮记引文"失得"，云："宋本、卢本同，十行本、闽、监本脱'失'
字。"卢记引文"得"，补云："闽、监本同，宋本、卢本'得'上有'失'字。
案：'有'者是也。"《释文》出字"失得"，通志堂本、卢本同。考《释文》出
字"失得"，云："如字，孟、马、郑、虞、王肃本作'矢'"，据此，《释文》
所注乃"失"字之异文，"失"字岂可阙也？阮记是也。又经文云"六五悔无

失得",则出字当作"失得",毛本作"得失",误矣。

51 页十三左 袁离同

按:"袁",十行本、刘本（元）、永乐本、闽本、明监本、毛本同；建本作"远"。阮记引文"远离同",云:"宋本、卢本同,十行本、闽、监本'远'误'袁'。"卢记引文"袁离同",补云:"闽、监本同,宋本、卢本'袁'作'远'。案:'远'字是也。"《释文》作"远",通志堂本、卢本同。宋刊《释文》、建本皆作"远",作"远"是也。

52 页十三左 京作眱

按:"京",十行本、刘本（元）、永乐本、闽本、明监本、毛本同。阮记引文"亦作眱",云:"宋本、十行本、卢本'亦'作'京',闽、监本作'京眱'。"卢记引文"京作眱",补云:"宋本、卢本同,卢文弨云旧本'京'作'亦'今正,闽、监本作'京作眱'字。"《释文》作"京",卢本同,通志堂本作"亦"。

53 页十三左 日随天左音也

按:"音",十行本、刘本（元）同;永乐本作"意";闽本作"行",明监本、毛本同。阮记引文"日随天左旋也",云:"十行本上'旋'误'音',闽、监本误'行'。"卢记引文"日随天左音也",补云:"卢本'音'作'旋',是也,闽、监本'旋'误'行'。"《释文》作"旋",通志堂本、卢本同。揆诸文义,作"旋"是也,检敦煌残卷伯二六一七《释文》作"旋",正可为证。

54 页十四右 手又反本亦作守同

按:"又"、"作",建本同;十行本作"囗""囗",刘本（元）同;永乐本作"囗""作";闽本作'救''与',明监本、毛本同。阮记云:"宋本、卢本同,十行本缺'又''作'二字,闽、监本'又'误'救','作'误'与'。案:此'救''与'二字乃闽本以意补十行本之缺,故误。"卢记补云:"'又''作'二字今正。"《释文》作"又""作",通志堂本、卢本同。揆诸文义,作"又""作"是也,检敦煌残卷伯二六一七《释文》作"又""作",正可为证,当从建本等。

55 页十四右 乐乐

按:"乐",十行本、刘本（元）、闽本、明监本、毛本同;永乐本作"爱乐"。阮记引文"爱乐",云:"宋本、卢本同,十行本、闽、监本'爱'误

'乐'。"卢记引文"乐乐",补云:"闽、监本同,宋本、卢本上'乐'字作
'爱'。案:'爱'字是也。"《释文》出字"爱乐",通志堂本、卢本同。考韩注
云"交相爱乐",《释文》乃释"爱乐"音义,检敦煌残卷伯二六一七《释文》
出字"爱乐",则作"爱乐"是也,当从永乐本。

　　56 页十五右 注下同

　　按:"注下",十行本、刘本(元)、永乐本、闽本、明监本、毛本、建本
同。阮记引文"下注",云:"宋本同,十行本、闽、监本、卢本'下注'作
'注下'。"卢记引文"注下",补云:"闽、监本、卢本同,宋本'注下'作
'下注'。"《释文》作"注下",卢本同,通志堂本作"下注"。考经文云"上
六公用射",韩注云"故用射之极",《释文》出字"用射",云"食亦反,注下
同","食亦反"乃释经文"用射"之"射"音,"注下同"乃谓韩注下文"用
射"之"射"音与经文"射"字音同,作"注下"是也,诸本惟通志堂本作
"下注",未知何据,误也,阮记引文本之,亦误。

　　57 页十五右 省减之义也
　　序卦云损必有所失
　　按:"省""损",刘本(元补)、闽本、明监本、毛本同;十行本作"亏"
"缓",永乐本、建本同。阮记引文"亏减之义也……序卦云缓必有所失",云:
"宋本、卢本同,十行本、闽、监本'亏'作'省','缓'作'损'误。"卢
记引文"省减之义也……序卦云损必有所失",补云:"闽、监本同,宋本、卢
本……'省'作'亏''损'作'缓',是也。"《释文》作"亏"、"缓",通
志堂本、卢本同。检《序卦》,正作"缓必有所失",又检敦煌残卷伯二六一七
《释文》作"亏""缓",则作"亏""缓"是也,当从建本等。又阮记谓十行
本作"省""损",与十行本异,而与刘本同,此或因十行本有初印、补板之
别也。

　　58 页十五左 無疆
　　按:"無",十行本、刘本(元)、永乐本、闽本同;明监本作"无",毛
本。阮记引文"无疆",云:"监本、卢本同,宋本、十行本、闽本'无'作
'無'。"卢记引文"無疆",补云:"宋本、闽本同,监本、卢本'無'字作
'无'。"《释文》出字"無疆",通志堂本出字"无疆",卢本同。

59 页十五左 用恒圭

按："恒"，十行本、刘本（元）、永乐本、闽本、明监本、毛本同；建本作"桓"。阮记引文"用桓圭"，云："宋本、卢本同，十行本、闽、监本'桓'误作'恒'。"卢记引文"用恒圭"，补云："闽、监本同，宋本、卢本上'恒'字作'桓'。案：'桓'字是也。"《释文》作"桓"，通志堂本、卢本同。宋刊《释文》、建本皆作"桓"，作"桓"是也。

60 页十五左 用费

按："用"，十行本、刘本（元）、永乐本、闽本、明监本、毛本同。阮记云："宋本、十行本、闽、监本同，卢本'用'改'不'。按：注云'惠而不费'，作'不'是也。"卢记惟无"十行本"三字，余同。《释文》出字"用费"，通志堂本同，卢本"不费"。检敦煌残卷伯二六一七《释文》出字"用费"，则作"用"是也。

61 页十五左 無厌

按："無"，十行本、刘本（元）、永乐本、闽本、明监本、毛本同。阮记云："宋本、十行本、闽、监本同，卢本'無'改'无'。"卢记惟无"十行本"三字，余同。《释文》出字"無厌"，通志堂本同，卢本出字"无厌"。检敦煌残卷伯二六一七《释文》出字"无厌"。

62 页十五左 侠也

按："侠"，十行本、刘本（元）、永乐本、闽本、明监本、毛本同。阮记引文"决也"，云："宋本、卢本同，十行本、闽、监本'决'误'侠'。"卢记引文"侠"，补云："闽、监本同，宋本、卢本'侠'作'决'。案：'决'字是也。"《释文》作"决"，通志堂本、卢本同。检敦煌残卷伯二六一七《释文》作"决"，正可为证。

63 页十六右 本亦作赵或作趀说文及郑作趚

按："赵""趀""趚"，十行本、刘本（元）、永乐本、明监本、毛本同；闽本作"趚""趀""趚"；建本作"趚""趀""趚"。阮记引文"说文及郑作趚"，云："宋本、卢本同，十行本、闽、监本'趚'误作'赵'。"卢记引文"本亦作赵或作趀说文及郑作趚"，补云："闽、监本同，宋本、卢本上'赵'作'趚'，'趀'作'趀'，下'赵'作'趚'。案：'趚'字是也。"《释文》作"趚""趀""趚"，通志堂本、卢本同。

64 页十六左　古文作蹢

按："蹢"，十行本、刘本（元）、永乐本、闽本、明监本、毛本同；建本作"蹐"。阮记引文"古文作蹐"，云："宋本、卢本同，十行本、闽、监本'蹐'作'蹢'，非。"卢记引文"古文作蹢"，补云："宋本、卢本……下'蹢'字作'蹐'。案……'蹐'字是也，闽、监本亦作'蹢'，非。"《释文》作"蹐"，通志堂本、卢本同。宋刊《释文》、建本皆作"蹐"，作"蹐"是也，卢记是也。

65 页十六左　马云大本也

柳柔脆木也

按："本""脆"，十行本、刘本（元）、永乐本、闽本、明监本、毛本同；建本作"木""朌"。阮记引文"马云大木也柳柔韧木也"，云："卢本同，宋本'马'误作'禹'，'韧'作'刜'，十行本、闽、监本'大木'作'大木'、'韧'作'脆'。"卢记引文"马云大本也柳柔脆木也"，补云："闽、监本同，宋本'马'误'禹'，'脆'作'刜'，卢本'大本'作'大木'、'脆'作'韧'。"《释文》作"木""朌"，通志堂本作"木""韧"，卢本同。宋刊《释文》、建本皆作"木"，作"木"是也，检敦煌残卷伯二六一七《释文》作"木"，正可为证，又"朌""刜"、"韧"皆通，检敦煌残卷伯二六一七《释文》作"刃"，亦通。

66 页十六左　本亦作锗

按："锗"，十行本、刘本（元）同；永乐本作"储"，建本同；闽本作"错"，明监本、毛本同。阮记引文"本亦作储"，云："宋本、卢本同，十行本'储'误'锗'，闽、监本误'错'。"卢记引文"本亦作锗"，补云："宋本、卢'锗'作'储'，闽、监本'锗'误'错'。案：'储'字是也。"《释文》作"储"，通志堂本、卢本同。宋刊《释文》、建本皆作"储"，作"储"是也，卢记是也。

67 页十七右　张一反

按："一"，十行本、刘本（元）、闽本同；永乐本作"愚"，建本同；明监本作"于"；毛本作"丁"。阮记引文"张愚反"，云："宋本同，十行本、闽本'愚'误'一'，监本误'于'，卢本误'虑'。"卢记引文"张一反"，补云："闽本同，宋本'一'作'愚'，监本'一'作'于'，卢本'一'作'虑'。

案：宋本是也。"《释文》作"愚"，通志堂本同，卢本作"虑"。宋刊《释文》、建本皆作"愚"，作"愚"是也，当从建本等，检敦煌残卷伯二六一七《释文》作"愚"，正可为证，卢记是也。

68 页十七左 谓之推藁

按："推"，十行本、刘本（元）、永乐本、闽本、建本同；明监本作"蓷"，毛本同。阮记无说，卢记补云："卢本'推'作'蓷'。"《释文》作"推"，通志堂本作"蓷"，卢本同。宋刊《释文》、建本皆作"推"，作"推"是也，当从建本等，检敦煌残卷伯二六一七《释文》作"推"，正可为证。

69 页十七左 無喪

按："無"，十行本、刘本（元）、永乐本、闽本、明监本、毛本同。阮记引文"无喪"，云："卢本同，宋本、十行本、闽、监本'无'作'無'。"卢记引文"無喪"，补云："宋本、闽、监本同，卢本'無'作'无'。"《释文》出字"無喪"，通志堂本作"无喪"，卢本同。检敦煌残卷伯二六一七《释文》出字"無喪"。

70 页十八右 二同

按："二"，十行本、刘本（元）、永乐本同；闽本作"下"，明监本、毛本同；建本作"注"。阮记引文"注同"，云："宋本、卢本同，是也，十行本'注'作'二'，闽、监本作'下'。"卢记引文"二同"，补云："宋本、卢本'二'作'注'，是也，闽、监本作'下'。"《释文》作"注"，通志堂本、卢本同。宋刊《释文》、建本皆作"注"，作"注"是也，当从建本等，检敦煌残卷伯二六一七《释文》作"注"，正可为证，

71 页十八右 说文作甕

按："甕"，十行本、刘本（元）、永乐本、闽本同；明监本作"甕"；毛本作"甕"，建本同。阮记云："宋本、十行本、闽本同，卢本改'雍'，非，监本'甕'作'甕'，俗字。"卢记惟无"十行本"三字，余同。《释文》作"甕"，通志堂本、卢本同。检敦煌残卷伯二六一七《释文》作"甕"。

72 页十八右 洁也

按："洁"，闽本、明监本、毛本同；十行本作"　"，刘本（元）、永乐本同。阮记引文"絜也"，云："宋本、卢本同，十行本、闽、监本'絜'作'洁'。"卢记引文"洁也"，补云："闽、监本同，宋本、卢本'洁'字作

'絜'。"《释文》作"絜",通志堂本、卢本同。检敦煌残卷伯二六一七《释文》作""。

73 页十八左 以为

按:十行本、刘本(元)、永乐本、闽本、明监本、毛本同。阮记云:"宋本、十行本、闽、监本同,卢本下增'子'字,是也。"卢记惟无"十行本"三字,余同。《释文》出字"以为",通志堂本同,卢本作"以为子"。检敦煌残卷伯二六一七《释文》出字"以为",诸本皆同,卢本所增,不知何据,不可信从,阮记非也。

74 页十八左 食之美也

按:"也",十行本、刘本(元)、永乐本、闽本、明监本、毛本同;建本作"者"。阮记引文"食之美者",云:"宋本、卢本同,十行本、闽、监本'者'误'也'。"卢记引文"食之美也",补云:"闽、监本同,宋本、卢本'也'作'者'。案:'者'字是也。"《释文》作"者",通志堂本、卢本同。考《释文》出字"雉膏",云"如字,郑云:雉膏,食之美者",揆诸文义,作"者"是也,当从建本等,检敦煌残卷伯二六一七《释文》作"者",正可为证,卢记是也。

75 页十九左 马云谗衍

按:"谗衍",刘本(元补)同;十行本作"饶衍",永乐本、闽本、明监本、毛本、建本同。阮记无说,卢记补云:"卢本'谗衍'作'饶行'。"《释文》作"饶衍",通志堂本同,卢本作"饶行"。宋刊《释文》、建本皆作"饶衍",作"饶衍"是也,当从建本等,检敦煌残卷伯二六一七《释文》作"饶衍",正可为证。刘本此页为元刊补板印面,故与十行本异,则阮本所附《释文》底本与刘本关系密切也,又永乐本与十行本同,则其所承乃元刊十行初印本也。刘本、阮本之"谗"字或因与"饶"字字形相近而讹,卢本之"行"显为"衍"字之讹。

76 页二十右 释也反

按:"释也",刘本(元补)同;十行本作"婢世",永乐本、闽本、明监本、毛本、建本同。阮记无说,卢记补云:"卢本作'婢世反'。"《释文》作"婢世",通志堂本、卢本同。宋刊《释文》、建本皆作"婢世",作"婢世"是也,当从建本等,检敦煌残卷伯二六一七《释文》作"婢势","势""世"

可通。

77 页二十右 荀陆作孺

按："孺"，刘本（元补）、闽本、明监本、毛本同；十行本作"嫭"，永乐本、建本同。阮记引文"荀陆作孺"，云："宋本、卢本同，十行本、闽、监本'孺'作'孺'。"卢记引文"荀陆作孺"，补云："闽、监本同，宋本、卢本'孺'作'孺'。"《释文》作"嫭"，通志堂本、卢本同。宋刊《释文》、建本皆作"嫭"，作"嫭"是也，当从建本等，检敦煌残卷伯二六一七《释文》作"嫭"，正可为证。

78 页二十右 承筐郊作筐

按：刘本（元补）同；十行本作"承匡郑作筐"，永乐本同；闽本作"承筐郑作筐"，明监本、毛本同，建本作"郑作筐"。阮记引文"承匡郑作筐"，云："宋本同，十行本、闽、监本、卢本'匡'、'筐'互易。"卢记引文"承筐郊作筐"，补云："宋本'承筐'作'承匡'、'郊'作'郑'，闽、监本、卢本'筐'作'匡'。案：宋本是也。"《释文》出字"承匡"，注云"郑作筐"，通志堂本同，卢本出字"承筐"，注云"郑作匡"。检敦煌残卷伯二六一七《释文》出字"承匡"，可知《释文》出字当作"承匡"，出字作"承匡"，则注云郑作，必为"筐"也，建本可证，则当从十行本等，闽本等出字"承筐"，又云"郑作筐"，显然前后矛盾，卢本改作出字"承筐"，注云"郑作匡"，乃颠倒"筐""匡"，亦误，刘本、阮本作"郊作筐"，"郊"字显为"郑"字之讹。阮记云"十行本、闽、监本、卢本'匡'、'筐'互易"，卢记云"闽、监本、卢本'筐'作'匡'"，据上文，阮记、卢记所述诸本异文皆与传世本相左，不知其所据何本。

79 页二十左 说文作丰

按："丰"，十行本、刘本（元）、永乐本、闽本、明监本、毛本、建本同。阮记云："十行本、闽、监本同，宋本作'豐'，卢本作'豊'，是也。"卢记惟无"十行本"三字，余同。《释文》作"豐"，通志堂本作"丰"，卢本作"豊"。

80 页二十二右 京作劚

按："劚"，十行本、刘本（元）、永乐本、建本同；闽本作"劇"，明监本、毛本同。阮记云："闽、监本'劚'作'劇'。"卢记同。《释文》作

"劇"，通志堂本、卢本同。宋刊《释文》、建本皆作"劘"，作"劘"是也，当从建本等。

81 页二十二左 注同

按："注"，十行本、刘本（元）、永乐本、闽本、明监本、毛本、建本同。阮记云："宋本、十行本、闽、监本同，卢本'注'作'下'。按：卢是也。"卢记惟无"十行本"三字，余同。《释文》作"注"，通志堂本同，卢本作"下"。

82 页二十三右 周易系徐胡请反

按："系""请"，十行本、刘本（元）、永乐本、闽本同；明监本作"系""计"，毛本同；建本作"系""诣"。阮记引文"周易系徐胡诣反"，云："十行本、闽本'诣'误'请'，监本误'计'。"卢记引文"周易系徐胡请反"，补云："闽同，监本'请'作'计'，卢本'请'作'诣'。"《释文》出字"周易系"，注云"徐胡诣反"，通志堂本、卢本同。胡诣反，乃为"系"字作音，胡请如何切出"系"音？故明监本改"请"作"计"，然宋刊《释文》、建本皆作"系"、"诣"，则作"诣"是也，当从建本等，检敦煌残卷伯二六一七《释文》出字"系"，注云"徐胡诣反"，正可为证。

83 页二十四右 周云威也

按："威"，刘本（元补）、闽本、明监本、毛本同；十行本作"救"，永乐本、建本同。阮记引文"周云救也"，云："宋本、卢本同，十行本、闽、监本'救'作'威'。"卢记引文"周云威也"，补云："闽、监本同，宋本、卢本'威'作'救'。"《释文》作"救"，通志堂本、卢本同。宋刊《释文》、建本皆作"救"，作"救"是也，当从建本等，检敦煌残卷伯二六一七《释文》作"救"，正可为证。

84 页二十四右 尽众

按："众"，十行本、刘本（元补）、闽本、明监本、毛本同；永乐本作"聚"。阮记引文"尽聚"，云："宋本、卢本同，十行本、闽、监本'聚'误作'众'。"卢记引文"尽众"，补云："闽、监本同，宋本、卢本'众'作'聚'。案：'聚'字是也。"《释文》作"聚"，通志堂本、卢本同。考韩注云"尽聚散之理"，《释文》出字，显当作"尽聚"，卢记是也。

85 页二十四右 先艳反
·

按："先"，刘本（元补）、闽本同；十行本作"涉"，永乐本、建本同；明监本作"失"，毛本同。阮记引文"涉艳反"，云："宋本、卢本同，十行本、闽本'涉'误'先'，监本误'失'。"卢记引文"先艳反"，补云："闽同，监本'先'作'失'，宋本、卢本'先'作'涉'。案：'涉'字是也。"《释文》作"涉"，通志堂本、卢本同。宋刊《释文》、建本皆作"涉"，作"涉"是也，当从建本等，检敦煌残卷伯二六一七《释文》作"涉"，正可为证，卢记是也。

86 页二十四右 蜀本作盛象
·

按："本"，刘本（元补）、闽本、明监本、毛本同；十行本作"才"，永乐本、建本同。阮记引文"蜀才作盛象"，云："宋本、卢本同，十行本、闽、监本'才'作'本'，误。"卢记引文"蜀本作盛象"，补云："闽、监本同，宋本、卢本作'蜀才'。案：'才'字是也。"《释文》作"才"，通志堂本、卢本同。《释文》"注解传述人"，列有"蜀才注十卷"，作"才"是也，宋刊《释文》、建本皆作"才"，检敦煌残卷伯二六一七《释文》亦作"才"，并可为证。

87 页二十四左 云债也
·

按："债"，十行本、刘本（元补）、永乐本、闽本、明监本、毛本同；建本作"情"。阮记引文"云情也"，云："宋本、卢本同，十行本、闽、监本'情'误作'债'。"卢记引文"云债也"，补云："闽、监本同，宋本、卢本'债'作'情'。案：'情'字是也。"《释文》作"情"，通志堂本、卢本同。宋刊《释文》、建本皆作"情"，作"情"是也，当从建本等，卢记是也。

88 页二十四左 之恶
·

按：十行本、刘本（元补）、永乐本、闽本、明监本、毛本同。阮记无说，卢记补云："卢本作'恶之'，云：旧误倒，今从官本改正。"《释文》出字"之恶"，通志堂本同，卢本出字"恶之"。

89 页二十四左 明卧反
·

按："明"，十行本、刘本（元补）同；永乐本作"胡"，闽本、明监本、毛本、建本同。阮记无说，卢记补云："卢本'明'作'和'。"《释文》作"胡"，通志堂本、卢本同。《释文》出字"子和"，注云"胡卧反"，乃释"和"音，明卧如何切出和音？又宋刊《释文》、建本皆作"胡"，作"胡"是也，当从建本等，检敦煌残卷伯二六一七《释文》亦作"胡"，并可为证。卢记谓卢本作"和"，显误。

90 页二十五右 师明义

按："明"，十行本、刘本（元补）、永乐本、闽本、明监本、毛本同；建本作"用"。阮记引文"师用义"，云："宋本、卢本同，十行本、闽、监本'用'作'明'。"卢记引文"师明义"，补云："闽、监本同，宋本、卢本'明'作'用'。"《释文》作"用"，通志堂本、卢本同。宋刊《释文》、建本皆作"用"，作"用"是也，当从建本等。

91 页二十五左 下二章同

按："二"，十行本作"一"，闽本、明监本、毛本同；刘本（元补）作"口"；永乐本作"二"，建本同。阮记云："宋本、卢本同，十行本'二'字缺，闽、监本误作'一'。"卢记补云"十行本'二'字阙，宋本、卢本有，今正，闽、监本误作'一'。"《释文》作"二"，通志堂本、卢本同。无下一章之说，下章是也，下几章，当指两章及以上，宋刊《释文》、建本皆作"二"，作"二"是也，当从建本等。检敦煌残卷伯二六一七《释文》亦作"二"，正可为证。

92 页二十六右 之奥

按："之"，十行本、刘本（元）、永乐本、闽本、明监本、毛本同。阮记无说，卢记补云："卢本作'渊奥'，云：'渊'旧本作'之'，疑避唐讳因致讹，今依毛本正。"《释文》出字"之奥"，通志堂本同，卢本出字"渊奥"。

93 页二十六右 丁回反

按："丁回"，刘本（元）同；十行本作"津忍"，永乐本、闽本、明监本、毛本、建本同。阮记无说，卢记引文"丁回"，补云："卢本'丁回'作'津忍'。"《释文》作"津忍"，通志堂本、卢本同。宋刊《释文》、建本皆作"津忍"，作"津忍"是也，当从建本等。检敦煌残卷伯二六一七《释文》亦作"津忍"，正可为证。

94 页二十六右 官换反

按："换"，十行本、刘本（元）、永乐本、闽本、明监本、毛本同；建本作"焕"。阮记无说，卢记补云："卢本'换'作'唤'，云：旧本作'换'。"《释文》作"焕"，通志堂本同，卢本作"唤"。宋刊《释文》、建本皆作"焕"，作"焕"是也，当从建本。

95 页二十六右 人回反

按："人"，十行本、刘本（元）、永乐本、闽本、明监本、毛本同；建本作"大"。阮记无说，卢记补云："卢本'人'作'大'。"《释文》作"大"，通志堂本、卢本同。宋刊《释文》、建本皆作"大"，作"大"是也，当从建本，检敦煌残卷伯二六一七《释文》亦作"大"，正可为证。

96 页二十六右 包牺取大皞

按："取"，十行本、刘本（元）、永乐本、闽本、明监本、毛本同；建本作"氏"。阮记引文"包牺氏大皞"，云："宋本、卢本同，十行本、闽、监本'氏'作'取'，误。"卢记引文"包牺取大皞"，补云："闽、监本同，宋本、卢本'取'作'氏'。案：'氏'字是也。"《释文》作"氏"，通志堂本、卢本同。包牺氏，即大皞，揆诸文义，显当作"氏"，宋刊《释文》、建本皆作"氏"，作"氏"是也，当从建本，检敦煌残卷伯二六一七《释文》亦作"氏"，正可为证。

97 页二十六左 草木同

按："草木"，十行本、刘本（元）、永乐本、闽本、明监本、毛本同；建本作"章末"。阮记引文"章末同"，云："宋本、卢本同，十行本、闽、监本'章'误'草'。"卢记引文"草木同"，补云："闽、监本同，宋本、卢本'草木'作'章末'，是也。"《释文》作"章末"，通志堂本、卢本同。《释文》出字"下治"，注云"直吏切，章末同"，经文本章章末云"以治万民"，所谓章末同，正指"以治"之"治"，同为直吏切，又宋刊《释文》、建本皆作"章末"，作"章末"是也，当从建本，检敦煌残卷伯二六一七《释文》亦作"章末"，正可为证。

98 页二十七左 色柱反

按："柱"，十行本、刘本（元）、永乐本、闽本、明监本、毛本同。阮记无说，卢记补云："卢本'柱'作'主'，云：'主'旧作'柱'，讹，宋本作'拄'，亦非。"《释文》作"柱"，通志堂本同，卢本作"主"。检敦煌残卷伯二六一七《释文》作"主"。

99 页二十八左 挠

按："挠"，十行本、刘本（元）、永乐本、闽本、毛本同；明监本作"硗"。阮记无说，卢记补云："卢本'挠'作'桡'。案：'桡'正字，'挠'

俗字。"《释文》作"桡",通志堂本、卢本同。检敦煌残卷伯二六一七《释文》出字"桡"。

100 页二十八左　七计反

按:"七",十行本、刘本(元)、永乐本、闽本同;明监本作"大",毛本、建本同。阮记无说,卢记补云:"卢本'七'作'大'。"《释文》作"大",通志堂本、卢本同。《释文》出字"水火不相逮",注云"音代,一音大计反",若作"七",七计不知如何切出逮音?作"大"是也,检敦煌残卷伯二六一七《释文》作"大",正可为证。

101 页二十九右　色许党反下必之皆同

按:"许党""必之",刘本(元补)同;十行本作"诗照""少女",永乐本、闽本、明监本、毛本、建本同。阮记无说,卢记补云:"卢本'许党'作'诗照'、'必之'作'少女'。"《释文》作"诗照"、"少女",通志堂本、卢本同。《释文》出字"少男",注云"诗照反,下'少女'皆同",诗照乃释"少"字之音,许党如何切出"少"音?作"诗照"是也,经文下文"少女"之"少"亦读诗照反,则作"少女"是也,检敦煌残卷伯二六一七《释文》作"诗照""少女",正可为证。

102 页二十九右　駈

按:"駈",十行本作"骾",刘本(元补)、永乐本、闽本、明监本、毛本同。阮记引文"驳",云:"宋本、卢本同,十行本、闽、监本误作'駈'。"卢记引文"駈",补云:"闽、监本同,宋本、卢本作'驳',是也。"《释文》作"驳",通志堂本、卢本同。检敦煌残卷伯二六一七《释文》作"駮","駮""驳"可通。

103 页二十九右　铺为花泉谓之敷

按:"泉"、"敷",刘本(元补)、闽本同;十行本作"兒""薂",永乐本、建本同;明监本作"朵""敷",毛本同。阮记引文"铺为花貌",云:"卢本同,宋本'貌'作'兒',十行本、闽本误'泉',监本改'朵'。"卢记引文"铺为花泉谓之敷",补云:"闽本同,宋本'泉'作'兒',卢本作'貌'、'敷'作'薂'。案:'兒'字是也,监本作'朵',亦非。"《释文》作"兒""薂",通志堂本作"貌"、"薂",卢本同。《释文》出字"为舅",注云"铺为花兒谓之",宋刊《释文》、建本皆作"兒""薂",作"兒""薂"是也,当从建本等，检敦煌残卷伯二六一七《释文》作"兒""藪"，正可为证。

104 页二十九右 苍筤

按："筤"，十行本、刘本（元补）、闽本、明监本、毛本同；永乐本作"莨"。阮记无说，卢记补云："卢本'筤'作'莨'。"《释文》作"筤"，通志堂本同，卢本作"莨"。检敦煌残卷伯二六一七《释文》作"筤"。

105 页二十九右 的颡曰颠

按："曰"，十行本、刘本（元补）、永乐本、闽本、明监本、毛本同；建本作"白"。阮记引文"的颡白颠"，云："宋本、卢本同，十行本、闽、监本'白'作'曰'。"卢记引文"的颡曰颠"，补云："闽、监本同，宋本、卢本'曰'作'白'。"《释文》作"白"，通志堂本、卢本同。白颠者，白头也，宋刊《释文》、建本皆作"白"，作"白"是也，当从建本，检敦煌残卷伯二六一七《释文》亦作"白"，正可为证。

106 页二十九右 一本作挢同

按："挢"，十行本作"桥"，刘本（元补）、永乐本、闽本、明监本、毛本、建本同。阮记无说，卢记引文"一本作桥"，补云："卢本'桥'作'挢'。"《释文》作"挢"，通志堂本、卢本同。

107 页二十九右 古兔反
阳在以

按："兔""以"，刘本（元补）、闽本同同；永乐本作"丹""外"，建本同；明监本作"完""以"，毛本同；十行本漫漶。阮记引文"古丹反阳在外"，云："宋本、卢本同，十行本、闽本'丹'误'兔'，监本改'完'，十行本'在'字舛错，'外'作'以'，闽、监本'在外'作'性以'。"卢记引文"古兔反阳在以"，补云："宋本、卢本'兔'作'丹'、'以'作'外'，监本'兔'作'完'、'在'作'性'，闽本亦作'性'。"《释文》作"丹"、"外"，通志堂本、卢本同。宋刊《释文》、建本皆作"丹""外"，作"丹""外"是也，当从建本等，检敦煌残卷伯二六一七《释文》作"丹"，正可为证。

108 页二十九左 在地曰

按："瓜"，十行本、刘本（元补）、永乐本同；闽本作"蓏"，明监本、毛本、建本同。阮记无说，卢记云："卢本'瓜'作'蓏'。"《释文》作"蓏"，通志堂本、卢本同。

109 页二十九左 本无坚字

按："本"，十行本、刘本（元补）、永乐本、闽本、明监本、毛本同；建本作"一本"。阮记引文"一本无坚字"，云："宋本、卢本同，十行本、闽、监本作'本无坚字'。"卢记引文"本无坚字"，补云："闽、监本同，宋本、卢本作'一本无坚字'。"《释文》作"一本"，通志堂本、卢本同。宋刊《释文》、建本皆作"一本"，作"一本"是也，当从建本。

110 页二十九左 为龙为首

为作为迷

离后有一为此字

按："首""作""此字"，刘本（元补）同；十行本作"直""牝""牝牛"，永乐本、建本同；闽本作"首""作""　"，毛本同；明监本作"首""作""口口"。阮记引文"为龙为直为牝为迷……离后有一为牝牛"，云："十行本、闽、监本'直'作'首'、'为牝为'误'为作为'……十行本'牝牛'误'此牛'，闽、监本'为'下缺二字。"卢记引文"为首为作……为此字"，补云："卢本'首'作'直'、'作'作'牝'、'此字'作'牝牛'，是也。闽、监本亦误'为首'、'为作'……'此字'二字缺。"《释文》作"直""牝""牝牛"，通志堂本、卢本同。宋刊《释文》、建本皆作"直""牝""牝牛"，作"直""牝""牝牛"是也，当从建本，检敦煌残卷伯二六一七《释文》亦作"直""牝""牝牛"，正可为证。

后　记

　　这部书稿的主体部分是在我逗留日本札幌期间完成的。为了达到任职单位的相关要求，我于二〇一八年三月赴日本北海道大学，展开为期半年的访学活动，其核心任务是完成《毛诗》经文传笺汇校整理等相关工作。校勘《毛诗》之余，我又对阮刻《周易注疏》加圈文字进行了汇校考正，这实际上是我此前获批教育部后期资助项目"阮刻《毛诗注疏》圈字汇校考正"的后续课题。阮元重刊《十三经注疏》，不仅成为了今天学界利用最为广泛的本子，而且反映了当时最为先进的编撰理念，其中对疑误文本加圈、后附校勘记说明的做法，更是一种极大的创新，从根本上大大推进了《十三经注疏》的文本校订工作，而我所进行的汇校考正，正是延续了这一思路，在广泛搜罗参考各种珍本善本的基础上，对疑误之处进行考正判断，目前已经完成《毛诗》《周易》二经，如果各方面条件允许，我将努力完成其他诸经的圈字汇校考正工作，为经疏文献的校订整理，略呈绵力。由于古经覃奥、义疏艰深，加之本人学力浅陋，所作判断一定存在着各种错讹，真诚希望广大专家读者能不吝赐教，匡正舛误。

　　在书稿的撰写过程中，得到了李保阳兄在文献资料方面的大力帮助，武汉大学樊宁博士为我提供了李尔耆过录卢文弨批校文字等相关信息，我的硕士生武婧同学不辞辛劳地复核了大量引文，在此一并表示衷心感谢！教研室同事李文才教授，一直以来在学术探求和生活处世等方面，对我多方鼓励、热情帮助，使我备感温暖，充满希望。

二〇一八年九月十八号于漕河南岸寓所

247